古代歷史文化研究輯刊

二九編

王明蓀 主編

第 **10** 冊

楊繼盛與「忠臣楊繼盛」之間：
一個明代忠臣之再詮釋

曹依婷 著

國家圖書館出版品預行編目資料

楊繼盛與「忠臣楊繼盛」之間：一個明代忠臣之再詮釋／曹依婷
著 -- 初版 -- 新北市：花木蘭文化事業有限公司，2023〔民
112〕
目 2+158 面；19×26 公分
（古代歷史文化研究輯刊 二九編；第 10 冊）
ISBN 978-626-344-154-5（精裝）
1.CST：（明）楊繼盛 2.CST：傳記
618   111021685

ISBN-978-626-344-154-5

9 786263 441545

古代歷史文化研究輯刊
二九編　第 十 冊　　　　　　　ISBN：978-626-344-154-5

楊繼盛與「忠臣楊繼盛」之間：
一個明代忠臣之再詮釋

編　　者　曹依婷
主　　編　王明蓀
總 編 輯　杜潔祥
副總編輯　楊嘉樂
編輯主任　許郁翎
編　　輯　張雅淋、潘玟靜　美術編輯　陳逸婷
出　　版　花木蘭文化事業有限公司
發 行 人　高小娟
聯絡地址　235 新北市中和區中安街七二號十三樓
　　　　　電話：02-2923-1455／傳真：02-2923-1452
網　　址　http://www.huamulan.tw 信箱 service@huamulans.com
印　　刷　普羅文化出版廣告事業
初　　版　2023 年 3 月
定　　價　二九編 23 冊（精裝）新台幣 70,000 元

楊繼盛與「忠臣楊繼盛」之間：
一個明代忠臣之再詮釋

曹依婷　著

作者簡介

　　曹依婷，臺北士林人。國立政治大學歷史系研究部碩士。研究領域為明代中後期政治文化。目前擔任出版社企畫編輯。喜歡小說、水彩、觀察人和貓、河邊散步，還有看似正常實則怪異的所有事物。

　　另有論文發表：

　　曹依婷，〈明代廷杖文化的身體暴力與榮譽：以楊繼盛為例〉，《史原》復刊第七期（台北，2016.9），頁 1 ～ 40。

提　　要

　　嘉靖 31 年（1552）年初，新上任的兵部武選司員外郎楊繼盛（1516 ～ 1555）彈劾當朝首輔嚴嵩，因奏疏中言及皇子，觸犯時忌，被捕入獄三年後斬首。數年後，楊氏在獄中撰寫之《自書年譜》以及敷演其彈劾致死之戲曲、小說廣為流傳，他因此成為史上知名的「忠臣」典範。然而，甚少人留意到後世流傳之《自書年譜》是刪改本，也不曾反思《自書年譜》中楊繼盛的自我形象之形塑動機與其書寫之時空脈絡兩者的關係，而使「楊繼盛形象」始終流於中國傳統道德思維中「忠奸對立」的刻板敘事模式，未能反映出其特殊時代意義。

　　本文的研究方法參酌高夫曼（Erving Goffman）的《日常生活中的自我表演》（*The Presentation of Self in Everyday Life*），藉由其戲劇社會學之三要件：個體表演、情境定義和劇班，帶出本研究的第二章、第三章與第四章；透過分析與討論楊繼盛的個人生命經驗、其所屬的政治與社會文化背景脈絡及其彈劾嚴嵩的事件脈絡三層面，重新檢驗「忠臣楊繼盛」的形成，並深度探索楊繼盛其人、其事以及其時代。

　　本研究之目的，在於微觀楊繼盛作為一個「忠臣」之形塑過程，使其意義逸脫出儒家道統之框架，進而看見那些在大論述下被簡化的種種複雜且多變的人性表現，從而展示其個人生命經驗中自我言詮所創造出的能動性與其時代意義。藉由如此，卸下「忠」之神聖光環的楊繼盛與其「忠臣楊繼盛」角色兩者之間，才能釋放出更大的舞台空間，提供更豐富多元的詮釋可能。

目次

第一章 前言

郎官抗疏最知名，玉簡霜毫海內驚。氣作山河今即古，光齊日月死猶生。忠臣白骨千秋勁，烈婦紅顏一旦傾。萬里祇看遷客淚，朔風寒雪共吞聲。〔註1〕

一、研究動機

　　嘉靖31年（1552）11月16日，時年37歲的楊繼盛（1516～1555）收到了陞任武選司的通報。這是他今年第四次陞遷了。4月時，他收到了陞山東諸城知縣的通報，8月又陞南京戶部雲南司主事，才剛到南京就任沒多久，9月又收到陞刑部湖廣司員外的通報，等到11月拿到憑證要動身北上時，再度收到了兵部武選司的陞遷通報。從陞遷之速來看，他的仕途看似正要飛黃騰達，一展抱負。

　　去年（1551）年初，楊繼盛才因上疏諫阻開馬市而被貶到陝西狄道當典史，沒想到受謫不到兩年，政局發生變化，楊繼盛轉貶而陞，且短時間內連陞四次，成為眾人目光焦點。

　　楊繼盛自覺受朝廷恩惠之大，於是返京路上，過保定家門不入，急忙趕路上任。途中，他苦思該如何報效朝廷。某日他秉燭靜坐至深夜，與妻一席話間，悟出其報國之道，即：彈劾「賊臣」嚴嵩（1480～1567）。

　　到任後不多久，楊繼盛便上呈〈請誅賊臣疏〉，上本後兩日便被捉拿到鎮撫司施以拶手酷刑，逼問主使者何人。再兩日後，又被打了140大板。楊繼盛

〔註1〕沈鍊，〈哭楊椒山〉，《青霞集》（臺北：臺灣商務，1983）卷6，頁25b。

－1－

下獄三年，最後於嘉靖三十四年（1555）斬首棄市。

本文開頭所引的詩，即沈鍊（1497～1557）得知楊繼盛受刑後寫下。當時也因彈劾嚴嵩而被流放的沈鍊，「日相與詈嵩父子為常」，〔註2〕獲知楊繼盛受斬消息時，只能「朔風寒雪共吞聲」，在遙遠的地方一同悲憤哭泣。〔註3〕此詩中有句「郎官抗疏最知名，玉簡霜毫海內驚」，即指楊繼盛彈劾嚴嵩的〈請誅賊臣疏〉。早在官方正式卹典楊繼盛之前，沈鍊便以楊繼盛的殉節事蹟，將他定位成一名「忠臣」。

將楊繼盛定位為「忠臣」的人，不只沈鍊。楊繼盛身後，以其彈劾嚴嵩而殉節為主題的小說和戲曲，如《鳴鳳記》和《表忠記》等，廣為流傳並深入民間，皆有助於促成楊繼盛死諫示忠的「忠臣」形象深植人心。〔註4〕《明史》記載，嚴嵩下台後七年，隆慶皇帝繼位，「恤直諫諸臣，以繼盛為首。贈太常少卿，諡忠愍」。〔註5〕至清代，順治帝御製之《表忠錄》中特別表彰楊繼盛，「以旌忠鯁，垂法將來」。〔註6〕清末如康有為（1858～1927）與蔡元培（1868～1940）等人，也刻意選在楊繼盛北京故居松筠庵集會討論政事，藉此寓意他們與楊繼盛一樣忠心愛國。2016 年，河北保定北河照村的楊繼盛故里祠被選作重點文物保護單位。村委會牆上，大字寫著：「秉忠臣銘訓，思一心為民」。不管是官方或民間，明或清或此刻，楊繼盛作為一嘉靖「忠臣」的歷史認知已然完成，且持續進行。

隨著楊繼盛的「忠臣」形象越見穩固，嚴嵩的「奸臣」形象也同時形成。〔註7〕後人撰史，常以忠奸對立之語境將楊繼盛與嚴嵩並列提及，例如阮葵生

〔註2〕張廷玉等奉敕撰，《明史》，收入《二十五史》（臺北：藝文印書館，出版年不詳）卷 209，〈沈鍊列傳〉，頁 27，新編頁碼 2283，據清乾隆武英殿刊本景印。

〔註3〕沈鍊兩年後也遭遇同樣命運，受斬於宣府市。

〔註4〕閆興棟，〈歷史書寫與忠臣崇拜：以嘉靖忠臣楊繼盛為個案〉，武漢：華中師範大學碩士論文，2016。

〔註5〕張廷玉等奉敕撰，《明史》，收入《二十五史》卷 209，〈楊繼盛列傳〉，頁 27，新編頁碼 2283。

〔註6〕順治皇帝，〈褒忠錄序·楊繼盛論〉，收入李衛等修，《（雍正）畿輔通志》卷七，頁 429，清文淵閣四庫全書本。

〔註7〕近年來史學界出現越來越多討論有關嚴嵩「奸臣化」的研究，例如中國江西新餘高專，特別設立一嚴嵩研究課題組，專門替同為江西人的嚴嵩「平反」。相關研究，請參考：劉獻忠，〈嚴嵩研究芻議〉，《新餘高專學報》，第 9 卷第 6 期（江西，2004），頁 4～8；錢國蓮、周黎瑩，〈《鳴鳳記》與嚴嵩「奸臣」形象的形成及傳播〉，《浙江工業大學學報（社會科學版）》，第 6 卷第 2 期（浙江，

（1727～1789）紀錄了清初官員修明史時，李紱（1673～1750）和楊椿（1675～1753）的一番談話：

> 李穆堂紱記聞最博，而持論多偏。在明史館，謂嚴嵩不可入《奸臣傳》。纂修諸公爭之，李談辨雲湧，縱橫莫當，諸公無以折之。最後，楊農先學士椿，從容太息曰：「分宜（按，嚴嵩）在當日尚可為善，可恨楊繼盛無知小生，倡狂妄行，織成『五奸十罪』之疏，傳誤後人，遂令分宜含冤莫白。吾輩修史，但將楊繼盛極力抹倒，誅其飾說誣賢，將『五奸十罪』條條剖析，且辨後來議恤議諡之非，則分宜之冤可申。」穆堂聞之愕貽，自是不復申前說。〔註8〕

阮葵生認為李紱雖然見識多廣，但常常看法偏頗，甚至對嚴嵩是否為奸臣的評價上與多數人不同，因此修訂明史討論到這個話題時，激起其他人與之爭論辯駁。李紱雄辯莫敵，無人能說得過他，直到楊椿把「世宗皇帝第一忠臣」楊繼盛抬了出來。〔註9〕楊椿順水推舟，藉著李紱「嚴嵩並非奸臣」的論點，拿來反推論道「楊繼盛因此也並非忠臣」，甚至是個誣賴別人的「無知小生」。楊椿的反詰，點出一個問題：如果嚴嵩沒如此奸惡的話，那楊繼盛的「忠」是否也該受到質疑？然而從阮葵生記述此事的情境看來，除了李紱之外，在場所有的人都毫不懷疑楊繼盛的「忠」，而李紱也無法就「楊繼盛是否為忠」有所辯駁，甚至對楊椿的反詰「聞之愕貽」。這意味著：李紱可以辯論嚴嵩之「奸」，但楊繼盛之「忠」卻如先驗存在的「事實」，不容許質疑。

　　細究楊椿的論詞根本矛盾，是個非黑即白的假兩難論證，然而我們卻可從此討論證實一件事：嚴嵩和楊繼盛於後人心目中為一忠一奸互為對立存在的關係之所以穩固，是建立在對「楊繼盛是忠臣」的絕對肯定上，因而「嚴嵩為奸臣」這個論斷也必須成立。而另一方面，我們可以從楊椿的反問使得李紱無言以對的反應中，觀察出「忠奸之辨」與「議恤議諡之是非」兩者之間，其實暗藏著帶有政治敏感的灰色地帶，尤其是此番討論的時空背景發生在清初，從順治、康熙、雍正、乾隆幾位皇帝一路對楊繼盛的忠烈精神褒獎、立祠與對其

2007），頁132～137。李焯然，〈從〈鳴鳳記〉談到嚴嵩的評價問題〉，收入氏著《明史散論》（臺北；允晨，1991），頁59～107。

〔註8〕阮葵生，〈李穆堂持論之偏〉，《茶餘客話》卷三（北京：中華書局，1959），頁83。

〔註9〕溫體仁等撰，《明熹宗實錄》（臺北：中央研究院歷史語言研究所，1964）卷42，「天啟三年十二月丙戌」，頁2216。

故事的再寫與重寫。〔註10〕由此看出，掌權者對特定人物及特定價值的強調，使得史家撰寫與品評人物時，除了本身的道德標準、好惡與學識之外，還有政治上的考量，且更不用提清初幾次文字獄的緊張氣氛。面對楊椿挑起的政治敏感神經，李紱只好識時務地不再爭辯。

「忠奸之辨」作為傳統中國史學的史觀早已受到現代史學方法的挑戰，然仍有許多歷史書籍與研究在談及楊繼盛及嚴嵩時，仍將兩人貼上一忠一奸的標籤。〔註11〕傳統「忠奸之辨」的史觀過於簡化且帶有特定價值取向，類似「忠臣楊繼盛彈劾奸臣嚴嵩」的陳述，已經預設了一個以道德標準為前提的彈劾動機，即彈劾者為好人，是「忠臣」，而被彈劾者則為壞人，是「奸臣」。更因後續嚴嵩垮台等的政治情勢變化，使得「忠臣楊繼盛彈劾奸臣嚴嵩」這帶有價值判斷的陳述，因後人宣傳操作而得以成為「歷史事實」。然而實際上這是犯了以果證因的邏輯謬誤，以嚴嵩垮台與隨之形象的醜化，便將彈劾者楊繼盛視為一持真知灼見的忠臣，而被彈劾者嚴嵩，則成為一敗壞朝政、陷害忠良之奸臣。

已無當年政治壓力及「正統」或「道統」包袱的現代學者，應如何超越簡化二分的「忠奸之辨」，更加全面且多元地重新檢視楊繼盛彈劾嚴嵩這一個陳年舊案，則成了當今之務。唯有解構「忠臣楊繼盛」，回到當時的情境脈絡，重新認識一個有時代屬性與個人特質的楊繼盛，才能平衡地理解此人此事。

二、研究回顧

目前學界關於楊繼盛的「忠臣」形象建構之研究，主要有二：美國學者 Kenneth J. Hammond 所撰寫的 *Pepper Mountain: The Life, Death and Posthumous Career of Yang Jisheng* 及閆興棟的〈歷史書寫與忠臣崇拜：以嘉靖忠臣楊繼盛為個案〉。〔註12〕

Hammond 一書是目前以楊繼盛為主題的唯一一本學術專書。該書共 172 頁，分兩部分。第一部分大篇幅地介紹楊繼盛的生平，其內容主要為楊繼盛《自

〔註10〕閆興棟，〈歷史書寫與忠臣崇拜：以嘉靖忠臣楊繼盛為個案〉，頁 41～49。

〔註11〕張哲郎，〈于謙、海瑞、楊繼盛──明代大臣的氣節〉，《歷史月刊》，第 22 期（臺北，1989），頁 41～45；樊樹志，《權與血：明帝國官場政治的權力較量》（中和：時報文化，2005），頁 46～50。

〔註12〕Kenneth J. Hammond, *Pepper Mountain: The Life, Death and Posthumous Career of Yang Jisheng.* (London, New York and Bahrain: The Kegan Paul China Library, 2007)；閆興棟，〈歷史書寫與忠臣崇拜：以嘉靖忠臣楊繼盛為個案〉，武漢：華中師範大學碩士論文，2016。

書年譜》的英譯與兩篇奏疏（〈請罷馬市疏〉和〈請誅賊臣疏〉）的介紹與討論。這部份淺顯易讀，可說是英語讀者主要取得楊繼盛背景資料的基本讀本。然而逐一比對內容，會發現許多翻譯、拼音以及望文生義的種種錯誤，而這些錯誤導致 Hammond 對楊繼盛所記述的事件以及行為的錯誤解讀與詮釋。

例如，Hammond 認為楊繼盛在婚姻選擇及《年譜》所記述的人生事件時，顯示出其仇富與反權貴的傾向，並認為實際上楊繼盛並不如在其《年譜》所聲稱的貧苦，他並不是個受壓迫者，仍有其主動性，而刻意採取孤寒形象與其政治行動有關。筆者認為該書除了明顯字面上翻譯錯誤，導致錯誤的推論之外，也忽視了楊繼盛在《年譜》處處顯示出其對於聲望地位的渴求。與其說楊氏對富人的批評與刻意保持距離等行為是出自於仇富心態，倒不如說是出自於他對儒家階序觀的認同，或出自其代兄收糧的經驗，或出於對明代中期後經濟結構轉變的觀察與現實考量，更或是如此清高姿態可能為他帶來道德名聲的心理動機。一個人的行為在不同時期總會有所變化，隨著身分和環境的改變，也會對應出不同的行為考量，絕非皆能單純以一種心理解釋便予以概括。

而另一方面，無論是其《年譜》或者奏疏，楊繼盛的書寫或關懷對象，皆圍繞著他身為士大夫的身分認同，對社會公平正義與百姓疾苦的部分反而著墨甚少。楊繼盛在乎的始終是政治上的君臣紀綱與家庭內的道德秩序。總而言之，「仇富」不足以解釋楊繼盛種種行為的心理動機，更無法解釋楊繼盛為何刻意在《年譜》中記下他對婚姻擇選的想法以及其政治行為的書寫動機。

Hammond 在第二部分則是跳躍地處理王世貞之後與現今中國對楊繼盛身後故居與家族祠堂等等遺跡進行「發明傳統」的建構行為，例如楊繼盛故鄉河北及其貶謫地甘肅，一再「發現」楊繼盛種種事蹟，以及現今中國以「彈劾貪官嚴嵩的清官楊繼盛」做政治宣傳，將楊繼盛的故事包裝成在貪腐黑暗的明代裡一位反貪腐的英雄等等。更多關於 Hammond 的論點之錯誤將會在本文各章逐一點出、指正。

閻興棟的研究則主要關注明清官方與民間對楊繼盛身後的「忠臣」祭祀崇拜與形象建構，內容則是從小說戲曲、明清官方史料以及以東林黨人的文集等等，爬梳楊繼盛的「忠臣」形象如何被建構，以及其「忠臣」形象被擴大的同時，所呈現的時代意義與現實訴求。儘管 Hammond 與閻興棟對楊繼盛「忠臣」論述的討論與排梳已相當豐富，然而這樣的討論僅能顯示其「忠臣」的建構性質，卻無從跳脫以「忠臣」作為主軸思考的論述範疇，也無法

提供除了政治意涵之外不同面向的思考，進一步做出以楊繼盛為主體的多面向個案研究。〔註13〕

綜觀當今談論楊繼盛生平為主的文章，其敘事方式大抵也如 Hammond 該書第一部份對《年譜》直觀與直譯。〔註14〕不管是道德主義式褒揚其忠烈，或者對其「忠臣」形象解構，細究這兩種論述中楊繼盛的個人形象，其實內容高度一致，而其根本原因，則來自許多研究者將楊繼盛的《自書年譜》作為一客觀史料並直接引用，對《自書年譜》的書寫時空與事件背景，沒有納入考量與討論，也沒有分析其敘事方式與動機，便毫不懷疑與檢驗地以此史料，理解與建構出一個「忠臣楊繼盛」的形象。

不同於以上取徑，本研究則是希望重回文本，分析《自書年譜》的事件脈絡、敘事語境與書寫動機等，重新思考楊繼盛其人、其事以及其時代。

三、引用史料

本文使用的史料以楊繼盛的《自書年譜》為主，輔以其與師友的往來書信，第三章與第四章則著重分析楊繼盛的兩份奏疏，即〈請罷馬市疏〉和〈請誅賊臣疏〉，並參考同時期士人之文集與《明實錄》，進行交互比較與分析。

其中，楊繼盛的《自書年譜》全文約一萬多字，流傳後世的版本很多，主要有三：楊本、李本和四庫本。楊本即楊繼盛之子楊應尾根據父親獄中手稿刪減而成，於明隆慶二年（1568）十月刊印，刪減原則主要是改正錯字、去除冗詞、瑣事、家醜和可能冒犯嘉靖皇帝與其他官員之語。李本則是李贄定本，依楊本校訂，刪減原則是化繁就簡，後來收入毛大可鑒定的《增補楊椒山先生全集》。流傳最廣的為四庫本，此本與李本差距不大，只更動一些因應改朝換代的避諱字和音譯字。刪刪減減後現今常見的《自書年譜》版本，少了許多手稿

〔註13〕 目前談論楊繼盛政治生涯之外的面向之文章唯二：范喜茹，〈家產與兄弟相處——以楊繼盛為例〉，《中國社會歷史評論》，第 17 卷下冊（天津，2016），頁 118～128；馮爾康，〈楊繼盛的家庭生活〉，收入氏著，《去古人的庭院散步：古代社會生活圖記》（北京：中華書局，2005）。

〔註14〕 有關楊繼盛的生平文章在大眾刊物所見許多，在此僅舉幾例：張哲郎，〈于謙、海瑞、楊繼盛——明代大臣的氣節〉，《歷史月刊》，第 22 期（臺北，1989），頁 41～45。邵鳳芝、周曉麗，〈慷慨悲歌楊繼盛〉，《安徽文學》，第 2 期（安徽，2008），頁 197～198。王樹民，〈鐵肩擔道義　辣手著文章——明代名臣楊繼盛小記〉，《文史知識》，第 3 期（北京，1998），頁 100～102。馬洪芳，〈五十年來楊繼盛研究綜述〉，《高校社科動態》，第 1 期（河北，2018），頁 38～43。

本能呈現出的楊繼盛個人特質。

　　值得慶幸的是，隆慶二年（1568）楊應尾將刪改本付梓後，同時也將楊繼盛的獄中原稿珍藏其家。乾隆三十八年（1773）此手稿被懷來知縣潘應椿發現，重新裝訂成手卷。嘉慶初年（1796～1801），手卷改藏於定興北河（今定興北河鎮）官建楊氏祠堂。光緒二年（1876）為人所竊，後由寓京的直隸鄉人集資購回。光緒五年（1879）歸畿輔先哲祠。1953 年歸河北省博物館。2003 年歸河北省文物保護中心。〔註 15〕

　　2011 年，經由河北省文物保護中心的研究員高朝英與張金棟整理，將楊繼盛的《自書年譜》手稿首度刊登《文物春秋》，篇名為：〈楊繼盛《自書年譜》卷考略（上）〉。Hammond 一書於 2007 年出版，儘管他於書中提到 2004 年曾到河北省博物館看過該手稿原件，也曾到北京看過相片複製版，然而很明顯可看出其書中使用的《自書年譜》，是常見的四庫刪減本。由於當今學界使用楊繼盛手稿進行研究的人不多，是以其意義尚待深度挖掘。〔註 16〕

四、研究視野與章節安排

　　首先，我們須回到明代中期後的整體環境中，重新思考楊繼盛的《自書年譜》作為一出版品，以及年譜作為一種文類的視角檢視其時代意義。

　　編年式條列種種生平事蹟的年譜體裁，最早從宋代開始，以文天祥（1236～1283）的〈紀年錄〉最為體例完備。〔註 17〕明代中葉，自撰年譜數量大幅上升，約有 84 部。〔註 18〕且譜主的範圍擴大，儘管多數仍是高官貴族，但也漸漸出現其他群體如地方官吏、高僧或一般士人。隨著修譜活動全面蓬勃發展，自撰年譜的譜名、譜例以及內容漸趨靈活多變，常以「自述」、「行略」、「記」、「錄」或者「自警」等名稱命名，以避「年譜」內含的正規意涵以示謙和。以「年譜」命名，相對而言較正式並有標榜與建立其名聲之用意。〔註 19〕

〔註 15〕高朝英、張金棟，〈楊繼盛《自書年譜》卷考略（下）〉，《文物春秋》，第 4 期（石家莊，2011），頁 47～58。

〔註 16〕目前只見到一篇：范喜茹，〈家產與兄弟相處──以楊繼盛為例〉，《中國社會歷史評論》，第 17 卷下冊，頁 118～128。

〔註 17〕楊殿珣，〈中國年譜概說〉，《文獻》，第 2 期（北京，1979），頁 163。

〔註 18〕有明一代，當朝人物之年譜約三百多部。王薇，〈從自撰年譜看中國年譜在明代的大發展〉，《遼寧大學學報（哲學社會科學版）》，第 3 期 39 卷（遼寧，2011），頁 69。

〔註 19〕王薇，〈從自撰年譜看中國年譜在明代的大發展〉，頁 70。

　　明代中期後商品經濟發達，印刷文化產業高度發展，商業發展與技術突破促成成本降低等種種優勢，隨之帶來的是印刷品的生產與消費以及讀者階層的全面成長。王鴻泰便曾提到明代城市中大眾傳播媒體如揭帖、刊本、小說戲曲發達，形成一公開的「虛擬舞台」，提供大眾參與、評論，更可進一步「凝結出『公眾意志』，對進入此公眾場域內的個別事件加以正義性裁斷，經過裁斷後，正義的伸張即成為公眾事務」。〔註20〕

　　另一方面，則應當留意楊繼盛《自書年譜》的書寫背景，是在他彈劾嚴嵩、下獄後至棄市這三年間斷斷續續寫成。從其內容以及獄中與外界人士的書信交流情況可看出，其年譜的書寫內容和動機，與其劾嵩下獄的背景事件互有關聯與影響，由此《自書年譜》內含的自我展演性質所呈現的意義，與其他自書年譜的生命經驗記述、省身或回憶書寫目的，或者種種私密性的自我書寫意涵，別有不同，更具公開與操作等性質。

　　劾嵩下獄的事件脈絡，與一個對自我書寫活躍且關注聲望經營的時代脈絡，這兩者是我們在檢視與解析楊繼盛《自書年譜》時不能忽略的視角。有了對事件脈絡以及時代脈絡的雙重檢視與理解為基礎，我們對其文本脈絡的分析，才能有更進一步的體會與挖掘。進一步地說，要理解楊繼盛彈劾嚴嵩一事，就不能與他在獄中書寫其《自書年譜》此一行為做切割。正是因為其彈劾嚴嵩之後，有意識地在獄中書寫自我，並著重在孤寒身世的自我敘事以及受杖的種種暴力書寫和種種「情節安排」，藉由這些對自我形象的展演操作，才使其「故事」更具感染力與傳播效果，也才使其身後名聲有別於其他彈劾嚴嵩者。如清順治皇帝便言道：

　　　　朕觀明有二百七十年，忠諫之臣往往而有，至於不為強御，披膈犯顏，
　　　　則無如楊繼盛。而被禍慘烈，殺身成仁者，亦無如楊繼盛。〔註21〕

有明一代死諫之忠臣甚多，但對清順治帝而言卻皆「無如楊繼盛」，最大的差別肇因便是楊繼盛在其《自書年譜》中成功的自我宣傳，及藉由與名士們的交流將其故事演繹與傳播，致使其慘烈形象無人能及，從而獲得官方與民間的雙重推崇。

　　然而，楊繼盛生前書寫《自書年譜》時的展演動機以及其所屬的社會氛圍與心態這一面向，卻甚少研究者留意。

〔註20〕 王鴻泰，〈明清的資訊傳播、社會想像與公眾社會〉，《明代研究》，第 12 期（臺北，2009），頁 87。

〔註21〕 順治皇帝，〈褒忠錄序・楊繼盛論〉，收入李衛等修，《（雍正）畿輔通志》卷七，頁 429，清文淵閣四庫全書本。

誠如劉瓊云所言：明代有關「忠」的觀念，「已是道德、政治、社會、文學交互作用的場域；換言之，此時期關乎忠之言說、實踐、乃至藝術呈現，更宜於從『忠文化』的角度觀之。」〔註22〕劉瓊云所言之「忠文化」，與呂妙芬認為《孝經》與「孝」兩者「既非同義，也不是簡單的涵攝關係」，有著同樣的研究關懷。〔註23〕換言之，若要談「忠文化」中的「忠」，則必須意識到「忠文化」中的「忠」，和意識形態上的「忠」，也有「密切相關卻不對等的複雜關係」。〔註24〕也因此，有必要從已經以道德與意識型態「忠臣化」的「楊繼盛」，區分出一個身處「忠文化」的「楊繼盛」，並分析其所展演出的「忠」與其意義。

若將「忠文化」視作一展演舞台，則其展演的內容、舞台設計、演員本身與觀眾等等劇場元素，皆應納為考察範圍，才能對明代「忠文化」有更進一步的理解與觀察。於此，本文的研究方法參酌高夫曼（Erving Goffman）的《日常生活中的自我表演》（ *The Presentation of Self in Everyday Life* ），藉由戲劇社會學三要件：個體表演、情境定義和劇班，帶出本研究的第二章、第三章與第四章。第二章將會看到的是楊繼盛《自書年譜》中，對於家於私作為一個理想士人的「楊繼盛印象」之傳達。第三章則是〈請誅賊臣疏〉中，政治上作為一理想士大夫的「楊繼盛印象」的表現。這兩者皆是楊繼盛試圖對自我形象的控制與有意識的展演，也是「楊繼盛」作為一表演角色的「情境定義」。第四章則是進一步探索此「情境定義」，即一個於公於私皆符合理想的「楊繼盛印象」如何實現，及對其實現背後「劇班」協作的現象觀察，這當中涉及王世貞等人與之唱和、為之書寫與傳播的作用。

符號互動論（symbolic interactionism）為 Goffman 的劇場理論之論述基礎。符號互動論者認為語言和符號是影響與形塑人類的自我、心智和社會形成的主要元素。〔註25〕於此，Goffman 所謂的「日常生活中的自我表演」，意思即

〔註22〕劉瓊云，〈天道、治術、商品：《忠經》之出版與明代忠文化〉，《中國文哲研究通訊》，第二十四卷第一期（臺北，2014），頁 73～120。

〔註23〕呂妙芬，《孝治天下：《孝經》與近世中國的政治與文化》（臺北：聯經，2011），頁 1。

〔註24〕呂妙芬，《孝治天下：《孝經》與近世中國的政治與文化》，頁 1。

〔註25〕有關符號互動論，可參考：George Mead, *Mind, Self and Society* (Chicago:The University of Chicago Press, 1934)；喬治・H・米德（Mead, H., Herbert），趙月瑟譯，《心靈、自我與社會》（ *Mind, Self and Society* ）（上海：上海譯文出版社，1997）；Herbert Blumer, *Symbolic Interaction: Perspective and Method* (Englewood Cliffs, New Jersey: Prentice-Hall, 1969)。

為「日常生活中人類以不斷釋放訊息與符號來進行互動，建立其『舞台形象』，並進一步形成『自我』」。符號互動論述概念下，人類藉由理解、詮釋、傳播與組織符號來進行「表演」，其心靈、自我和社會也由此對於符號之運作間建構而成。

Peter Burke 的《製作路易十四》以 Goffman 的戲劇社會學理論（尤以三要件中的「劇班」操作為重），分析當時路易十四的官方宣傳系統如何「製造」出他的公眾形象。Peter Burke 從「製造」、「傳播」到「接受」三個階段，分析十七世紀「再現路易十四」各種形式的藝術作品、錢幣以及宣傳品等等，也分析了一些機密文件，得以一窺幕後「製作路易十四」的討論過程細節。書中 Peter Burke 曾言及：「歷史學家所需要找出來的，不是『實際上發生了什麼事情』，而是當時的人如何詮釋發生的事。」〔註26〕意即歷史學家需要找出來的是當時人們所認知到的那個「製造出的路易十四」，而不是真實的路易十四。

楊繼盛不是帝王，自然沒有路易十四的身分與財力，可以動員國家的力量進行形象整飾，然而他做為一士人，擁有書寫能力，因此有自我言詮的權力，得以藉由書寫、文人網絡及其他文化資本，進行自我形象的宣傳。因此，若以楊繼盛做個案研究，則必須著重檢視作為「表演者」的楊繼盛，到底如何自我展演，他如何認知所屬之世界，對其「生涯規劃」的想像，並依此傳達出有關「我」的訊息，進行自我形象的操作。

Peter Burke 在討論「路易十四」的「皇家戲劇」時，提到其所依據的演出劇本是「傳統」。〔註27〕「傳統」意指「繪畫要有模型，典禮要有前例」，所有的創作（再現），其實都有符號意涵的傳承。〔註28〕而正是這些「傳統」，是表演者在定義「情境定義」時所參考選用的資料庫，也是人們認知這個世界的知識倉庫。所以大抵上來說，「路易十四」的製造，是集體創造的結果，與此同時，這形象製造滿足了大眾百姓的心理需求。〔註29〕

從楊繼盛的個案研究，或許我們也能觀察出「忠臣楊繼盛」劇本所參考的

〔註26〕彼得・柏克（Peter Burke），許綏南譯，《製作路易十四》（*The Fabrication of Louis XIV*）（臺北：麥田，2005 二版），頁 56。

〔註27〕即情境定義，在此指的是使「路易十四」這個角色得以呈現出神聖、威嚴與皇家氣質。

〔註28〕彼得・柏克（Peter Burke），許綏南譯，《製作路易十四》（*The Fabrication of Louis XIV*），頁 61。

〔註29〕彼得・柏克（Peter Burke），許綏南譯，《製作路易十四》（*The Fabrication of Louis XIV*），頁 16、18。

「傳統」，自然不脫士子們所研讀官修史書上的那些忠臣列傳及其代表的士大夫精神信念與價值系統，也或許包含了民間演繹版本的忠臣故事。而從楊繼盛個人生命經驗來看，他對同時代因諫言獲罪的人，例如批評嘉靖皇帝「日夕建齋醮」而下獄的師兄楊爵（1493～1549）有高度的認同，〔註30〕而這些建言知名者的言行，多少也是楊繼盛製造「忠臣楊繼盛」時，可參酌的「忠臣傳統」資料庫。〔註31〕

　　然而本文的重點並非在分析楊繼盛所參考的「忠臣傳統」資料庫，而是著重在楊繼盛與其「劇班」如何進行「自我忠臣製造」。而有關「製造忠臣楊繼盛」及其如何被官方運用與滿足百姓的心理需求的部分，可參考 Hammond 與閆興棟兩人對楊繼盛「忠臣」論述的相關討論，此部分也非本研究主要探討的範疇。

五、討論議題

　　本研究以楊繼盛的個案研究為核心，從其生命經驗以及自我書寫與自我展演，觀察明代中後期的社會與政治文化。並以其彈劾嚴嵩一事，探討明代中期以後，身處在出版業興盛、強調自我展現的時代中，楊繼盛如何於「忠文化」形成的舞台上，呈現具有此時代特色的「忠」之意涵。而本研究之目的，則在於微觀一個「忠臣」的生命史，使其意義逸脫出「道統」之框架，從而看見那些在大論述下被簡化的種種複雜且多變的人性表現。

　　於此同時，也應回頭思考前言所提清初時，楊椿回應李紱對於楊繼盛是否為「忠」的反詰：以本研究的思路，其關鍵問題不在楊繼盛是否為忠，而是其「忠」應放回其所屬的「忠文化」中檢視，另一方面也應回到楊繼盛的生命經驗中思考。若視「忠」為一種道德標準，而楊繼盛自言自己「忠義之心癢於中而不可忍」，此「忠義之心」則應該視作是一種「道德情感」。〔註32〕這種作為「道德情感」的「忠義之心」，與其說是一種理性先驗的道德原則，倒不如說

〔註30〕張廷玉等奉敕撰，《明史》，收入《二十五史》卷 209，〈楊爵列傳〉，頁 9b，新編頁碼 2274。

〔註31〕例如楊爵的〈處困記〉和〈續處困記〉與周怡（1505～1569）的〈囚對〉，記述其下獄情景的文字書寫。有關楊繼盛對楊爵的認同與比附，可參考拙作：曹依婷，〈明代廷杖文化的身體暴力與榮譽：以楊繼盛為例〉，《史原》，復刊第七期總 28 期（臺北，2016.9），第四小節，頁 25～27。

〔註32〕楊繼盛，李洪程校注，〈請誅賊臣疏〉，《楊椒山集校注》（臺北：蘭臺網路，2015），頁 21。

是具有特定時空氛圍而產生的一種情感表述。如此一來，對楊繼盛的「忠」之思考，以及後人到底如何詮釋與定位其「忠」，也不應該忽略他個人生命經驗中自我言詮所展現出的能動性。

本文標題「楊繼盛與忠臣楊繼盛之間」的命名之意，即是嘗試探索作為生命個體的楊繼盛，與作為「忠臣」角色的楊繼盛之間不可分割的交互纏結。Goffman 認為一個生命個體的自我概念是其情境定義主要組成成份之一。〔註33〕在其戲劇社會學的理論架構下，「自我」可分成「表演者的自我」與「角色的自我」兩個屬性來進行分析。本文第二章與第三章主要處理作為生命個體的楊繼盛，即指其作為「表演者」本身及其「表演者的自我」，而「忠臣楊繼盛」則是楊繼盛的「角色的自我」，即其在台上給予觀眾觀看的自我呈現。

「角色的自我」是在舞台上各個角色間互動間「表演」出來的，換言之，互動間的「自我」是動態的，且是依據情境定義所安排與建構出的產物。表演者學習操作舞台提供的道具，進行表演並形成場景，並從場景中生成「角色」。而「表演者」是「角色」的佔有者，並試圖說服觀眾（包含自己）「角色的自我」等同「表演者的自我」。〔註34〕於是當各個表演者正確呈現以及觀眾正確理解，則表演則能持續下去，而「角色的自我」與「表演者的自我」之間的關係便將更加黏著，其界限也越模糊。

本文並非否定楊繼盛作為「生命實體」本身人格特質或個性之存在，然而在舞台上的「自我」是需要被「呈現」、被正確解讀與辨識才能被看見。如何呈現以及呈現什麼，又與其生命個體經驗及其所處的社會政治環境帶給他的影響與認知及性格之形塑皆息息相關。一方面，藉由對語言與符號的詮釋、掌握與傳播，人類的心靈及其自我得以形成與呈現；然而另一方面，這些詮釋、掌握與傳播也會影響人類之間的互動以及對事物的認識與其對應之行動。

在一個特定的時空裡，多少存在著一些特定與主流的價值觀，一些眾人（或特定身分的人）追求的共同人生目標，有一些需要去「表演」與「扮演」的劇目與角色。主體之「情真」是明代中後期士人在道德實踐論述之重點，換言

〔註33〕高夫曼（Erving Goffman），徐江敏等譯，《日常生活中的自我表演》（*The Presentation of Self in Everyday* Life）（臺北：桂冠，2011 初版四刷），頁 259。

〔註34〕高夫曼（Erving Goffman），徐江敏等譯，《日常生活中的自我表演》（*The Presentation of Self in Everyday Life*），頁 269～270。

之，也是其中一些人所追求的人生目標，同時也是一認為需要去「呈現」與強調的角色形象。然而這種對「真」的刻意強化與加重（例如殉節忠臣、貞節烈女，或楊繼盛強調自己強烈的道德情感及受杖身體的苦難書寫），同時也反映出當時的人對人性之「真」的一特定認識及傾斜，弔詭地與「展演性」形成一糾纏不清之悖論關係。不過，若從「展演是生活之一部分」的視角下來看，這個「悖論關係」一方面顯示出的是當時士人對於被奉為官學的朱子學之虛偽矯造的不滿與反抗，然而另一方面，當「真」與天性被強調是作為人應該要去「呈現」的人性資質時，其所內涵的意義或許不僅僅是因為科舉仕途的出路有限性已無法滿足越來越多的士子，而強調「真」能為自身生命意義困境尋求解套，而更大層面反映的是：當時的人對於「何為偉大人物」產生出有別於官方、與過往不同之角色想像的「典範轉移」。

應特別強調的是，本文論說楊繼盛的「忠」與「真」是展演的、是刻意呈現的，並非是說他的「忠」與「真」是假的。「忠」不僅僅是一道德原則，而是必須去「實踐」、去展示出來的德目，換言之，「忠」之實現本來就必須要去「做」、去展演與呈現。但是「如何做」以及「做什麼」才會被認定為「忠」，往往也受限於其所身處之特定時空，例如當時的政治環境與人們的價值觀等等。士人們經歷嘉靖朝大禮議的政治風波後，且社會上開始盛行對「靖難」記憶重新書寫與改寫的「創傷」氛圍中，反映出君臣之間的緊張與不信任關係，也反映出士人們對「忠」的認定不確定性，也因此進而刺激他們去嘗試尋找與重新定義「忠」的新意涵，而彼時文化氛圍中對「真」的推崇與偏好，自然被融合在這時對「忠」的詮釋新嘗試之中，而這也是楊繼盛自我標榜其天性之忠的社會脈絡，他自我投射並深深捲入這樣一個強調「天性之忠」的角色認同，敏銳且投入地自我呈現，並在劇班共同協作下，最終在舞台上順利完成其角色扮演。

也因此，我們應該重新思考個人與社會、記憶與「真實」、敘事與「歷史」之間的糾纏。當表演者與劇班成功定義與促成「情境定義」，進而完成一場成功的表演，將「情境定義」轉化成「歷史事實」時，這個「歷史事實」如何對現實情境造成影響以及怎樣的影響，以及那些相信著「忠臣楊繼盛彈劾奸臣嚴嵩而受害致死」的人們，其心理需求到底又為何。而這些是本研究力有未逮之處，然值得再進一步深思的大哉問。

第二章　第一幕：楊繼盛與楊繼盛印象

　　本章以介紹楊繼盛出生至 35 歲的生命經驗為主，核心史料為其獄中撰寫的《自書年譜》，輔以其遺書與書信等。

　　《自書年譜》的書寫時間，為楊繼盛彈劾嚴嵩下獄後至受刑棄市，即 1553 年到 1555 年這三年間斷斷續續寫成，其中又大概分了三個書寫階段。從《自書年譜》手稿來看，全文共 11131 個字，前 8296 字為其書寫的第一階段，大約為楊繼盛下獄後三個月內寫成；第二階段大約是受杖後第四個月寫成，約 1822 個字；最後一個階段，書寫時間跳到了 1555 年，為楊繼盛第三年朝審前夕所寫，共 827 個字。〔註1〕

　　《自書年譜》的內容和動機，有其展演性質。第一，就自身書寫的背景而言，與他彈劾嚴嵩下獄的背景事件息息相關。第二，楊繼盛明確於年譜中，提過這份年譜將「作為後日墓誌之用」。〔註2〕換句話說，已設定將作為「墓誌銘」的年譜書寫本身，便會有所美化與修飾，其「楊繼盛印象」是有意展演與經營而產生出的。第三，楊繼盛身處一個自我書寫活躍且關注聲望經營的時代環境。他的劾嵩與他的年譜書寫，與整體環境互有關聯與影響。鑑於此，有別於多數有關楊繼盛的研究將《自書年譜》的敘述不加解析地作為陳述其生平經

〔註1〕高朝英、張金棟，〈楊繼盛《自書年譜》卷考略（下）〉，《文物春秋》，第 4 期（石家莊，2011），頁 56。最後 185 字為他人補寫。

〔註2〕高朝英、張金棟，〈楊繼盛《自書年譜》卷考略（下）〉，《文物春秋》，第 4 期，頁 70。

驗的史料，本研究則針對《自書年譜》內含的自我展演與自我形象操作的特點，進行討論。

依據楊繼盛《自書年譜》自我書寫呈現的自我認同，大致可以將楊繼盛出生至 35 歲的生命經驗分成兩階段，一為「從白衣到士人」（1 歲～25 歲），二為「從士人到文人」（25 歲～35 歲）階段，分段點為楊繼盛中舉前後。楊繼盛出生至 35 歲的生命經驗與文本分析，為本章處理之重點。楊繼盛 35 歲後以及劾嵩與下獄的生命階段，將於第四章處理。

一、從白衣到士人（1 歲～25 歲）

楊繼盛的《自書年譜》（以下簡稱《年譜》）的開頭，跟多數明人年譜一樣，從家族根源談起：楊家原先住長城古北口外小興州（約今河北灤平縣城北），到了烈祖（曾曾曾曾祖父）楊百源時，楊家遷到保定府容城縣（今河北保定容城），並開始家族繁衍，且「世業耕讀」。〔註3〕

明初因為來自北方蒙古的壓力，官方幾次命令將塞外邊民遷徙入內。一部分長城外小興州人大約就在 1374 到 1391 年間由政府規劃遷往保定府，並獲得當地戶籍，估計此期間約 4 萬人從長城口外遷入保定。保定作為北方的重要戰略地，是明初主要移民重點區域，其中許多移民來自小興州。〔註4〕其後，隨著蒙古殘餘勢力漸漸削弱，洪武時在小興州所設衛所的軍事作用變小，於是到了惠帝時（1399）便下詔將各衛所中只有一個男丁的軍籍家族放免為民籍。永樂元年時（1403），北平行都司改名為大寧都司並且移至保定府，而此時也有一批小興州人隨著大寧都司移到保定，然而這批永樂時遷來到保定的小興州人，仍然維持著軍籍或者由軍衛代管的民籍人口，並沒有歸入當地的民籍。〔註5〕

以楊繼盛出生於 1516 年，每代相差 25 歲推算的話，楊家應該是洪武時遷入保定的早期移民者，且遷入時維持著民籍身分，比起永樂時才遷入保定的軍籍小興州人，更具有階級向上優勢。然而從祖父楊百源以來「世業耕讀」，

〔註3〕 楊繼盛，〈自書年譜〉，手稿，1553～1555。今見：高朝英、張金棟，〈楊繼盛《自書年譜》卷考略（上）〉，《文物春秋》，第 2 期（石家莊，2011），頁 62。
〔註4〕 魏雋如，〈明初移民保定的小興州人為何稱來自山西或洪洞縣〉，《中國歷史地理論叢》，第 2 期（保定，2000），頁 182。
〔註5〕 魏雋如，〈明初移民保定的小興州人為何稱來自山西或洪洞縣〉，《中國歷史地理論叢》，第 2 期，頁 185。

家族內雖有人補廩縣學生員，最高只到了教官職位而已。教官一職雖然參與許多地方教化事務，但卻處於明代官僚體系結構的最底層，權力不大，反映出楊繼盛原生家庭的社會地位不算太高。〔註6〕而土木堡之變後，景泰年間因為財政需求，開始准許生員納粟納馬入監，到後來連沒有功名的庶民也可以捐監。生員的社會地位可說是越來越低。〔註7〕從此推斷，楊繼盛原生家族「世業耕讀」，其社會地位在儒家四民論階序中，偏屬「耕農」。而從其《年譜》內文中，楊繼盛父親與兄長皆無人任官職，其原生家庭很明確地應歸類於民戶。

　　楊繼盛如何定位自己原生家庭的社會地位，在《年譜》裡並沒有清楚的表示，但於就刑前留給兒子的遺書中，楊繼盛對兒子叮嚀家務事時，說道「我們係詩禮士夫之家，冠婚喪祭必照家禮行。你若不知，當問之於人，不可隨俗苟且，庶子孫有所觀法」，〔註8〕就很清楚傳達出成年後的楊繼盛，認定其自身家庭的自我社會地位，是位於四民階序中的上層者，顯示出其對於身為士大夫的自我認知與認同，並強調「我們係詩禮士夫之家」，叮嚀兒子必須遵禮行事，是因為「庶子孫有所觀法」，必須藉由禮法，與家族內其他庶子孫有別。楊繼盛自認身為階序中的上層者，必須以禮法行事做世人榜樣，以達到社會教化之目的。

　　族內有人做過生員與教官的家世背景並不值得炫耀，倒是日後考上進士的楊繼盛，以這樣一個下層耕讀家族的家族敘事中，安排自己的誕生進場，便顯得特別有意義。楊繼盛因擁有書寫能力，以及隆慶皇帝宗繼位時為其反正，獲得官方認可，擁有能代表其族人發言與撰譜的家族敘事論述權。

　　楊繼盛生於正德11年（1516）農曆5月17日辰時，他有個同母兄長名繼昌、三個胞姊以及妾生庶兄名繼美，楊繼盛是家中第三個男孩。他寫道當他父親看到其出生樣貌，喜悅地說：「今觀此孩，首、身、股三停，此必不凡也。改換門閭，大吾宗族，在是子矣。」〔註9〕三停，即臉三停與身三停，是中國相術中的一個術語。臉三停，為額頭髮際到印堂、印堂到鼻準與人中到下巴。

〔註6〕吳智和，《明代的儒學教官》（臺北：學生書局，1991）。郭培貴，〈論明代教官地位的卑下及其影響〉，《明史研究》，第4輯（北京，1994），頁68～77。

〔註7〕何炳棣，徐泓譯，《明清社會史論》（臺北：聯經，2013），第一章，頁22、35～37。

〔註8〕楊繼盛，李洪程校注，〈父椒山諭應尾應箕兩兒〉，《楊椒山集校注》，頁182。

〔註9〕楊繼盛，〈自書年譜〉，手稿，1553～1555。今見：高朝英、張金棟，〈楊繼盛《自書年譜》卷考略（上）〉，《文物春秋》，第2期，頁62。

身三停，即頭到肩、肩到腰和腰到足這三部分。楊繼盛父親所指即身三停。三
停的比例勻稱，關乎一個人的命運，而其命運也連帶影響到家族命運。身處同
時代的唐順之（1507～1560）言及：

> 形之有餘者，頭頂圓厚，腹背豐隆，額潤四方，紅唇齒白，耳圓成
> 輪，鼻直如膽，眼分黑白，眉秀踈長。肩膊齊厚，胷前平廣，腹圓
> 垂下。行坐端正，五嶽朝起，三停相稱，肉膩骨細，手長足方。望
> 之巍巍然而來，視之怡怡然而生，此皆謂形有餘也。形有餘者，令
> 人長壽無病，富貴豐榮矣。〔註10〕

除了意味著富貴好運的身形比例之外，待其漸長時，頭型變長且圓，人人看到
都稱讚道，這是帶來好運的壽星頭。

　　相術在明代社會相當普及，也益受重視。〔註11〕以出生福相介紹自己的出
場，可以讀出楊繼盛對自身的人生期許與其對自身命運的樂觀。然而，這一段
文字的書寫時間，卻是楊繼盛下獄後三個月內生死未卜的狀態下寫成，以「大
吾宗族，在是子矣」如此樂觀的起頭姿態，或許是作為自我鼓勵，也或許是為
了自我標榜。或許此時楊繼盛並不認為自己會因劾嵩致死，甚至認為前途仍在，
待其「大吾宗族」；然而也或許相信自己必能成為一忠臣，而「大吾宗族」。

　　楊繼盛的福相並沒有帶來父親持續的關愛。五歲時，「父妾專權」，家庭失
和，舅舅告上官府，最後離異分居且析產三份。「父妾專權」這四個字，僅出
現在手稿中，後人修改過的版本皆將這四字改成了「有寵而妒」。〔註12〕

　　六歲時，因為「嫂惑於庶母之唆，兄惑於嫂氏之言」，〔註13〕哥哥和媽媽
又分家，家產再分為二。這段時間楊繼盛和母親姊姊相依為命。由於失去了主

〔註10〕唐順之，《荊川稗編》卷之六十六，「論形有餘」條，頁4447，據明萬曆九年
　　　　刻本。

〔註11〕吳蕙芳，《萬寶全書：明清時期的民間生活實錄》（臺北：國立政治大學歷史學
　　　　系，2001），頁236～239。

〔註12〕將「妾」與「權」並列，並設定在明代，搜尋中國基本古籍庫，所得數量僅得
　　　　69條，可見其少見。且其「權」字的使用，與「妾」字，多無相關。我們可
　　　　以從很多明代史料看到，「專權」常與「小人」、「宰相」、「宦官」、「王振」、「劉
　　　　瑾」、「權臣」、「嚴嵩」或「張居正」等並用。楊繼盛「妾」與「專權」的並用，
　　　　並非當時的常用語。這或許可以透露楊繼盛將自身家庭「父妾專權」的經歷投
　　　　射在對嚴嵩的彈劾上的心理動機。

〔註13〕楊繼盛，〈自書年譜〉，手稿，1553～1555。今見：高朝英、張金棟，〈楊繼盛
　　　　《自書年譜》卷考略（上）〉，《文物春秋》，第2期，頁62。由此推估繼昌的
　　　　年紀至少大繼盛十歲以上。

要的男丁，楊繼盛年紀又太小，耕種工作變得更辛勞，他仍記得自己小小的身軀背負著稻束，跟著母親和姊姊一同蹣跚走著，鄰人看到了都不禁難過流淚。沒多久，母親過勞逝世，父親和庶母怕舅舅告上官府而遠避，經鄰居勸說，拖了兩個月才返家處理後事。七歲的楊繼盛，失去母親，整天哭泣，自言當時「狼狽孤苦良為至極也」。〔註14〕

八歲時，儘管父親與兄長都同住，生活較穩定，但楊繼盛的牧童生活，無人約束也無人關心，時常夜宿牧場或瓜棚，沒人發現也沒人找尋。一天他跑到村中玩耍，看到有個老儒生設塾蒙教，「見諸生揖容之美，聞諸生吟誦之聲，心甚愛知」。〔註15〕於是跑回家跟哥哥說想入學讀書，哥哥以他年紀太小拒絕，楊繼盛便回說：「年幼能牧牛，乃不能讀書耶？」他轉求父親，並成功說服父親讓自己從師入學。

楊繼盛並無提及他的基本識字教育從何而來，然而從其記述中，他一入學便開始展現天分，看個四五次便能背誦，學個四五天就能對句。一日來了個較年長學生入學，老師出題「老學生」要學生對句，一時沒人能應，問到楊繼盛時，他以「小進士」作答，老師一聽，開心地說：「此兒必登黃甲矣！」〔註16〕

這段八歲時和哥哥的對話，及獲得老師稱讚的記憶是楊繼盛自我生命敘事中一核心情節（nuclear episodes）。〔註17〕而這個核心情節顯示出楊繼盛的自我認同之兩個要點：第一，從喪母到入學種種環境的轉換，帶給楊繼盛新的人生經驗。失去母親的疼愛，家事糾紛混亂，這樣不安的童年環境終於結束。從牧童生活到爭取入學，並獲得老師肯定這之間環境轉換以及過程，他找到了一個新的情感出口以及自我存在感。這也是《年譜》敘事中，第一次出現「予曰」

〔註14〕 楊繼盛，〈自書年譜〉，手稿，1553～1555。今見：高朝英、張金棟，〈楊繼盛《自書年譜》卷考略（上）〉，《文物春秋》，第2期，頁62。

〔註15〕 楊繼盛，〈自書年譜〉，手稿，1553～1555。今見：高朝英、張金棟，〈楊繼盛《自書年譜》卷考略（上）〉，《文物春秋》，第2期，頁62。

〔註16〕 楊繼盛，〈自書年譜〉，于稿，1553～1555。今見：高朝英、張金棟，〈楊繼盛《自書年譜》卷考略（上）〉，《文物春秋》，第2期，頁62。

〔註17〕 核心情節的概念來自 Dan P. McAdams, *Power, Intimacy, and the Life Story: Personological Inquiries Into identity*, (New York : Guilford Press, c1988)，尤見第五章，p. 133～175。McAdams 對 nuclear episodes 的說明是：
Nuclear episodes are the most significant single scenes in a person's life story. There are events, incidents, or happenings which stand out in bold print in the story's text. Dan P. McAdams, *Power, Intimacy, and the Life Story: Personological Inquiries Into identity*, p.170。

之處，即楊繼盛自己的聲音。

第二，這是成人楊繼盛在獄中回憶（與詮釋）其童蒙啟發的最初記憶。透過描述他童年時孤獨、不被關注，遊蕩到村中去偷看別人上課，並對此「心甚愛之」。大致上，明代略有教育意識的士大夫家族與家庭中童蒙入學，最早五歲，遲至七歲。〔註18〕楊繼盛八歲開蒙已晚，然而藉由「牧牛童竊觀諸生讀書」的情節安排，反而能傳達出：儘管「我」開蒙較晚，但現在的「我」之所以成為士人，不是因為名或利，也不是因為家裡或族裡的安排，而是因為看見那些儒生優雅的舉止，聽見那些儒生優美的朗誦聲，「我」是發自內心對儒學文化儀禮之美的喜愛，而心嚮往之。楊繼盛自認他對於儒學禮儀之美作為「好品味」的認同，出自於他的「心」，也就是他的天性本身這點，顯露出「成人楊繼盛」作為上層菁英的自我定位與認同，也間接暗示他自認與那些納捐、或汲營於仕進營利、非衷心好儒之士有所區別。

然而從他的「小進士」對句及《年譜》中其它對句內容，都明顯與功名利益有關來看，他最初單純對儒教的「心甚愛之」與成為進士或名臣將帶來的「名利」與榮耀之間，發生了現實與理想的變化與衝突。這或許與他的學習環境不無關係。於楊繼盛習舉業的過程中，他父親與兄長對他抱有功利性投資，而他的老師們中有些人也仍努力備考，求他日一朝飛黃騰達，也有人致力於藉由士人身分置產積財者。〔註19〕楊繼盛渴望受人肯定與稱讚，他的求學舉業之心在如此功利的環境下，不再單純只是為了滿足他自己的「心」，也是為了尋求他人認可而變得汲汲營營。

如果說成為一個受人肯定的「理想士人」是楊繼盛生命敘事之主線的話，他與哥哥的關係則是他的生命敘事中主要扮演衝突與阻礙的故事副線。〔註20〕從

〔註18〕陳寶良，《明代儒學生員與地方社會》（北京：中國社會科學，2005），頁160～161。

〔註19〕楊繼盛在《年譜》中有關其舉業過程中的「功利」環境記述，如楊繼盛說兄長「望予官歸厚利」，14歲時的殷從光老師本身也是縣庠生，然而拜師沒多久就「棄學業，專肆力於置產，講解之功日疏」，又20歲時的老師李學詩一同習舉業，並說「今日為師徒，後年可為同年」。楊繼盛自己擇選記下的兒時對句，除「小進士」，又有「有兒為名臣」以及「顯姓揚名」，皆與「名利」有關，而與儒家的「學以用世」理想較無關。楊繼盛，〈自書年譜〉，手稿，1553～1555。今見：高朝英、張金棟，〈楊繼盛《自書年譜》卷考略（上）〉，《文物春秋》，第2期，頁64、67。

〔註20〕這些與兄長衝突不合的部分，在後來的楊本（隆慶本）還存有部分，然而到李本以及四庫本等其他版本，皆全數刪除。

八歲到十一歲，楊繼盛過著春秋上學，夏季牧牛的耕讀日子。期間哥哥曾因楊繼盛牧牛不認真，家事不夠勤謹，便威脅分居餓死他。楊繼盛也不退讓，說：「就分不均也，讓的起！」哥哥分了房屋一間、米豆各數斗、驢一頭給他，他便開始獨自打理生活。過四五天，哥哥認為楊繼盛已經學會自主了，便又合居。〔註21〕其實細究，這分居之事僅僅為期四五天，但在楊繼盛的記憶敘事中成了一件有特殊意義的事件。

　　楊繼盛將哥哥繼昌在其生命敘事中，定位為一個負面角色是明確的。他在〈遺書〉提到：「你大伯這樣無情的擺佈我，我還敬他，是你眼見的，你待你哥要學我纔好。」〔註22〕從六歲時「兄惑於嫂氏之言」因而分居，八歲時認為他年紀還小拒絕其上學，九歲時為時四五天的分居，以及往後種種楊繼盛毫不客氣寫出其哥哥繼昌的種種勢利吝嗇等無兄弟溫情之行為。從情節安排上來看，哥哥繼昌是楊繼盛一再拿出來提醒讀者，其寒苦求學生涯的主要肇因，同時他也藉由一再地提及自己的退讓與討好兄長，加深讀者對其自身美德的印象。

　　十歲到十一歲這段時間，楊繼盛與父親的關係有些變化。楊繼盛父親叫楊富，《自書年譜》及其他相關史料皆無記載楊富的生平。從《自書年譜》文中推敲其身分，應是個有些田產的農戶。從楊繼盛提及父親「善對句」這點來看，楊富並非是個大字不識之人。這段與父親同住的日子，每當吃完飯以及客人來訪時，都會趁機機會教育，與楊繼盛練習對句，且「每對俱稱善」。有天，擔任陰陽學官的表叔辛體元來訪，剛好家裡沒酒，父親就開玩笑出了題：「無酒是窮主」要楊繼盛對句，他便以「有兒為名臣」對上，讓父親和表叔嘆賞不已，「父由此鍾愛之，而庶母之妒亦不敢肆矣」。〔註23〕除了因對句工整受到稱讚外，父親的「鍾愛」尤其來自楊繼盛對句中將「名臣」作為人生志向表白，作為父親的自然開心不已。受到父親的「鍾愛」，庶母對他不敢放肆，楊繼盛此時藉由周圍的人對他的態度轉變，已然深知讀書做官能為他帶來尊重，擺脫困境。

　　家中有兒志向遠大，做父親的便開始積極培育。因此十一歲的楊繼盛便

〔註21〕楊繼盛，〈自書年譜〉，手稿，1553～1555。今見：高朝英、張金棟，〈楊繼盛《自書年譜》卷考略（上）〉，《文物春秋》，第 2 期，頁 62～63。

〔註22〕楊繼盛，李洪程校注，〈父椒山諭應尾應箕兩兒〉，《楊椒山集校注》，頁 179。

〔註23〕楊繼盛，〈自書年譜〉，手稿，1553～1555。今見：高朝英、張金棟，〈楊繼盛《自書年譜》卷考略（上）〉，《文物春秋》，第 2 期，頁 63。

在父親的安排下，不再牧牛，又以「鄉間聞見不廣」為由，要繼昌送他去縣裡，找了個王秀才，好好指導。然而好景不常，不到一年，父親得「反胃病」，〔註24〕楊繼盛返家日夜侍養，一個月後父親病故。捐館沒幾天，靈柩還在，官府就找上繼昌，要他替代父親去收糧。由於還在守靈，長子不能離開，楊繼盛就代替繼昌去收納計算，自述其表現毫無出錯，辦事早熟能幹。

表面上，這是一件平淡直白的家務記述，然而在當時，楊繼盛刻意在《年譜》中書寫這段代替兄長服徭役的記述，卻能為楊繼盛帶來道德上的美名。濱島敦俊提到那些地位上升的鄉紳們，自身作為「士」，漸漸不再覺得與「民」同等。沒有了「齊民」一體的概念。對於納稅徭役等國家義務，並不會想到自己應該承擔的責任，且偶爾負擔些徭役，便視為「美談」。〔註25〕崇禎朝時，楊繼盛的《年譜》已廣為流傳，嘉定（屬今江蘇）黃淳耀（1605～1645）便言：「楊椒山年十一歲，即能代兄收糧，收納記算，卯酉點查，俱不錯誤。我輩獨是何許人。」〔註26〕

明代中期之後，「士」、「庶」在政治身分與生活空間上漸漸分離，一方面隨著十六世紀以來的商業化活動，一個「尊敬士大夫的世界」逐漸形成，〔註27〕而另一方面，這些「士」與「士大夫」們開始城居，儘管擁有大片田地，卻使用優免特權或詭寄等方式，將徭役轉嫁庶民。晚明時許多東林黨人對此現象多有所戒示，抨擊那些礙於人情而接受詭寄，或者用「助田」、「助役米」個別慈善救濟的方式，看似善舉，實際上卻仍是追求與自身家族有關的利益，依舊迴避改變這種整體徭役不均的現象。楊繼盛並非江南富戶，也並非大地主，然而在那些南方人如黃淳耀的眼裡，楊繼盛十一歲時代兄服役便被視為美談，拿來警示「我輩」不如楊繼盛者，又怎麼能不負擔些徭役。然而《年譜》中有關楊繼盛負擔徭役的記述也僅於此，由此推估後來專心舉業以及中舉後擁有士人身分的楊繼盛，再也沒有負擔過任何徭役了。

父親去世後，家裡進入失序狀態。繼昌和庶母為了家財，一整年在打官司，

〔註24〕楊繼盛，〈自書年譜〉，手稿，1553～1555。今見：高朝英、張金棟，〈楊繼盛《自書年譜》卷考略（上）〉，《文物春秋》，第 2 期，頁 63。

〔註25〕濱島敦俊，〈明代中後期江南士大夫的鄉居和城居〉，《明代研究》第 11 期（臺北：中國明代研究學會，2008），頁 88。

〔註26〕黃淳耀，《陶菴全集》（臺北：臺灣商務，出版年不詳），卷 20，頁 40～41。

〔註27〕濱島敦俊，〈明代中後期江南士大夫的鄉居和城居〉，《明代研究》第 11 期，頁 91。

直到秋天才把他送到一監生表兄家寄食學習。除了十四歲時偶爾短期務農之外，楊繼盛從十二歲一直到十八歲成為縣學生員之前，為其童生階段，此時間他的生活除了家務，主要在地方私學接受童蒙教育，內容多以學習書經與作文為主。〔註28〕

這六年的記述也同樣一再出現「受到師長肯定」的核心情節，並隨著專務讀書的日子，又增加了「寒苦的讀書生活」以及「科考挫折」兩個情節元素。

十三歲時，向趙宸（嘉靖二十三年（1544）進士）拜師學習。一日課間老師離席，楊繼盛便同其他同學玩躲藏遊戲，老師回來見狀，便全體罰跪，對上「藏形匿影」者才能起身。楊繼盛對上「顯姓揚名」，再次顯露他對句的急智才能，老師稱讚說道：「此為絕對也」，並「自此相愛之甚」。〔註29〕這是楊繼盛《年譜》中第三次出現這種「對出對句並獲師長關愛」的敘事：從「小進士」與「此兒必登黃甲矣」、「有兒為名臣」與「父由此鍾愛之」，以及「顯姓揚名」與「自此相愛之甚」，可以看出楊繼盛在書寫這些有關自身天賦與成就的敘事時，呈現一固定模式：突發事件 → 急智表現 → 得到肯定與關愛。

十四歲，雖然繼昌仍繼續資助楊繼盛的讀書之路，但沒有了父親的殷殷督促，楊繼盛的求學生涯斷斷續續，換過了幾位老師，甚而還發生「以兄與束脩薄，遂逐出」的窘境，以至於無師可從。直到師從陰從光（生卒年不詳），才又穩定下來。楊繼盛天天與他年紀相近的兒子陰標（生卒年不詳；嘉靖二十年（1541）進士）「同筆硯，發憤力學」，多少趕上進度，學業漸有進步。大概跟隨陰從光五年，期間老師漸漸放棄自身的舉業夢，轉而專注投資置產，講課便開始敷衍隨便。而另一方面，這段時間青少年楊繼盛開始出現來自同儕的影響。課上同學大多富家子弟，天天嬉戲。少了老師嚴格督促，又多了與朋友交游玩耍的吸引，這三年只讀了兩冊的論語。繼昌發現楊繼盛的學業落後，要他轉學，但「予以無故，不忍辭去，遂至遷延焉」。〔註30〕楊繼盛想必對這三年自己的荒唐怠

〔註28〕楊繼盛，〈自書年譜〉，手稿，1553～1555。今見‧高朝英、張金棟，〈楊繼盛《自書年譜》卷考略（上）〉，《文物春秋》，第2期，頁64。

〔註29〕楊繼盛，〈自書年譜〉，手稿，1553～1555。今見：高朝英、張金棟，〈楊繼盛《自書年譜》卷考略（上）〉，《文物春秋》，第2期，頁64。

〔註30〕Hammond 書中對此段落的翻譯多處有誤，且最後突然增添一句：By the end of 1532, however, I was about ready to agree with him. 很有可能是對於「壬辰年，庶兄故」的誤讀。
年譜原文：
庚寅、辛卯、壬辰年，十五、十六七歲。

惰時光有些慚愧，有別於《年譜》中多數內容的逐年細述，對比這三年的輕描淡寫便顯得唐突。從其〈赴義前一夕遺囑〉中對兩位兒子提及習舉業時的刻意叮嚀，可看出其親身經驗的感悟：

> 切記不可一日無師傅。無師傅則無嚴憚無稽考，雖十分用功，終是疎散，以自在故也。又必須擇好師，如一師不愜意，即辭了另尋，不可因循遷延，致誤學業。又必擇好朋友，日日會講切磋，則舉業不患其不成矣。〔註31〕

十八歲，春季時考生員不中，楊繼盛感到羞憤，然而憑藉著天資，半年苦讀，六月時便以一等第四名考上了縣學生員，正式踏入成為「士人」之路的第一步。

或許是為了能夠使其在昏沉獄中保持清醒，楊繼盛《年譜》中毫無缺漏地記錄著此次以及往後每次科考的考官為誰與考題為何。困居獄中卻能如此詳記這些資訊，除了刻意展示他考取科舉主要的能力，即記性天賦之外，也意味著圍繞這些科考的種種記憶，佔據了楊繼盛大半的人生時光，對楊繼盛有相當重要的意義。

從六月到十月，楊繼盛仍跟陰從光學習，直到十月進入社學。從十八歲到

師遂棄學業，專肆力於置產，講解之功日疏，所同遊者又皆富室子弟，日惟嬉戲。予既鮮師傅之嚴憚，又為諸友分（紛）擾，學業無甚進益，三年之間，止講《論語》二冊。兄促予別學，予以無故，不忍辭去，遂至遷延焉。壬辰年，庶兄故。

Hammond 的翻譯：

For the next three years my teacher put all his energy into acquiring property, and disregarded his teaching responsibilities. He was lax in instruction. All the young men he went around with were from wealthy households. All they did was play all day. I was very afraid of my new teacher, and other students with whom I associated were also confused and annoyed. I did not make much progress in my studies. My older brother urged me to give up this schooling, but although I knew it was unreasonable I could not bear to abandon my studies. By the end of 1532, however, I was about ready to agree with him.

Kenneth J. Hammond, *Pepper Mountain: The Life, Death and Posthumous Career of Yang Jisheng* (London : Kegan Paul, 2007), p.4.

Hammond 在翻譯「所同遊者又皆富室子弟」明顯搞錯了主詞是楊繼盛，接下來又漏譯了「予既鮮師傅之嚴憚」中的「鮮」，才會出現「I was very afraid of my new teacher, and other students with whom I associated were also confused and annoyed.」以至於說「I knew it was unreasonable I could not bear to abandon my studies」這種誤解。

〔註31〕 楊繼盛，李洪程校注，〈赴義前一夕遺囑〉，《楊椒山集校注》卷四，頁181。

三十二歲考中二甲進士之前，楊繼盛的肄業主要屬於官學系統。明代中葉後，許多地方官府所設的學宮荒廢，許多讀書人通過科考獲取生員身分，以獲得進一步的科考門檻資格，卻不在學校內畢業，各自在寺廟僧舍或書院家館等地讀書或外出遊學。〔註32〕從個人經驗來看，士人們依據自己的經濟與環境條件需求調整，在私學、義學或官學等等不同的學校類型中學習，並無固定。

　　社學屬官學，為明代政府最基層的教育組織，由地方學官提調與考成。所謂社學是基於明代的里甲制度，以 110 戶為一里，凡設於里中的學校，都可算是社學。〔註33〕明初太祖為了宣揚正統與儒教、教化百姓、宣導法律及儀禮等基本知識而設立社學。〔註34〕然而此時楊繼盛所進入的社學樣貌，已不同於太祖所設想，而多是地方官員出於不同動機，例如宣揚自身道德理念或助學名聲而興建的。〔註35〕也因此這種好名跟風而建的社學品質不一，例如楊繼盛描述其社學環境「居房三間，前後無門，又乏炭柴、炕席，嘗起冰霜，而寒苦極已」。讀書環境不盡理想，但少年楊繼盛的周圍開始出現一些一同讀書、努力科考的志同道合友伴，以及一位名為李學詩（生卒年不詳）的老師，給予他極大的人情溫暖。

　　李學詩號古城，和楊繼盛同為容城人（屬今容城），是個考過會試的貢士，離開國子監後回到容城寧國寺教書。楊繼盛說他是「端介有道之士，教人不論貧富，惟因材加厚」。楊繼盛正苦於缺乏束脩，聽聞於李學詩教人不分貧富，於是前往拜師。楊繼盛說師生兩人第一次相見，「師便奇之」，因此出了一題「然非歟」要楊繼盛作答。此時的楊繼盛已熟讀論語，當然知道「然非歟」的典故出自《論語》，然而對楊繼盛來說，李學詩出此題的是別有用心的。「然非歟」的對話出自〈衛靈公篇〉：

> 子曰：賜也，女以予為多學而識之者與？
> 對曰：然，非與？
> 曰：非也！予一以貫之。〔註36〕

〔註32〕陳寶良，《明代儒學生員與地方社會》，頁 110、136～137。
〔註33〕陳寶良，《明代儒學生員與地方社會》，頁 151。
〔註34〕Angela Ki Che Leung(梁其姿), "Elementary Education in the Lower Yangtze Region in the Seventeenth and Eighteenth Centuries," in Elman, BA, Woodside, A (Eds.), *Education and Society in Late Imperial China, 1600～1900*, (Berkeley: University of California Press, 1994), p.382.
〔註35〕Sarah Schneewind, *Community Schools and the State in Ming China*, (Stanford, CA: Stanford University Press, 2006), chapter 4, p58～93.
〔註36〕高華平校釋，〈衛靈公篇〉，《論語》（瀋陽：遼海出版社，2007），頁 302。

賜是子貢的名。孔子問子貢是否認為他是個博學強記的人。子貢說：「難道不是嗎？」孔子說不是，我是「一以貫之」。李學詩的用意大概是以其讀書經驗提點楊繼盛，要他讀書不要只是強記，也要將學問理解貫通。而從楊繼盛把第一天拜學李學詩便以「然非歟」出題，解讀成「寓相傳之意」，〔註37〕暗含著李學詩對楊繼盛的認可，將會把其知識傳承給他，如同孔子與子貢的師生關係。來自師長對楊繼盛本身才能的認可與肯定，對楊繼盛來說是最重要的事情。有了肯定自己的師長，楊繼盛更加奮力讀書，天天「講究不懈」。

這一年，楊繼盛娶妻成家，生活出現重要變化。《年譜》中，他提到許多同鄉富有人家見他書讀得不錯，看好他的前途，因此前來提親。但他認為「富室之幼女，豈可處於兄嫂之間耶？」，於是最後娶了哥哥親家親戚，胡村張杲次女為妻。〔註38〕張家「以耕織為業，家不甚富，其行誼為鄉里所重」，而張女「長而甚賢」，且與兄嫂為姊妹，應該會姙娌和氣。然而娶之後實情到底如何，無從得知，楊繼盛只以「妻之困苦益不可言」輕描淡寫帶過。〔註39〕Hammond 以楊繼盛「富室之幼女，豈可處於兄嫂之間耶」一詞拒絕富室求親的心態是出自於仇富心理（resentment and mistrust of the weathy）的詮釋並不正確，〔註40〕忽略了楊繼盛《年譜》通篇中對自我道德的刻意標榜，也忽視了楊繼盛對儒家的社會階序觀的執著。日後楊繼盛下獄後，想趁人尚在世，為兒子安排婚事，請託好友王遴（字繼津，1525～1608）並獲得面許時，他讚嘆道：「予之豪傑義氣不見對手，乃於繼津見之，其慶幸可勝言哉！」〔註41〕由此可見他對婚姻擇選的考量上，一方面是秉信著儒家「輕財好義」的義利觀，另一方面重

〔註37〕楊繼盛，〈自書年譜〉，手稿，1553～1555。今見：高朝英、張金棟，〈楊繼盛《自書年譜》卷考略（上）〉，《文物春秋》，第 2 期，頁 64。

〔註38〕Hammond 指張杲為楊繼盛父妾的長兄，不知來源為何，見 Kenneth J. Hammond, *Pepper Mountain: The Life, Death and Posthumous Career of Yang Jisheng*, p.5. 然而《年譜》中，楊繼盛自言張杲「予兄之叔丈也」，「叔丈」為妻子的叔叔。由此推論，楊繼盛是與哥哥親家結親。

〔註39〕然而或許實情是楊繼盛接受了哥哥的安排。在法律上，繼昌應繼承父親的家庭權力，在未分家之前，對家庭內的婚姻安排擁有主婚權。徐泓，〈明代的家庭：家庭型態、權力結構與成員間的關係〉，收入王毓銓主編，《明史研究》，第四輯（合肥：黃山出版社，1994），頁 179～196。

〔註40〕Kenneth J. Hammond, *Pepper Mountain: The Life, Death and Posthumous Career of Yang Jisheng*, p.5, 7, 17.

〔註41〕楊繼盛，〈自書年譜〉，手稿，1553～1555。今見：高朝英、張金棟，〈楊繼盛《自書年譜》卷考略（上）〉，《文物春秋》，第 2 期，頁 70。

視的是心志相同，並非出自仇富心理。

　　從楊繼盛《年譜》的內容分析，身為士人階級的楊繼盛，論及自身苦讀日子，遠遠多於他對下層人民生活的書寫與關注。而他的〈請罷馬市疏〉與〈請誅賊臣疏〉兩疏，著重的面向始終是政治上的君臣紀綱與家庭內的道德秩序，而不是社會上的貧富差距等公平正義問題。他著眼在於自身行為是否符合聖賢道義，而不在於其行為是否能真能造福百姓。楊繼盛種種拒絕富貴人家求親等的行為，是出自儒家貴義賤利的精神，是他道德與形象上的自我要求。Hammond 將楊繼盛拒絕富室求親解讀為仇富心理，是對楊繼盛的自我定位和身分認同的不理解。寫給兩個兒子的遺書中，談及後事時，楊繼盛提及「不可貪心見好田土又買，蓋地多則門必高，糧差必多，恐至負累，受縣官之氣也」。〔註42〕由此可見，除了信念與形象顧慮，楊繼盛拒絕與富有人家攀上關係，或許也是出於當時政治與社會環境的考量，避免惹上麻煩，也是或許希望其子不要受當時社會「積產逐利」的風氣影響。

　　除了在社學處讀書外，楊繼盛還向一位叫佛永的僧人借房讀書。佛永常化緣在外，屋內大小事，不管是打水或生火煮飯都得自理。冬天到外取水，手和水筒會因凍相連，回到到房裡才能呵氣化開。有時夜裡缺油點燈，只好一片黑暗中早早休息。然而卻又因保暖衣物闕如，常半夜冷到只得起床，在房間內疾走繞圈暖身。回憶起這段讀書日子，楊繼盛說「其苦蓋難言萬一矣」。〔註43〕

　　跟著李學詩學習一年，楊繼盛自言「予資性頗高而用力又銳」，〔註44〕因此學業大致完成，這時李學詩對楊繼盛說：「我與汝，今日為師徒，後年可為同年矣。」〔註45〕於是兩人決定在城外築書舍，李學詩暫歇教務，與楊繼盛全心備考，一同舉業。然而才過一年，於楊繼盛二十一歲的春天，李學詩突然得了「癱瘓病」，〔註46〕楊繼盛日夜服侍，仍不見好轉。想要到遠方找更高明的醫生，卻無腳力也沒盤纏。而若離開，老師則缺人照顧。楊繼盛

〔註42〕楊繼盛，李洪程校注，〈父椒山諭應尾應箕兩兒〉，《楊椒山集校注》，頁182。

〔註43〕楊繼盛，〈自書年譜〉，手稿，1553～1555。今見：高朝英、張金棟，〈楊繼盛《自書年譜》卷考略（上）〉，《文物春秋》，第2期，頁64。

〔註44〕楊繼盛，〈自書年譜〉，手稿，1553～1555。今見：高朝英、張金棟，〈楊繼盛《自書年譜》卷考略（上）〉，《文物春秋》，第2期，頁64。

〔註45〕楊繼盛，〈自書年譜〉，手稿，1553～1555。今見：高朝英、張金棟，〈楊繼盛《自書年譜》卷考略（上）〉，《文物春秋》，第2期，頁64。

〔註46〕楊繼盛，〈自書年譜〉，手稿，1553～1555。今見：高朝英、張金棟，〈楊繼盛《自書年譜》卷考略（上）〉，《文物春秋》，第2期，頁64。

向哥哥求援，哥哥卻一口拒絕。楊繼盛只得忍飢，天天外出尋覓醫生。楊繼盛寫道，李學詩平日酒量過大，引起痰多的症狀，雪上加霜，沒多久便離世。對於這位老師的死，楊繼盛特別有感觸，說道：「予之心喪，至今耿耿，豈特三年哉。」〔註47〕

《年譜》中楊繼盛幾次提到他人的死亡，從母親（七歲）、父親（十一歲）、陳師和庶兄（十四歲），李學詩則是第五人。母親去世時，他還年幼，只記得自己夜夜啼哭。父親死時，楊繼盛的記述中完全沒有任何情感上的表示。陳師與庶兄僅有「病故」與「故」簡略帶過。相較之下，楊繼盛對於李學詩的死亡，在情感表露上是非常突出且直接的。楊繼盛甚至說他寫下這段話時，他仍為之心痛，「豈特三年」。「三年」是指子女為父母守喪丁憂之制為期三年，而李學詩的死亡已過十六年（從他獄中書寫時間為 1553 年推算），楊繼盛仍心痛難過，何止三年而已。可見李學詩對楊繼盛意義之重要，遠遠超越他父母親。楊繼盛在這裡表達出對一個沒有血緣的人的感念大過於自身親身父母的這番話，放在一個特別強調孝道的有明一代來看，足見其個人特質及其尋找生命中意義他者（significant other）的渴望。楊繼盛與李學詩只有短短兩年的師生情誼，然而相較於《年譜》中楊繼盛對其他老師的記述平淡直敘，〔註48〕這段記述明顯真情流露，具有特別意義。

雖然失去了李師的陪伴，楊繼盛還有與同儕之間的溫暖交流。這段時間楊繼盛與社學學友們相處越來越親密，「條約甚密，且相摩為善，情愛綢繆若兄弟」。〔註49〕整個夏天與這些同好學友們一同在寧國寺和關王廟相約會講，相互督促，對楊繼盛的學業助益許多，七月便以優等得補廩資格，可領取廩米津貼。優等補廩為每年考選，且有定額，能獲得補廩的皆是生員中的佼佼者。秋天時，楊繼盛自運薪米，前往同好學友家寄食，一同在菜田邊搭棚讀書。

二十二歲，春天學校考試時，因為背誦不全而未能得第一名，排名第二，得到「學力才識過人，其就未可量」的評語，楊繼盛自言得到的讚賞比第一名

〔註47〕楊繼盛，〈自書年譜〉，手稿，1553～1555。今見：高朝英、張金棟，〈楊繼盛《自書年譜》卷考略（上）〉，《文物春秋》，第 2 期，頁 65。

〔註48〕例如對於 14 歲時的老師，僅用了「夏，陳師病故」帶過。楊繼盛，〈自書年譜〉，手稿，1553～1555。今見：高朝英、張金棟，〈楊繼盛《自書年譜》卷考略（上）〉，《文物春秋》，第 2 期，頁 64。

〔註49〕楊繼盛，〈自書年譜〉，手稿，1553～1555。今見：高朝英、張金棟，〈楊繼盛《自書年譜》卷考略（上）〉，《文物春秋》，第 2 期，頁 65。

多，「郡縣自是有名矣」。〔註50〕秋天時的考試表現不如理想，繼昌便留他在家，教兩個姪子讀書，不讓出遠門與社學友人聚會。

　　二十三歲，楊繼盛便以「家中常有農事相及」、讀書常受干擾為理由，帶著兩個姪子，又回到僧人佛永那借間僧房讀書。這次由於兩姪子隨行，繼昌提供較多資金，生活比較充裕。〔註51〕當年夏天瘟疫流行，一時間許多人死亡，佛永也病倒。繼昌立即派人要他們回來，楊繼盛回說：「如予去，則此僧死在旦夕。」繼昌第二次又派人來催，說：「如相染，毋家歸也。」繼盛便回：「平日相與，有病去之，心寧忍乎？如予相染，同死於此亦可也。」〔註52〕在這段，楊繼盛刻意強調繼昌的無情與自己的有情，甚至對於繼昌的「如相染，毋家歸」威脅，更是以「同死於此亦可」來回應，足見他對於義與情的重視，而與家族兄長間的不合與疏離，楊繼盛對「平日相與」的外人更加重視，甚而「同死亦可」。

　　楊繼盛讓家人帶走兩個姪子，自己留下來日夜照顧佛永，飲食醫藥皆親自處理。二十天後，佛永痊癒了，這時家裡卻來信說繼昌也染病。楊繼盛連忙趕回，「不解衣而事者月餘」。等繼昌病好，又換妻子生病。對於這年能於瘟疫中全身而退，且又能親自照料三人，且三人皆治癒，楊繼盛自述道「人皆以為有神佑（祐）云」。〔註53〕

　　二十四歲，在佛永處讀書已過一年。繼昌提到姪子信裡常提及思家，且物資運送不便，要楊繼盛返家。然而楊繼盛有心想要避開家中雜事煩擾，避免讀書不專，因此便要求另築茅屋，然而哥哥認為沒必要，因此除了供給物資外，「其砌壘、苫葺之功，俱予與妻共為之興」。〔註54〕楊繼盛書寫到這段時，心情甚是悲傷。

〔註50〕楊繼盛，〈自書年譜〉，手稿，1553～1555。今見：高朝英、張金棟，〈楊繼盛《自書年譜》卷考略（上）〉，《文物春秋》，第2期，頁65。
〔註51〕Hammond 此處誤翻「姪了」為女兒，並誤解為哥哥對楊繼盛的支持，還送兩個女兒陪他讀書。Kenneth J. Hammond, *Pepper Mountain: The Life, Death and Posthumous Career of Yang Jisheng*, p.6.
〔註52〕楊繼盛，〈自書年譜〉，手稿，1553～1555。今見：高朝英、張金棟，〈楊繼盛《自書年譜》卷考略（上）〉，《文物春秋》，第2期，頁65。
〔註53〕楊繼盛，〈自書年譜〉，手稿，1553～1555。今見：高朝英、張金棟，〈楊繼盛《自書年譜》卷考略（上）〉，《文物春秋》，第2期，頁65。
〔註54〕楊繼盛，〈自書年譜〉，手稿，1553～1555。今見：高朝英、張金棟，〈楊繼盛《自書年譜》卷考略（上）〉，《文物春秋》，第2期，頁65。

　　二十五歲，春季歲考第三，取得了鄉試的資格。考試前繼昌與村裡的富人打官司，富人賄賂官員，因此對繼昌重刑拷打。相比前時仍為白衣身分，此時楊繼盛已有身為生員的政治特權，地方官員不能隨便對其拷打審問。楊繼盛趕往各處申訴，然卻連碰釘子，皆以事小被拒。最後他到兵備道申訴，仍以事小而拒絕處理，楊繼盛便說：「詞訟只當論屈之大小，事之大小不必拘也」。〔註55〕獲得了申訴機會，將事情經過理明白，富人受到加倍的刑罰。〔註56〕事後，楊繼盛趕往考試，中舉，得第二十一名。

　　僅花了七年考上舉人，楊繼盛的考運已算不錯。〔註57〕成為舉人，意味著楊繼盛的「士人」生涯規劃，又達成了一個重要的里程碑。而另一方面，他的身分與繼昌差距又更大了。

　　楊繼盛和楊繼昌年紀相差至少十歲，楊繼盛還未入學前，楊繼昌便已成家。父親走後，繼昌對繼盛可以說是扮演「半父」的角色，楊繼盛的求學身分使他「不事生產」，經濟種種總得依賴繼昌，然而在楊繼盛《年譜》筆下的繼昌吝嗇勢利，總是百般刁難。

　　另一方面，楊繼盛對於這至少二十年的科考生涯，主要是由繼昌贊助這事，不甚提及，甚至視之理所當然。儘管從楊繼盛的描述看來，這些資助並不豐厚，且動機功利。由於缺少楊繼昌的相關史料，無從得知他的種種想法。從法律層面上來說，繼昌身為嫡長子，因承嗣獲取較多的家產實屬常態，更加上父親早逝，繼承了父親對家庭的權力如教令權與主婚權，更加上「期親尊長」強調下，繼昌對繼盛的「擺布」行為於法有據。然而，楊繼盛身為士人，卻因此有了發言上的優勢，從其強調的儒學理想道德「同居共財」家庭兄弟關係標準下，繼昌便被視為一個「不知禮義」的俗人。

〔註55〕楊繼盛，〈自書年譜〉，手稿，1553～1555。今見：高朝英、張金棟，〈楊繼盛《自書年譜》卷考略（上）〉，《文物春秋》，第2期，頁65。

〔註56〕Hammond認為楊繼盛這段的書寫動機，是為了再次強調他的「仇富」。Kenneth J. Hammond, *Pepper Mountain: The Life, Death and Posthumous Career of Yang Jisheng*, p.7.然而從明代流行的道德與中舉之因果報應觀來解讀，楊繼盛是為了彰顯他幫助兄打官司的友愛行為，「孝感動天」，所以得以「中舉」，這樣的解讀或許較符合楊繼盛的書寫動機與心理。

〔註57〕根據陳寶良的研究，認為生員的入學平均年齡為26歲，有些人一入學，秋天時便考上舉人，或隔年就考上。然而這些人畢竟算少數。從生員到舉人所花費的時間不等，甚至有人花上十幾年，例如文徵明（1495～1522）便屢考不中，始終維持生員身分。陳寶良，《明代儒學生員與地方社會》，頁205～209。

　　呂妙芬曾提到明清士人藉由對舜象故事的文本再詮釋，探討舜之聖人性。舜面對想殺害自己的象，到底是以怎樣的心理來面對？聖人孝弟的境界作為一種道德典範，到底應該如何理解？舜到底是被欺而不覺，還是能洞察事態，保命之餘又能感化家人，且不陷親於罪？然而若強調舜知情卻仍對象擺出欣喜的表情，卻使舜之聖人性不合常理；然若要合常理，又使舜真誠無偽的聖人性受質疑，無法得到完美解釋。於此，明末出現了「象之改過遷善」的情節，當象也轉化成仁人時，舜的聖人資格才得以成立，這樣的解釋在以人際關係（由以家庭關係為重）來定義人之價值的儒家觀念中，才得以圓滿結局。相對於民間演繹的舜象故事，以象的迫害凸顯舜之大孝的善惡對立敘事，明清士人的舜象故事則強調理想的家庭倫理形象。〔註58〕

　　同一個屋簷下的楊繼昌和楊繼盛，因不同的身分認同，一為士人，一為白衣，在種種環境衝擊下，產生越來越多的矛盾與裂痕。楊繼盛在《年譜》中對繼昌的直接批評，或許可以歸因楊繼盛個性率性使然，然而以兄長之惡，凸顯自身之善之作法，使他的《年譜》敘事更具庶民性，卻有失儒家道德標準。後人出版其《年譜》時，這些為了彰顯其禮讓兄長的美德而有意記述的家醜已抹去，以符合不陷親於不義的儒家道德規範，進一步形塑楊繼盛的完美人格。

二、從士人到文人（25歲～35歲）

　　回顧楊繼盛從8歲開蒙，一直到18歲，其求學經驗大概多在地方私學。而從其18歲成為生員，直到25歲考中舉人這期間，其讀書場合遍及地方官學、私學、自學或與同學講論學習。從其《年譜》記述，習舉業的種種佔據幾乎他大半的生活與其記憶。

　　25歲那年年末，楊繼盛的第一個孩子出生。然而楊繼盛在《年譜》上對此並無多言，也毫無提及此子出生後與妻子相處之間有何改變等等。反倒接著寫說繼昌收走了考中舉人時得到的牌坊銀，使他赴會試之路極為窮乏。楊繼盛並無提及其養家育兒費用從何而來，從楊繼盛的敘述可看出被收去的牌坊銀，原先也是為了留用於赴試。或許楊繼盛是擔心因為赴試費用的短缺，多少影響到他是否能順利中舉，也連帶影響他的育兒花費；也或許只是想傳達因長子出生的開銷與失去牌坊銀，因此「赴試窮乏」的苦難過往；也或許是因為楊繼盛

〔註58〕呂妙芬，《成聖與家庭人倫：宗教對話脈絡下的明清之際儒學》（臺北：聯經，2017），第三章，頁105～150。

認為年譜書寫的形象塑造上，「赴試窮乏」值得紀錄的意義，遠大過於「長子生」。

26 歲會試落第，孫聯泉等朋友相約入國子監。當時因監生地位低落，南北國子監空虛，官方要求落第舉人入監，明代中期已成常態。對於那些家境不甚富裕者，又不想以舉人出身分配教職與低階官員的落第舉人，成為國子監生是個退而求其次的一種選項，畢竟進入官學還能得到經濟補助。另一方面，明代中期之後選官以甲科為重，舉人出身的仕途無望。

繼昌聽聞舉人入國子監加上實習，花三年便能選官，然而花費大概兩百餘兩，便說：「若此，則吾窮矣。弟尚可，吾之子多，將來何以度日乎？」〔註59〕便趁著楊繼盛去探望繫獄的四姊夫時分家，且說：「繼盛已中舉，予為白衣，欲納銀為官」，〔註60〕並將糧財之類皆分給自己，只分了八石穀糧給繼盛這房，妻子再去取討時還被喝叱。兄弟分家分產在明代中期後的社會益發常見，從民間日用類書中收錄各種分關家書的法律文件看出，概因經濟結構轉變，家庭形式與關係日漸複雜。〔註61〕儘管楊繼昌身為兄長，且為長子，本來就在分家產時占有優勢，但從楊繼盛的記述中，楊繼昌分產不公的動機，出自於他認為楊繼盛已經中舉，身分已經不同，享有優免稅額的特權，但自己「為白衣，欲納銀為官」。楊繼昌的仕途策略顯然與楊繼盛大為不同。這段繼昌有心捐納當官的段落，在楊家後人整理出版時刪去，其原因與用意值得再思。

楊繼盛依約入了國子監，隔年春季還考了監元。這年長女出生，《年譜》僅於此簡略提起這個女兒，留給二子的遺書則提到：

> 你姐是你同胞的人，她日後若富貴便罷，若是窮，你兩個要老實供
> 給照顧她。你娘要與她東西，你兩個休要違阻，若是有些違阻，不
> 但失兄弟之情，且使你娘生氣，又為不友，又為不孝。〔註62〕

入監兩年後楊繼盛歸鄉。一天，他買了酒菜邀請繼昌與自己的岳父和親戚一同飲樂。喝到半醉時，楊繼盛起身說：「初，兄之與予析居者，以予坐監之

〔註59〕楊繼盛，〈自書年譜〉，手稿，1553～1555。今見：高朝英、張金棟，〈楊繼盛《自書年譜》卷考略（上）〉，《文物春秋》，第2期，頁65。

〔註60〕楊繼盛，〈自書年譜〉，手稿，1553～1555。今見：高朝英、張金棟，〈楊繼盛《自書年譜》卷考略（上）〉，《文物春秋》，第2期，頁65。

〔註61〕吳蕙芳，《萬寶全書：明清時期的民間生活實錄》，頁449～456。

〔註62〕楊繼盛，李洪程校注，〈父椒山諭應尾應箕兩兒〉，《楊椒山集校注》卷四，頁182。

費多，敗壞家事也。今予坐監歸，又農事所得反豐於家兄者，今欲與兄復同居，何如？」〔註63〕楊繼盛並無交代，除了入監得到的經濟補助外，之前兄長分居時佔去了多數財產之下，何以其「農事所得所得反豐於家兄」？依據楊繼盛所言，一個所分家產不多但獲得優免的士紳弟弟，兩年後竟然「農事所得反豐於」佔據大部分糧財的白衣地主哥哥。或許哥哥分予的「八石穀糧」應該不只是穀物，也包含土地。而自26歲分家後至28歲入監兩年間，楊繼盛徙居城裡當起了收田租的城居地主士紳。

從這裡可以稍稍嗅出嘉靖時期「役困」問題的端倪，即明中葉後許多士大夫憑藉官僚身分，自身不願意負擔國家義務，將徭役轉嫁攤付給庶民地主，反而使庶民地主破產。繳稅的庶民地主急遽消失，國家財政連帶出現問題。〔註64〕然而楊繼盛沒有省思這箇中原因，並以「農事所得反豐於家兄」提出想與兄長復合為一家的邀請，眾親戚因此歡欣鼓舞「以為田氏復生」。〔註65〕這裡的田氏，概指好客任俠的戰國四公子之一的孟嘗君。然而楊繼盛在年譜中以孟嘗君自我比喻，大概只取其在通俗小說的輕財好義表面形象而已，從此也可看出楊繼盛並不熟悉孟嘗君本身備受爭議的史評，不然不會將之寫入年譜，而另一方面也可看出楊繼盛在年譜中自我形塑選擇元素的通俗性，與其本身人格特質的基層性格。

當然，楊繼盛也無孟嘗君之富可敵國，他宴請也不過就是他的鄉親親友們，且僅此一次。和樂融融的兄弟情誼氣氛中，楊繼盛將於國子監時官方發放的盤纏二十餘兩，天天買衣服和酒食討好兄長。楊繼盛說：「一生得兄之歡心者，只此一年而已。」〔註66〕《年譜》他處提到自己中舉娶妻種種人生喜事時，並沒有看見繼昌有何喜悅之情，而當楊繼盛用可見的物質形式來「回饋」哥哥長年的「投資」，「兄甚喜」卻是相當明確。

我們無法得知楊繼昌本人是否真的如楊繼盛所說，只有這一年才對楊繼盛的成就有所滿意。或許對楊繼盛來說，物質回饋是少數可以滿足重視財利的

〔註63〕楊繼盛，〈自書年譜〉，手稿，1553～1555。今見：高朝英、張金棟，〈楊繼盛《自書年譜》卷考略（上）〉，《文物春秋》，第2期，頁66。

〔註64〕濱島敦俊，〈明代中後期江南士大夫的鄉居和城居〉，《明代研究》第11期，頁81～86。

〔註65〕楊繼盛，〈自書年譜〉，手稿，1553～1555。今見：高朝英、張金棟，〈楊繼盛《自書年譜》卷考略（上）〉，《文物春秋》，第2期，頁66。

〔註66〕楊繼盛，〈自書年譜〉，手稿，1553～1555。今見：高朝英、張金棟，〈楊繼盛《自書年譜》卷考略（上）〉，《文物春秋》，第2期，頁66。

兄長之方式。然而就楊繼盛本身而言，或許身在一個物欲橫流、金錢萬能的時代中，他也無法避免地受到了這種物質娛樂的社會風氣影響：他並沒有去批評與檢討這種風氣，或嘗試以其他非物質回饋的方式去「感化」他的兄長，反而在《年譜》中直書自己「備衣服，供酒食，日以娛兄」。〔註67〕或許在其認知中唯有如此強調物質層面上的回報，由此證明自身作為投資對象是值得的，才能真正獲得兄長的認可，於其家中地位有所提升。牛建強便提到，正嘉之際拜金逐利、消費鋪張的文化環境下，人情漸漸商品化的現象，尤其體現在送禮的物質表現上。〔註68〕而這種競相鋪張的送禮應對風氣，發生在種種需要人際關照如官場與商場的場域。如楊繼盛《年譜》中，有關彰顯其「敬愛兄長」的例子，不外乎家產讓利或物質上的給予金錢或酒食，由此看出，連家庭兄弟間的互動也不免沾染這種物質應酬的尚利風氣。

秋天時獲得三十兩盤纏，又拿去給兄長捐納。隔年，29歲的楊繼盛，會試再次落第，「兄又不喜」。楊繼盛再次進入國子監，這回任祭酒者為徐階（1503～1583）。徐階師事聶豹（1487～1563），十八中舉，弱冠探花。然而早期仕途不順，忤逆張璁（1475～1539）而受貶，後以夏言（1482～1548）之援返京，先後主事國子監數年，便是在這段時間成為楊繼盛的老師。如同楊繼盛《年譜》中與其他師長互動的記述，在楊繼盛的書寫中，徐階對楊繼盛的初次印象，也以同樣敘事模式出現：強調某次因自身特出的表現，因而獲得師長特意栽培。

一開始，徐階要求學生們作文，一見楊繼盛的文章則「大奇之」，並說：「真奇才也。但少欠指引耳。」〔註69〕兩次落第，正苦於前途不展的楊繼盛，正需要來自師長的鼓勵。楊繼盛認為徐階識才，「少欠指引」這話正暗示楊需要來自徐的指引，因此為了表明自身習舉業的苦心與決心，以及對徐階的重視，楊繼盛挪盤纏轉作束脩，特別私下向徐階拜師，但這又使他再次過著「飲食之類甚窮乏，狼狽不堪言」的窮書生日子。

楊繼盛特別私下向徐階拜師這件事，可以看出當時官學與私學之間的界線並沒有這麼清楚。明代中期之後的官學，漸漸只是讀書人在考取進士資格之

〔註67〕楊繼盛，〈自書年譜〉，手稿，1553～1555。今見：高朝英、張金棟，〈楊繼盛《自書年譜》卷考略（上）〉，《文物春秋》，第2期，頁66。
〔註68〕牛建強，《明代中後期社會變遷研究》（臺北：文津，1997），頁62、181～182。
〔註69〕楊繼盛，〈自書年譜〉，手稿，1553～1555。今見：高朝英、張金棟，〈楊繼盛《自書年譜》卷考略（上）〉，《文物春秋》，第2期，頁66。

前的過渡棲身之地，一方面監生的素質因為納監風氣盛行，使得監生整體素質良莠不齊，又連帶使監生入仕之途受限；另一方面，官學教育漸流於形式，其修習內容往往只限縮在經書、標榜忠君的道德文本、或基本法律知識如大誥或大明律令等，學術價值不高，且內容往往與現實脫節。明代中後期後的學政荒廢，這也可從教職地位不高，舉人寧可入監也不願從事教職的現象可見端倪。〔註70〕楊繼盛另向徐階拜師，一方面是因為徐階的賞識，而另一方面或許也是因為國子監的教育有限。此時，楊繼盛應該料想不到他的老師未來即將入閣，且有朝一日還當上內閣首輔。

　　30 歲到 32 歲考中二甲進士之前，楊繼盛都在京城國子監跟著徐階專心習業，偶爾回家。這段時間第二個兒子出生，然而七歲長子和一個出生幾日「得風疾，以予不在家，無人延醫」的嬰孩，不幸相繼死亡。〔註71〕楊繼盛《年譜》中對自身科舉習業的大小事記錄如此詳細，卻對家裡生死記述如此簡略。一方面或許是彼時醫療技術不發達，對生死的重視不如現在，而另一方面，舉業生涯對明代學子如楊繼盛如此重要，學習時間佔據大半時光，甚而連妻子臨盆或小兒生病皆無陪伴在旁。這樣的狀況對他們來說，是非常正常且常見的。

　　跟著徐階學了三年，楊繼盛終於如願考中丁未科（嘉靖 26 年，1547）進士。當年主考為孫承恩（1481～1561）和張治（1488～1550）。楊繼盛寫道，在揭榜前，他分發所屬考房房考鄭於野（生卒年不詳）兩次派人恭賀他中一甲，實則當科他中的是二甲十一名。從楊繼盛的記述中，看得出他因未能中一甲而深感遺憾，他特意寫下原因：「蓋大學士夏公以予策多傷時語，不敢進呈耳。」夏公，指的是夏言，當時正是夏言復入內閣，與嚴嵩相鬥爭權最白熱化的時候，隔年夏言便因陝西總督曾銑議請收復河套事件受到連累，十月便當眾斬首。

　　考中進士之後，楊繼盛首先被分派到工部觀政。觀政制度於洪武十八年設置，目的在於能使新進進士能在各部門實習，磨練實務，快速進入狀況。〔註72〕然而明中期後，仕途漸變壅滯，二甲三甲進士觀政時期變長的情況漸多，補缺

〔註70〕林麗月，《明代的國子監生》（臺北：東吳大學，1978），頁 116～121。

〔註71〕楊繼盛，〈自書年譜〉，手稿，1553～1555。今見：高朝英、張金棟，〈楊繼盛《自書年譜》卷考略（上）〉，《文物春秋》，第 2 期，頁 66。

〔註72〕姚廣孝，《明太祖實錄》（臺北：中央研究院歷史語言研究所，1962），第 4 冊，卷 172，洪武十八年三月丙子，第 2626～2627 頁。

除授機會變少。〔註73〕儘管如此，楊繼盛很幸運地只觀政半年，便授選南京吏部驗封司主事。

　　但對滿懷著能早日功成名就之渴望的新進進士楊繼盛，對於分配到相對冷門的南京做官感到相當挫折。我們可以從徐階為他送行時，送了一首題為〈送司封仲芳楊子赴留都〉勉勵他的詩中，讀出他的失望：

> 哲人重道義，朝貴不足縻。丈夫志四方，遠適非所悲。如何與子別，
> 悵悵不忍辭。古道日淪替，羣諛紛追隨。子獨諒迂僻，經訓相劘規。
> 去住忽以異，麗澤安所資。頹波無停流，靈曜亦西馳。感此重念子，
> 何以慰爾知！至理不外得，吾心實吾師。願言勵操存，千里同襟期。
> 〔註74〕

仲芳是楊繼盛的字，留都指的是南京。徐階此詩通篇大意就如常見的師生勉勵送行對話：一方面安慰楊繼盛，要他別太在乎未能獲得北京職位，另一方面又說真正的哲人丈夫應該要輕財重義，不要侷限在首都，應該要廣遊四方，展現才能。下文點出楊繼盛個性「獨諒迂僻」，既然到了南京不喜歡跟人打交道、培養關係的話，那就繼續專心磨練學問吧。

　　大概是因為楊繼盛第一次遠遊到南方，因此南方人徐階特別提醒楊繼盛要去的地方「忽以異」，如能有相互勉勵學習的好友如麗澤般兩相滋潤，或許水土不服的狀況便會早些改善，也就安頓了下來。老師徐階以「頹波無停流，靈曜亦西馳」，勉勵楊繼盛：風水會輪流轉的，希望你能了解這個道理啊。倒數兩句「至理不外得，吾心實吾師」，除了展現出徐階承習聶豹的陽明心學之外，也是老師徐階叮嚀學生楊繼盛不要太看重外在功名受挫，應專心向內心求至理，並再再勉勵：雖相距千里，老師和你的心一樣有著追求至理的期許啊。

　　於是，楊繼盛懷抱著老師的殷殷訓誨，準備上任。上任前，他踏上返家之路，考中進士的楊繼盛終於能衣錦還鄉。返家後兩個月，楊繼盛買了個妾，但並未提到為何而買。依《大明律》上規定：凡民人年滿 40 而無後嗣者，得納妾。民間日用類書中介紹官府基本知識的「官品門」中，收錄一些關於施政判案的口訣和歌訣，如〈警勸律例歌〉中有句便提到「民人若娶妾，四

〔註73〕潘星輝，《明代文官銓選制度研究》（北京：北京大學，2005），頁 124～134。
〔註74〕徐階，〈送司封仲芳楊子赴留都〉，《楊椒山集校注》，頁 194。

十才可為」。〔註75〕然而明代中期之後，納妾漸漸從傳宗接代的需求，轉變成能代表一種區隔於「民」的「士」身分地位象徵，「姬妾成群」漸為普遍，甚至有些士人一及第，就迫不及待在京城購置一妾，攜鄉炫耀。京城更是流傳一諺語：改個號，娶個小。意思是士子考上進士後，身分大不同，要給自己取個響叮噹的號，〔註76〕並且還要再取個妾，這才像個風光的當科進士。

　　當科進士楊繼盛彼時年三十二，尚有一子。或許他去年接連失去兩個兒子，因此確實會對於後嗣稀薄感到焦慮，於是及第返鄉後，出於因此希望能夠多增加子嗣與分擔妻子勞務的想法，也或許同時受到多方親友的簇擁與推銷，認為為了符合其身分地位，也買了一妾。此妾兩年後死去，未留下一子。

　　十月，楊繼盛攜家帶眷抵達南京上任。吏部分四司：文選、驗封、積勛與考功，而當時的南京吏部考功司郎中為學問淵博的鄭曉（1499～1566）。鄭曉熟稔明朝朝政典故，為《吾學編》一書作者。楊繼盛說鄭曉「稱為冰鑑」，識人高明。對楊繼盛是「一見而奇之」，之後與其他同僚說楊繼盛「此人心志、氣節、事業，將來不可言也。」因此對楊繼盛特別關照，常常教導他一些「居官守身之道及古今典故」。〔註77〕

　　當時的驗封司正郎史褒善（1499～1558）在楊繼盛到任滿一年時升任江都御史，於是楊繼盛繼而主掌司印。這是楊繼盛觀政後，首次處理政務。驗封司主管「考課」，他寫道，這裡「吏事弊端甚多」，〔註78〕因此他訂立標準流程，

〔註75〕《萬用正宗分類學府全編》，萬曆 35 年刊本，卷 12，〈律法門〉，頁 11 上～下，「警勸律例歌」。轉引自：吳蕙芳，《萬寶全書：明清時期的民間生活實錄》，頁 164。

〔註76〕李明，〈明代納妾制度探析〉，《樂山師範學院學報》，第 23 卷第 7 期（四川，2008.7），頁 81。楊繼盛號「椒山」，也確實為中進士後所取。然確切時間不詳，推估應為在南京時期所取。

〔註77〕楊繼盛，〈自書年譜〉，手稿，1553～1555。今見：高朝英、張金棟，〈楊繼盛《自書年譜》卷考略（上）〉，《文物春秋》，第 2 期，頁 66。

〔註78〕Hammond 於此將「吏弊」翻譯成 corruption 是有待商榷的。一則是楊繼盛下文所言的不一定與收受賄賂情事有關，有些是將吏事考課的流程明文化、公正性提高。二則是明景泰時因邊防花費過大，於是開放捐納，弘治時納銀四十兩，可獲得冠帶，成為「義官」。買官（指的是「散官」，是任官資格，並非實際授官）為正常管道，雖用錢買的官不一定能獲得他人尊重，然也並非能以現今的貪汙腐敗概念逕行套用。楊繼盛於日後指責嚴嵩在文武官陞遷（並非指吏員）時，以「論銀之多寡」行黜陟的部分，則較接近現今的貪污賄賂之意。Kenneth J. Hammond, *Pepper Mountain: The Life, Death and Posthumous Career of Yang Jisheng*, p.12.

吏員報到必定強制登記，並按照先後順序處理，再來一一核對以避冒充，考選時，特別留意是否有人代筆，並且在「鬮撥」時（即採取抽籤的方式選用吏員），於抽籤前確認鬮籤是否公正，並當場抽選，〔註79〕以「革其鬮弊」，因此「凡以往弊端俱為之一洗，吏無不服，而堂上及諸僚俱稱賞焉。」〔註80〕

因為遠離政治中心，南京吏部的地位自然不比北京吏部，職權較輕，職務也較輕簡。因南京吏部主要只負責南京與南直隸的文職管理，大致等同地方層級的人事管理部門，多數重要的中央人事行政決策，仍以北京吏部為主。〔註81〕因而「無銓選之勞，而勞於馭吏」，〔註82〕要有所建樹，則多專注在改革吏弊。如成化末年的王偉（1424～1495），剛擢陞南京吏部右侍郎時，「吏弊滋甚，凡差撥則庭鬨不可制，乃酌為定規，弊始息。」〔註83〕又如俞霈（生卒年不詳，萬曆五年進士）陞遷至南京吏部文選主事時，「吏敝（弊）蝟集，公一切以惠文掃之若洗。」〔註84〕

然而從王偉任內「弊始息」，或俞霈「一切以惠文掃之若洗」，又如楊繼盛說「凡以往弊端俱為之一洗」，可看出其實吏弊之不可能一勞永逸地徹底解決。這應該是作為傳記、墓誌銘與年譜的記述中常見的美化。實際上多數狀況，任職於南京部曹的官員常是「職務清簡，惟以詩文自娛」，又或是「居閒無事，益得肆力於文」。〔註85〕楊繼盛也不例外。

在他寫給鄭曉的一封信中寫道：

〔註79〕李默，黃養蒙等刪定，《吏部職掌》（臺南：莊嚴文化，1996），〈驗封二〉，頁220。〈扣缺鬮撥〉條：「……共取三四人，鬮撥之時，當堂填寫鬮條、缺簿，以防那（挪）換……」。

〔註80〕楊繼盛，〈自書年譜〉，手稿，1553～1555。今見：高朝英、張金棟，〈楊繼盛《自書年譜》卷考略（上）〉，《文物春秋》，第2期，頁66。

〔註81〕潘星輝，《明代文官銓選制度研究》，頁47。

〔註82〕王直，《抑庵文集》卷七，〈南京吏部尚書黃公神道碑〉，清文淵閣四庫全書補配清文津閣四庫全書本。轉引自：潘星輝，《明代文官銓選制度研究》，頁47。

〔註83〕黃佐，〈南吏部尚書王公偉傳〉，收入焦竑，《國朝獻徵錄》（臺北：學生書局，1965）卷二十七，頁16，新編頁碼1140，據明萬曆四十四年徐象橒曼山館刻本。

〔註84〕焦竑，〈按察司副使備兵大名定所俞公墓誌銘〉，收入《焦氏澹園續集》卷十四墓誌銘，明萬曆三十九年朱汝鰲刻本。轉引自：潘星輝，《明代文官銓選制度研究》，頁47。

〔註85〕歸有光，〈雍里先生文集序〉，《震川先生集》卷二，雍里指的是顧夢圭。張岳，〈江西提學僉事紫峰陳先生墓誌銘〉，《小山類稿》卷十六，轉引自：潘星輝，《明代文官銓選制度研究》，頁46。

盛在南都，前亦苦水土人情之異，及今則與之相安，覺獲益無
窮焉。蓋盛性素麤直，大節別不敢踰，而節目委曲之間，實欠檢點。
南都尚清議，動以小節繩人，一言動之差，即眾尤畢至。麤直之性
行將冀可變移。此其為益一也。盛雖力學二十餘年，祇為舉業所梏，
學問之實用處則全未究也。南都則政務簡而為學之時多，一向從苑
翁講律呂易數等，學似少知其大義。加以六七年之功，則於學問或
可少進矣。此其益二也。盛素汙和樂，無人交遊，然性頗迂懶，不
好為非禮之恭、干請之事，且家近京師，禮遇之或疎，請託之不遂，
未免得罪於鄉黨親識。南都則去家甚遠，無所捧繫，淺薄之謗，枉
己之辱，或可免之。此其為益三也。入官之初，獲此三益，足以為
終身受用。何幸如之，何幸如之！

邇來居官，立身罪咎，苦不自知，便中望不吝指教，萬幸萬幸！
因使旋謹此少代候敬，匆匆難盡，惟台照萬萬。外具拙作四首請教，
惟賜改教，無任企仰之至。十月初三日盛生頓首，謹具。〔註86〕

此封信很適切地概括了楊繼盛從官場到生活種種的南都經驗。信的一開頭，楊
繼盛問候以及感謝鄭曉平日的照顧與教誨，接著便談到自己的南都經驗：雖然
一開始風土人情不適應，但慢慢也就習慣了。雖然未能在北京做官，不過他自
認這段南都時間，反而獲致了三個好處：一是，磨練他的脾氣；二是，增進學
問；三是，避開請託。細究這三點，可讀出楊繼盛人格特質與官場文化的格格
不入與不適應，以及可預見其後，因個性上「麤直」與「迂懶」使他惹上禍端。

回到楊繼盛在南京吏部的實際情況，相較《年譜》中對於自己的工作成效
的肯定與信心，並在同僚間獲得肯定與讚賞的記述，在寫給鄭曉的信裡對於官
場人際關係以及工作實況的描寫，卻顯然有所出入。

如他提到「南都尚清議」。「清議」指的是對人物進行道德方面的品評議
論，尤以政治行為為主，因此特別對士人產生一種政治的約束或者干預作用。
趙園即言：「『清議』是一種由士人（已仕與未仕之士）議論構成的言論場。」
又言：「清議更指非居權力中樞的士人干預朝廷政治的言論形式。其所表達的
與其說是模糊的『民間』，毋寧說是士集團的意志與願望。」〔註87〕楊繼盛說
「南都尚清議」，或許也因為他初授地點與政治經驗啟發地，即在南京，不在

〔註86〕楊繼盛，〈致鄭澹泉書〉，《楊椒山集校注》卷二，頁68～69。
〔註87〕趙園，《明清之際士大夫研究》（北京：北京大學，1999），頁176。

北京，因而「南都尚清議」便成了他的首次從政經驗印象。楊繼盛自言個性「戇直」與「迂懶」，而實際上「清議」也漸對他的種種舉止形成約束，如信末向鄭曉討教道：「邇來居官，立身罪咎，苦不自知」。更不用提，當吏部三年一度京外官銓選考察與考滿時，需參考的「訪單」與考語內容，多從「清議」而來，〔註88〕自然使這些對前途戰戰兢兢，且希望能謀求京官的新科進士們如楊繼盛，不容忽視。

　　「清議」中對於「持正論」的強調以及道德論調，對楊繼盛產生巨大的影響，他最初政治經驗於「南都尚清議」中形成，其中對於道德舉止的強調以及藉由清議進行政治參與與干預等行為這一方面，影響尤深，對觀察楊繼盛兩次上疏，即三年後請罷馬市、起復、五年後劾嵩與下獄後種種的政治行為，有極大關聯與幫助。而另一在人格形塑方面上，也連帶影響楊繼盛將「清議」的道德標準內化，進而自我約束與自我評價。我們可以從其劾嵩後入獄的《年譜》書寫中所條列的每一年事跡，都盡可能在強調其個人道德行為，讀出楊繼盛刻意展現其「正人」形象，而這「正人」形象的形塑動機，則正是為了與其上疏內容中的「正論」，相互存在與支撐。換言之，楊繼盛的《年譜》自我書寫背後，有著他「南都尚清議」的南京政治經驗的影子。

　　而信中提到仕留的第二項好處，即增進學問部分，則又證實了南都吏部的政務簡少清閒。楊繼盛便自言道：「南都則政務簡而為學之時多」。於《年譜》，楊繼盛也寫到自己將吏部的吏員管理「弊端俱為之一洗」後，接著便說「是年，專肆力於詩文之學」。寫給鄭曉的信，也隨附詩四首「惟賜改教」。

　　除詩文之外，楊繼盛也向當時的南京兵部尚書韓邦奇（1479～1556）學習其他可能可以「成為（與被認可）文人」的種種技藝。王鴻泰提到明代有些士人對科舉僵化的考試內容日漸不滿，而發展出其他的文藝活動，進而將士人又區分為專務考試的「經生」與崇尚「博古」的「文人」兩種類型，兩相敵視，而有文化認同上的差異。〔註89〕楊繼盛的南京經驗，除了在「清議」風氣影響下，對道德與政治兩者交互作用產生的輿論力量，有所親身經驗外，也在文風鼎盛的南京初次為官生活經驗中，有別於他從小到大讀書只以四書五經為主的知識經驗，楊繼盛強烈受到這種南京「文人文化」下的文化認同衝擊，感到

〔註88〕趙園，《明清之際士大夫研究》，頁 177。
〔註89〕王鴻泰，〈明清的士人生活與文人文化〉，收入邱仲麟主編，《中國史新論・文化與生活》（臺北：中央研究院，聯經出版，2013），頁 297～300。

自我的不足。

寫給鄭曉的信中，便提及自己「雖力學二十餘年，祇為舉業所梏，學問之實用處則全未究也」。〔註90〕而楊繼盛認為的「學問之實用處」之一，便是信中接下來提到，他向韓邦奇學的「律呂易數」，即音樂與易學。楊繼盛在《年譜》中對於這段學習經驗，依然是一貫的自信與保持完美形象的自我書寫，說道自己「先攻律呂之學，三月而得其數」。〔註91〕律呂之數，指的是用竹管或金屬管做成樂器，並以各管長度所製造出的音階來定音與調音，其之間的長短關係所對應的音高，即為其數。學成其數，楊繼盛便向韓邦奇說道：「樂學非他學比，不可徒事口說，必自善制器，自善制樂，播之聲音，各相和諧，然後為是」。〔註92〕

於是，楊繼盛便開始動手製作樂器。《年譜》的記述中，楊繼盛有如音樂天才，無不成功：

> 先自制其管，管和矣，制其琴；琴和矣，制其瑟，瑟和矣，制其簫、
> 笙、塤、篪之類，無不各和矣。又合諸樂總奏之，如出一律，無不
> 和焉。〔註93〕

韓邦奇對此相當喜悅，說道：「我學五十年，只得其數。今賴子制其器，和其音，當代之樂，捨子其誰歟？」於是一日，韓邦奇給楊繼盛另一個挑戰。其實之前楊繼盛製作的樂器，只是做出一律，即一個聲調。韓邦奇讓楊繼盛挑戰製作「十二律之管，每管各備五音七聲，各成一調。」這挑戰使得楊繼盛面有難色，韓邦奇便言：「固知此是難事，古之伶倫無所因而作樂，況今有度數可考乎？予之資性甚高，試精思之，必可能矣」。〔註94〕

韓邦奇想要讓楊繼盛做的，是各不同調式共十二律的音管，且當時應已有「度數可考」，意即當時已有十二律做出的五音七聲譜，應該有資可循。楊繼盛想接受挑戰，但其實對此毫無頭緒，自道「漫無可據」，為此廢寢忘食了三天。

〔註90〕楊繼盛，〈致鄭澹泉書〉，《楊椒山集校注》卷二，頁68。
〔註91〕楊繼盛，〈自書年譜〉，手稿，1553～1555。今見：高朝英、張金棟，〈楊繼盛《自書年譜》卷考略（上）〉，《文物春秋》，第2期，頁66。
〔註92〕楊繼盛，〈自書年譜〉，手稿，1553～1555。今見：高朝英、張金棟，〈楊繼盛《自書年譜》卷考略（上）〉，《文物春秋》，第2期，頁66。
〔註93〕楊繼盛，〈自書年譜〉，手稿，1553～1555。今見：高朝英、張金棟，〈楊繼盛《自書年譜》卷考略（上）〉，《文物春秋》，第2期，頁66。
〔註94〕楊繼盛，〈自書年譜〉，手稿，1553～1555。今見：高朝英、張金棟，〈楊繼盛《自書年譜》卷考略（上）〉，《文物春秋》，第2期，頁66。

一日，他忽然夢到舜坐在他面前，桌上有個黃鐘。舜要他敲擊它，楊繼盛「取椎連擊三，醒而恍若有悟」，馬上喚起妻子，要她幫忙點燈。他取出材料開始製作，天明時完成了六管，到中午前便完成了所有十二管。他迫不及待拿去給韓邦奇看，韓邦奇開心地說：「刻《志樂》之日，九鶴飛舞於庭，其應乃在子乎？」《志樂》，指的是韓邦奇所撰之《苑洛志樂》，苑洛為韓邦奇的號。在楊繼盛為韓邦奇的《苑洛志樂》所寫之序言中，有句「律生聲，鐘生律」，〔註95〕可見楊繼盛的大舜敲鐘之夢，應來自韓邦奇的教導下，潛移默化而夜有所夢使然。「鐘生律」，黃鐘是十二律的第一律，其實是律呂學中很基本的概念，應該在楊繼盛說自己「三月而得其數」已明白的觀念。或許楊繼盛記述自己學樂經驗，刻意強調他的頓悟經驗，而不在乎或者沒有意識其顯露出實際上自身理解之不足。

由此，藉由與韓邦奇學樂，並為之寫序，楊繼盛在「南都有知樂之名」。楊繼盛於南京社交圈被接納作為一文人，或一名士，或甚是一明禮樂的有德之人，是越來越有模有樣了。標榜著「知樂之名」，他點評起當時也「用心於樂，皆與予相講」的人，如南都翰林呂懷（1492～1573）「知樂之理，而自不解作樂，終涉於渺茫」，又如監生吳憲（生卒年不詳）「粗知樂數，而不足以精微之蘊」和教官黃積慶（生卒年不詳）「執於三寸九分之管，為黃鐘迷而不誤」。因此楊繼盛嘆言道，雖有「知樂之名」，卻「可與言樂者鮮矣」。〔註96〕

然而相較在《年譜》書寫中，此段向韓邦奇學樂的回憶中展現的自信語調，在寫給鄭曉的信中，楊繼盛的口氣卻非常謙虛。他說道：「學似少知其大義。加以六七年之功，則於學問或可少進矣。」〔註97〕由此可見，楊繼盛是刻意在《年譜》以如此大的篇幅，強調自己學樂的天賦與傑出表現，在在透露出其內心的渴望，渴望他所營造的文人形象被接納與認同。

在南京的第三年，韓邦奇致仕，於是楊繼盛短短一年的學樂課程告一段落。韓師離去前，鼓勵楊繼盛言道：「子之樂已八九分，子之才不只於樂而已也，可旁通濟世之學。（至於）樂，俟子退閒時一整頓足矣。」〔註98〕於是，楊

〔註95〕 楊繼盛，《楊椒山集校注》，〈苑洛先生《志樂》序〉，頁33。樂律十二律的第一律即是黃鐘律管，其他十一律皆由它而生，因此韓邦奇稱「鐘聲」為「聲之元」。

〔註96〕 楊繼盛，〈自書年譜〉，手稿，1553～1555。今見：高朝英、張金棟，〈楊繼盛《自書年譜》卷考略（上）〉，《文物春秋》，第2期，頁67。

〔註97〕 楊繼盛，〈致鄭澹泉書〉，《楊椒山集校注》卷二，頁68。

〔註98〕 楊繼盛，〈自書年譜〉，手稿，1553～1555。今見：高朝英、張金棟，〈楊繼盛《自書年譜》卷考略（上）〉，《文物春秋》，第2期，頁67。

繼盛便開始涉獵天文、地理、術數、兵陣等學問。

　　當時吏部考功司正郎為何遷（1501～1574），號吉陽，與上文提到與楊繼盛相講樂的呂懷，皆師事湛若水（1466～1560）。楊繼盛《年譜》寫道，何遷「講心性之學甚明，予甚慕之」，〔註99〕因此時時向他請益。何吉陽於其文集中有篇〈題卷贈楊封部北上〉，寫在一年後楊繼盛南京吏部考滿，準備北上入京之時。文中提到了最初兩人相遇的情景：

　　　　戊申之夏，予以罪謫，稍遷至南都銓司，而保定楊子，先以司封在
　　　　省中，予時未有請也。居一年，楊子顧時時語及問學事，予窺其中，
　　　　蓋津津乎動矣。

於是，何遷著手舉辦講論會，約了同為南京吏部的殷邁（1512～1581）、張宏至（生卒年不詳，弘治九年進士）、余文獻（生卒年不詳，嘉靖二十三年進士）、楊豫孫（1520～1567）、塗任齋（生卒年不詳）和劉顯道（生卒年不詳），共六人的五日之會。這五日「講論終日」，楊繼盛自言「予一一力行之」。楊繼盛努力實踐的表現，看在何遷眼裡很是開心，逢人便說：「椒山之果誠，可語進道矣。」〔註100〕

　　楊繼盛特別看重別人對他品行上的讚譽與認同。如鄭曉說他「此人心志、氣節、事業，將來不可言」，何遷對楊繼盛的勉勵與看重，對楊繼盛來說，也同樣意義重大。從他受刑前的〈遺書〉中，將白己的墓誌銘託付於鄭曉，墓表則請託何吉陽，可看出他對這兩位老師的信任，及他人眼中對自我形象的認可。〔註101〕

　　講學一年，力行一年，楊繼盛自言自己因此「生死利害、義利之關，見之甚明」，〔註102〕而他認為這皆是因為「講學之力」。是時止好發生庚戌之變，〔註103〕南京當局有人提議要勤王護駕，講了三天無人行動。這時，大概是因為楊繼盛平日給人「一一力行」的敢做敢當形象，何遷向他建議說：「諸公欲

〔註99〕楊繼盛，〈自書年譜〉，手稿，1553～1555。今見：高朝英、張金棟，〈楊繼盛《白書年譜》卷考略（上）〉，《文物春秋》，第2期，頁67。

〔註100〕楊繼盛，〈自書年譜〉，手稿，1553～1555。今見：高朝英、張金棟，〈楊繼盛《白書年譜》卷考略（上）〉，《文物春秋》，第2期，頁67。

〔註101〕王麗燕，〈歷史忠諫之臣墨本遺存——明代楊繼盛與清代吳可讀〉，《圖書館工作與研究》，第3期總第139期（天津：2007），頁57。

〔註102〕楊繼盛，〈自書年譜〉，手稿，1553～1555。今見：高朝英、張金棟，〈楊繼盛《自書年譜》卷考略（上）〉，《文物春秋》，第2期，頁67。

〔註103〕「庚戌之變」，為嘉靖二十九年（1550）蒙古土默特部首領俺答汗多次遣使要求開放朝貢貿易，未果，以武力攻入明朝首都北京城的事件。

兄一行，何如？」楊繼盛盛情難卻，回道：「弟雖不才，然君父之難，何敢辭也。」〔註104〕然而不多久，俺答汗退兵，勤王之事不甚了了。雖最後未能成行，楊繼盛仍將此事作為一證明自己才能與豪氣受到眾人認可一事，刻意寫入《年譜》。

「諸公欲兄一行」一事顯示出楊繼盛對兵事有所涉略，並且應常與人談論。而楊繼盛將此刻意寫入《年譜》，有意向後代子孫之外的《年譜》潛在讀者，特別是他所認同的士大夫階層，傳達出其自身「知兵」的形象。

一方面，明代中期後受到頻繁外患衝擊，「知兵」本身作為一專業技能，在遷陞時便具有優先選用的好處；而另一方面，如王鴻泰所言，明代中期後，經世實用上的「知兵」與文化風氣上的「談兵」兩種趨向並行，如王陽明般文武雙全的典範成為「光芒耀眼的標誌」以及「輝煌的人生想像」，由此許多「士人藉此自我激勵，營造高亢不凡的生命姿態。如此武藝乃與任俠心態相結合，發展出『武俠』式的生命情調與活動方式」。〔註105〕我們從《年譜》中絲毫不見王陽明的一言一字，但身處在陽明學盛行的嘉靖中後期，以及身邊圍繞著深受陽明心學影響的人如徐階與何遷，楊繼盛將如王陽明又文又武的事業功蹟，作為一人生理想奮力追求，是不言自明的。

待及十月，楊繼盛正式三年考滿南京吏部驗封司主事之職。如同其他人對他所做過的種種評語，對考滿所獲得的考語，他也深牢在心，詳細記錄於《年譜》。楊繼盛對自我形象的呈現並不如他自稱的「矗直」，其實相當敏感。他所得到的考語內容如下：「器深而志遠，學懋而守嚴，儒行占其，夙成壯猷，可以大受。」〔註106〕如陸粲（1494～1551）所言：「所謂考語者、大抵駢四儷六，兩可難辨之詞」，〔註107〕楊繼盛所得到的考語，大抵與實際任內作為無關，只

〔註104〕楊繼盛，〈自書年譜〉，手稿，1553～1555。今見：高朝英、張金棟，〈楊繼盛《自書年譜》卷考略（上）〉，《文物春秋》，第 2 期，頁 67。

〔註105〕王鴻泰，〈武功、武學、武藝、武俠：明代士人的習武風尚與異類交游〉，《中央研究院歷史語言研究所集刊》，第 85 本第 2 份（臺北：2014.6），頁 209～267。

〔註106〕Hammond 提到了楊繼盛將考語送到北京時，也連帶附上一份他對江南倭亂的觀察報告。筆者在《年譜》及其他資料，未曾看過楊繼盛對倭亂有任何的看法，而 Hammond 也未附上任何的資料佐證。Kenneth J. Hammond, *Pepper Mountain: The Life, Death and Posthumous Career of Yang Jisheng*, p.16。

〔註107〕陸粲，〈去積弊以振作人材疏〉，《皇明經世文編》（臺北：國聯，1964）卷之二百八十九，頁 3049。

是些有關道德品行與人際關係形容之詞。

　　考滿，指的是官員（京堂四品官與外官三品官以下）任期結束後，由其上司給予評語，送交銓部。時間上以三年、六年及九年共三次，將三次考滿考語綜合評量後，決定升降。另還有考察，初為不定期，後規定外官三年、京官六年一次考察，也稱「大計」。考察有八要點，為「貪、酷、浮躁、才力不及、年老、有疾、疲軟、不謹」。由考滿與考察所作出的考語，漸漸成為主要的黜陟依據，是從明代中葉跟著銓選考察的制度化而慢慢形成的。〔註108〕明初考語內容還涉及實際政績，且考語之外，還會有所覆查，並九年三考之後再行黜降。然而明中葉後，仕途壅塞，導致「選調積滯」，〔註109〕要在短短時間內完成萬人的考語複查與核驗等工作，考語內容只得順勢簡化。然而也因簡化，有了虛實的問題。為彌補考語的不實，嘉靖年間出現了秘密查訪的匿名「訪單」。〔註110〕然而隨著明代中期後的社會與官場風氣轉變，不管是考語或者是訪單，皆有所變質，成為有心人拿來自肥、鬥爭或操作輿論的工具。

　　不管如何，除了稱讚楊繼盛道德上符合儒行之外，楊繼盛也提到考語中評道「蓋謂予粗知兵，欲吏部用之，以治兵事也」。〔註111〕再一次，楊繼盛藉由他人的評語進行自我書寫，呈現一個道德完美且將有大用的儒人。

　　從南京回到北京的路上，楊繼盛走的是山東陸路，特意繞道去曲阜拜謁孔廟與顏廟。楊繼盛此次上路心情，有別於三年前初選時分派到遠離政治核心的南京的失意，經過了三年的南都「文人文化」的陶冶，作為一個初受啟發的「文人」楊繼盛，自然習染到南京文人文化中的旅遊閒情風氣。〔註112〕然而楊繼盛於《年譜》中此段泰山之旅的敘事，並非為了展現其文人雅興，而是將自己擺放在一個正統儒教秩序實踐與維護者身分的位置，進行自我書寫以及形象營造。

〔註108〕柏樺，〈明代的考語與訪單〉，《西南大學學報（社會科學版）》，第43卷第3期（重慶，2017.5），頁144～151。

〔註109〕丘濬，林冠群、周濟夫點校，《大學衍義補》（北京：京華出版，1999）卷十一，頁99，「嚴考課之法」。

〔註110〕柏樺，〈明代的考語與訪單〉，《西南大學學報（社會科學版）》，頁147～148。

〔註111〕楊繼盛，〈自書年譜〉，手稿，1553～1555。今見：高朝英、張金棟，〈楊繼盛《自書年譜》卷考略（上）〉，《文物春秋》，第2期，67。不知這裡是筆誤，還是確實因認為楊繼盛「粗知兵」，所以建議「吏部用之」，而非兵部。

〔註112〕有關南京的旅遊風氣之盛，請見：巫仁恕，〈晚明的旅遊活動與消費文化——以江南為討論中心〉，《中央研究院近代史研究所集刊》，第41期（臺北，2003），頁87～143。

首先，他寫到路上遇到一自稱被天仙玉女（即碧霞元君）附身的男子。他閉著雙眼，散著頭髮，逢人預言禍福，數百人圍繞與跪拜。楊繼盛見狀，將他抓起，說：「男女尚不親受授，況可附於其身耶！此乃淫婦邪妖，非玉女也。」說完，該乩童倒地，周圍追隨者一哄而散。

接著楊繼盛來到泰安州城公署。與署裡其他人的對話，也可看出楊繼盛以一個正統禮教信奉者，對種種「私祀」行為持著否定態度：

> 廚僕問：「食素否？」予曰：「何以故？」廚曰：「凡顯官至此，必素食，否則玉女必降以禍。」予曰：「玉女一淫妖耳，焉能降人以禍乎？」須臾，州官稟問曰：「辦何如祭品？」予曰：「何以故？」官曰：「登山必祭玉女，否則行必不利。」予曰：「此來原為登泰山而來，非為玉女也。何以祭？」遂登至頂，有道士三十余人，奏仙樂，提香爐，迎接至玉女祠，乃設拜席於中，欲贊禮使予拜，予遂叱散。入祠，有差官數十員在內收香錢。予謂玉女曰：「爾為女人，與數十官共處一宇，寧不羞乎？且此山乃東嶽所主，爾何僭居於上乎？妖物即離此處，否則天必誅之。」〔註113〕

從廚僕、州官、道士到收香油錢的吏員，楊繼盛以「不素」、「不祭」，甚而「叱散」應對，並再次以儒家禮教中的「男女授受不親」，將天仙玉女稱為「淫婦邪妖」。楊繼盛的舉動並沒有引起現場的人鼓掌叫好，而是使他們「皆畏之如雷霆，不敢分毫私語，聞予言皆大懼」。

這一段由幾段對話組成約六百字的泰山「遊記」中，他刻意安排的一次次對答回應，都是在試圖展現其正統儒教秩序觀念。而他的「不素」、「不祭」，甚而「叱散」，並使眾人大懼種種的記述，不是為了單純紀錄事情經過而寫，也不是為了教化那些信眾而寫。他打擊淫祀的種種記述，是為了展現給他《年譜》所設定的書寫對象而寫，而他的書寫對象正是那些他認同且期望被認可的士大夫階層。

「毀淫祠」是明代中期後地方官員在任內常施行的「德政」，〔註114〕是陳

〔註113〕 楊繼盛，〈自書年譜〉，手稿，1553～1555。今見：高朝英、張金棟，〈楊繼盛《自書年譜》卷考略（上）〉，《文物春秋》，第2期，頁67。

〔註114〕 有關「毀淫祠」的研究，可見：Sarah Schneewind, *Community Schools and the State in Ming China* (Stanford: Stanford University Press, 2006), p.76～81；科大衛（David Faure），〈明嘉靖初年廣東提學魏校毀「淫祠」之前因後果及其對珠江三角洲的影響〉，收入氏著《明清社會和禮儀》，（北京：北京師範大學，

熙遠所言是「士人普遍的集體迷思」，〔註115〕是「以國家權力代理人自居的士大夫」其「政績志業的一項指標」。〔註116〕而另一方面，如施珊珊（Sarah Schneewind）所言，明中葉時的地方官員「毀淫祠」風潮，與經濟發達、理學興盛、出版業繁榮與社交網絡發達等種種時代背景密切相關。更多時候，細看各「毀淫祠」事件本身，是個別官員與士人本身出自於不同的動機如個人宣傳或政治利益、態度或信仰，或者政治目的而推動。〔註117〕

當「毀淫祠」變成不只是實踐信仰，而更多時候變成一種「指標」，成為一種風潮，甚至內化於這些「以國家權力代理人自居的士大夫」心中，成為一種自我認同時，正如陳熙遠所言「唯有當執事的官員以國家權力代理者的身分介入時，劃分淫祀的界線才會隨著國家權力的尺度浮現」，〔註118〕而進一步細究那條浮現出的「劃線」本身，其背後所展現的行為動機，同時也是對身分認同的劃線。

楊繼盛即是如此，且不僅僅是遊泰山一事。從其《年譜》一年年如何習舉業、從中舉到進士、從觀政初授到南京吏部等等事件條列書寫中，皆可預見到一個自覺「以國家權力代理人自居的士大夫」的初步養成。而他也確實有意識地挑選這些「屬於理想士大夫」的言行事蹟，記載於其《年譜》。

然而這段將泰山天仙玉女，即碧霞元君比作淫婦邪妖的一大段落，被後人全數刪除，其原因或許是出於避免碰觸到宗教議題，而有所犯忌。〔註119〕

2016），頁74～80；王健，〈嘉靖初期毀淫祠與廢佛寺政策的地方實踐——以江南、福建為重點〉，《史林》，第3期（上海，2016），頁94～102；王健，〈十五世紀末江南毀淫祠運動與地方社會〉，《社會科學》，第5期（上海，2015），頁155～164；蔣竹山，〈宋至清代國家與祠神信仰關係研究的回顧與討論〉，《新史學》，第8卷第2期（臺北，1997），頁187～220。

〔註115〕陳熙遠，〈在民間信仰與國家權力交疊的邊緣：以明代南京一座祠祀的禁毀為例證〉，收入在邱澎生、陳熙遠編著，《明清法律運作中的權力與文化》（臺北：聯經，2009），頁118。

〔註116〕陳熙遠，〈在民間信仰與國家權力交疊的邊緣：以明代南京一座祠祀的禁毀為例證〉，收入在邱澎生、陳熙遠編著，《明清法律運作中的權力與文化》，頁119。

〔註117〕Sarah Schneewind, *Community Schools and the State in Ming China*, p76～81.

〔註118〕陳熙遠，〈在民間信仰與國家權力交疊的邊緣：以明代南京一座祠祀的禁毀為例證〉，收入在邱澎生、陳熙遠編著，《明清法律運作中的權力與文化》，頁111。

〔註119〕因此目前有關楊繼盛的研究如Hammond，都因為多使用四庫本，皆未留意到此段。

《年譜》最初刊刻的時間應已隆慶二年（1568），〔註 120〕然而或許出自對崇信道教且確實曾向碧霞元君致祭過的嘉靖皇帝之尊重與考量，因此刪除；也或許是後來楊繼盛之子楊應尾欲改葬其父，「持公所自著年譜，徒步雪中八百里」，〔註121〕去拜訪王世貞請託撰寫行狀時，王世貞建議刪除或修改。從日後王世貞崇信曇陽子（1558～1580）一事來看，王世貞對道教並不排斥，因此刪去楊繼盛泰山罵妖此段，不無可能。然而楊應尾交付予王世貞「公所自著年譜」時，是否為原稿抑或是已刪改，也無法確知。

他斥責了「邪妖」玉女，登過泰山後，回到公署，題字於壁上，寫道：

> 太（泰）山五嶽之尊，而主之者東嶽之神也。玉女乃竊其柄而專之，使天下之登太（泰）山者知有玉女，而不知有嶽神，神其有餘愧矣。幽明一理，女不言外。玉女雖神，亦女耳，何為居其上而享其祀，女其有餘責矣。以王綱律之，一失委靡，一失僭竊，上帝不罪，何也？

「幽明一理」是理學信奉者對陰陽兩界的禮教道德評判常見的觀點，即陽間與陰間，人神鬼界都同「一理」，無所差別。對天仙玉女有這種「女居其上而享其祀」非禮觀感的人，不只有楊繼盛，稍晚時代的謝肇淛（1567～1624）也說道：

> 岱為東方，主發生之地，故祈嗣者必禱於是，而其後乃附會為碧霞元君之神，以誣於愚俗。故古之祠泰山者，為嶽也；而今之祠泰山者，為元君也。嶽不能自有其尊，而令它姓女主倔然據其上，而奔走四方之人，其倒置亦甚矣！〔註 122〕

天仙玉女，即碧霞元君其信仰起源一說從宋，一說由唐。〔註123〕因此，楊繼盛提筆於牆壁上書寫完他的高論之後，提出了他為何「女居其上而享其祀」卻「上帝不罪」的困惑：是不是天仙玉女的起源來自唐代女皇武則天之時呢？而後代的人因循苟且而沿襲下來這種非禮的情況？於此，楊繼盛認為這種亂象

〔註120〕 高朝英、張金棟，〈楊繼盛《自書年譜》卷考略（下）〉，《文物春秋》，第 4 期，頁 57。

〔註121〕 王世貞，〈楊忠愍公行狀〉，《楊忠愍集》卷 4，收入《景印文淵閣四庫全書》第 1278 冊（臺北：臺灣商務，1983），頁 680b～692a。據國立故宮博物院藏本影印。

〔註122〕 謝肇淛，《五雜俎》（臺北：新興，1971）卷四，頁 279，〈地部二〉。

〔註123〕 閻化川，〈碧霞元君封號問題的新考辨〉，《世界宗教研究》，第 1 期（北京，2007），頁 50～59。

「不能不有望於負道學之統者」。〔註124〕

　　想到這裡，楊繼盛似乎突然胸中感到一股燃燒的使命感，又繼續提筆於壁，寫了首絕句：「志欲小天下，特來登太（泰）山。仰觀絕頂上，猶見白雲還」。並寫上自己的註解：「予讀孟子書，以為天下惟太（泰）山為高也。今陟其頂而觀之，則知所謂高者，特高於地耳。而山之上，其高固無窮也。予於是而悟學之無止法矣。」〔註125〕由此可以看出，楊繼盛登泰山的靈感確實是由孟子所言「孔子登東山而小魯，登泰山而小天下」，而更進一步分析其心理動機，是其三年南京任期考滿，已經從三年前未被派任北京官位的挫折感，經過了種種的南京官場經驗、學詩學樂的文人經驗以及最後一年的講學生活，認識了許多朋友，尤其是一起組會講學的何遷，楊繼盛漸漸對未來再次感到期待，極欲有所作為。也正是其考滿的第三年，北京發生了庚戌之變，從何吉陽對楊繼盛所說的「諸公欲兄一行」，可看出楊繼盛受到了眾人的鼓勵，而他也表現出躍躍欲試，對「天下事」充滿企圖心。

　　然而《年譜》場面調度，隨著楊繼盛從泰山返回保定老家，轉向另一條與哥哥有關扮演衝突與阻礙的故事線。楊繼盛考滿三年從南京返家，對家族裡的人來說是件大事。首先他要向家族內的長者，即叔叔請安拜禮，卻因「先時，兄與叔大不相和」，受到哥哥的阻擋。〔註126〕楊繼盛便說道：「父已死，唯一叔耳，三年之別，如何不見！」他在南京時花錢請人做了一套壽衣要給叔叔，哥哥也阻擋不給。楊繼盛執意送衣過去，並回說：「特為叔做，人皆知之。叔來日不多，如何不與！」

　　叔叔收下後穿上，並與嬸嬸一同前來回訪，入門即向哥哥楊繼昌拜謝賠禮。哥哥只還半禮，口裡且不斷地抱怨責怪。楊繼盛寫道自己見此狀，「在旁痛慘交集，如醉如癡」，急著規勸哥哥說：「恐外人恥笑」。〔註127〕沒多久叔叔逝世，且因貧困買不起棺材，又是楊繼盛偷偷花錢代為處理後事。楊繼盛說道

〔註124〕楊繼盛，〈自書年譜〉，手稿，1553～1555。今見：高朝英、張金棟，〈楊繼盛《自書年譜》卷考略（上）〉，《文物春秋》，第2期，頁67。

〔註125〕楊繼盛，〈自書年譜〉，手稿，1553～1555。今見：高朝英、張金棟，〈楊繼盛《自書年譜》卷考略（上）〉，《文物春秋》，第2期，頁67。

〔註126〕楊繼盛並無說明不合原因為何。楊繼盛，〈自書年譜〉，手稿，1553～1555。今見：高朝英、張金棟，〈楊繼盛《自書年譜》卷考略（上）〉，《文物春秋》，第2期，頁67。

〔註127〕楊繼盛，〈自書年譜〉，手稿，1553～1555。今見：高朝英、張金棟，〈楊繼盛《自書年譜》卷考略（上）〉，《文物春秋》，第2期，頁67。

自己「是止知敬叔之禮，乃昧違兄之罪」，道德堅持與現實狀況兩者間，進退兩難，為此得罪了哥哥，哥哥「恨己入骨髓」，更加上原先設想楊繼盛這趟去豐饒的南都做官能發大財，沒想到楊繼盛「在南銓曹，俸祿不能給衣食，何以有餘資」，哥哥「由而怒不可解」。

觀察楊繼盛《年譜》中的兩條敘事線，一個是外在世界的士人身分，儘管有些低潮與挫折，然而楊繼盛始終保持著樂觀且自信的語調。如果說楊繼盛於《年譜》中的自我書寫是試圖調和他人生中的幾種角色扮演，而做為一個「士人」，其角色扮演是成功的，走在正軌上的。而另一條故事線有關他的「私」領域，即他在家族內的角色呈現，卻顯然不如理想，總是充滿衝突與矛盾。

在「克盡家庭倫職為成聖前提」的儒學聖學論述中，「個人永遠不能捨離家庭這個淬鍊生命的場域而成聖」。〔註 128〕楊繼盛父母早逝，可以盡孝的對象，只有哥哥繼昌和叔叔。換句話說，楊繼盛《年譜》所能指稱的「家庭」，即是楊繼盛與楊繼昌的兄弟關係。而從分析楊繼盛的敘事安排上，可以看出楊繼盛在其心理認知上，他個人與家庭之間的衝突，遠大於其與社會之間的衝突。〔註 129〕

然而不管如何，這兩個角色皆是楊繼盛以《年譜》之名所架設的舞台上，有意識地營造出給觀眾的「楊繼盛印象」。

三、小結：楊繼盛《年譜》中的展演性與其社會

美國社會學家高夫曼（Erving Goffman）在《日常生活中的自我表演》（The Presentation of Self in Everyday Life）中寫道：

> 在絕大多數等級分明的社會中，上層社會都被人們理想化了，而處在社會下層的人們無不千方百計地設法進入上層社會。（當然，我們必須認識到，下層社會的人之所以希望進入上層社會，不僅是因為上層社會是名流薈萃之地，還因為它是體驗社會普通價值的聖地。）在一般情況下，我們會發現向上流動要求人們做出合適的表演；此

〔註128〕 呂妙芬，《成聖與家庭人倫：宗教對話脈絡下的明清之際儒學》，頁 103～104。
〔註129〕 從個人心理與生命經驗、家庭倫理、身分認同危機、身體文化層面，探索個體、社會與其時代之交互作用與思維轉變之研究，可參考：林・亨特（Lynn Hunt），鄭明萱、陳瑛譯，《法國大革命時期的家庭羅曼史》（The Family Romance of the French Revolution）（臺北：麥田，2002）。Jui-sung Yang, Body, Ritual and Identity: A New Interpretation of the Early Qing Confucian Yan Yuan (1635～1704), (Leiden: Brill, 2016)。

　　外，如果人們一方面要努力進入上層社會，另一方面要使自己不至
　　於重新回下層社會，就必須為維持適當的臺前而做出必要的自我犧
　　牲。一旦人們獲得了合適的符號特徵，一旦人們能夠這種符號特徵
　　運用自如，那麼，他們就可以用一種有利的社會方式來運用這種特
　　徵，以美化與突出自己的日常表演。〔註130〕

　　從楊繼盛的自我成長書寫，可看出這是一個標準向上爬升的故事：從一個
牧牛童爭取到讀書機會，考上進士並且開始走向為官之路。身為一個「士人」，
甚至身為一個「士大夫」，「讀書做官」是一個能夠最能實踐明代「社會普通價
值」，即儒家「學而優則仕」思想的「聖地」。從寒微苦讀到傑出的對仗表現，
從不斷引述長輩們稱讚的話來為自己的表現背書，到條列經歷的一場場科舉
題目細節及其順利過關，從娶妾到學樂講學及登泰山，都是「向上流動要求人
們做出的合適表演」，這其中每一項行為中，都有「合適的符號特徵」，是這些
「微寒之士」向上流動時，可運用來「美化與突出自己的日常表演」。楊繼盛
在其《年譜》中的自我書寫，即是依照這些符號特徵來營造他的「楊繼盛印象」。

　　然而我們可以留意到，楊繼盛自我書寫中的「楊繼盛印象」有兩種「自我」：
一個是角色的自我，即高夫曼所言「是一種戲劇效果」，是「一個得到正確表
演的場景，能夠使觀眾把一個自我賦予一個表演角色，但這種賦予——這種自
我——是一個已經得到實施的產物（product）」。〔註131〕換言之，是因為「正確
表演的場景」，而產生了「楊繼盛」這個角色。

　　而另一個是表演者的自我，即有學習與模仿能力，運用那些能使自己地位
上升的符號特徵來呈現的那個自我。這個自我時常幻想表演成功，例如「凡以
往弊端俱為之一洗，吏無不服，而堂上及諸僚俱稱賞焉」；也時常憂慮表演成
功與否，例如「邇來居官，立身罪咎，苦不自知」。而正也是這個表演者的自

〔註130〕高夫曼（Erving Goffman），徐江敏等譯，《日常生活中的自我表演》（*The Presentation of Self in Everyday Life*），頁38～39。

〔註131〕Goffman 理論中的「自我」常引起爭議。他的《日常生活中的自我表演》
　　　　書也沒有對他理論中「自我」下定義。然而多數學者都認同 Goffman 採用的
　　　　是「多元自我」論點。他認為「個體可能會把他的自我深深地捲入同一個特
　　　　定角色、機構、群體的認同中；同時可能把自我深深地捲入他的自我意識中」。
　　　　其學生與臺灣版本之譯者孫中興在〈導言〉時便說 Goffman 書中的「自我」
　　　　英文原文是 self，而不是 ego。進一步地說，Goffman 處理的是互動間的「自
　　　　我表演」。互動間的「自我」是動態的、是多元，且只有在互動間才形成的。
　　　　高夫曼（Erving Goffman），徐江敏等譯，《日常生活中的自我表演》（*The Presentation of Self in Everyday Life*），頁 260、269。

我，在舞台上可能會不小心製造「表演性分裂」（disruptions），〔註132〕即那些偶發、不適合且無意的事件、動作與姿態，使得整體表演給觀眾產生不一致印象的插曲。

在這個稱作「楊繼盛印象」的表演中，也有「表演性分裂」，主要就是日後《年譜》版本中皆被刪除的「與兄長的不合」與「怒斥天仙玉女」等段落，這些刪除即是意圖使「楊繼盛印象」在舞台上呈現一致和諧，且被大眾接納的形象。

然而那個時而幻想時而憂慮的自我，那個因家庭生活受挫，轉向外在世界汲取肯定的自我，那個在獄中回顧往事並揀擇記憶書寫的自我，那個指定其行狀、行實、墓誌、墓表、立傳何人來寫，又何人統之的自我，本身也是如此趨合著那個叫「楊繼盛」的角色自我。於是不管是從哪個面向，不管是以哪一條敘事線，皆可讀出楊繼盛對自我形象的刻意營造。楊繼盛對自我形象的呈現如此刻意，正因為他身處在一個有著越來越多種豐富的「臺前區域」，同時也越來越重視「門面」的明代中後期社會「舞台」上。〔註133〕這種對自我形象的展演與控制，回應高夫曼所言：「一方面要努力進入上層社會，另一方面要使自己不至於重新回下層社會，就必須為維持適當的臺前而做出必要的自我犧牲」。

若從「彈劾嚴嵩事件」是其書寫《年譜》的事件背景與其心理動機來看，兩年前的貶謫及再次下獄種種經驗，或許可以看作是一種可能的地位向下，但藉由「合適的表演」，具備「合適的臺前」，在不同的「情境定義」下，〔註134〕是很有可能將「必要的自我犧牲」轉化成舞台上的榮耀。

〔註132〕 即個體在自我表演時流露出（give off）的表現。於頁2，高夫曼分析了give和give off的差別，前者是個體有意識地以明確的口頭上或其他形式傳遞訊息；後者是他人從個體其他方面觀察與接受出的訊息。然而兩者在實際交往場合上的區別並非明顯。高夫曼（Erving Goffman），徐江敏等譯，《日常生活中的自我表演》（*The Presentation of Self in Everyday Life*），頁2、54、224。

〔註133〕 「臺前區域」（front region）意思是個體表演時的標準表演裝置與其場域，內含「外部裝置」（setting）與「個人門面」（personal front）等等。高夫曼（Erving Goffman），徐江敏等譯，《日常生活中的自我表演》（*The Presentation of Self in Everyday Life*），頁24～30。

〔註134〕 高夫曼所謂的「情境定義」（definition of the situation），為借用 W. I. Thomas 的社會學概念，其名言為：「如果人們將情境定義為真實的，那麼在其產生的後果中，這些情境便是真實的。」（If men define situation as real, they are real in their consequences.）。轉引自：高夫曼（Erving Goffman），徐江敏等譯，《日常生活中的自我表演》（*The Presentation of Self in Everyday Life*），頁7，註1。個體表演、情境定義和劇班，是高夫曼戲劇社會學的三大要件。

　　本章節嘗試分析楊繼盛《年譜》中的記述，不管是實際發生過或者書寫再現的，皆是其藉由「合適的表演」進行印象管理，證明其成功地向上爬升。或許楊繼盛並不至於會回到下層，畢竟其進士身分與書寫能力賦予了他在當時的社會上一定的生存能力。然而若從當時的官場仕途遷轉局勢來看，如果要再向上爬升，「維持適當的臺前」或許是不夠的，也意味其得「做出必要的自我犧牲」也相對更大。

　　於此，下一章要來探討的是楊繼盛劾嵩時如何定義情境，並於其「情境定義」中如何自我展演，及分析其「情境定義」所反映出的時代意義。

第三章　第二幕：楊繼盛印象與其時代背景

　　上一章依據楊繼盛《年譜》所敘，針對其35歲前的生平進行敘事分析，從中看出楊繼盛自我書寫上的自我展演性質。這一章進一步要探討的是，楊繼盛作為表演者，其「情境定義」是什麼？

　　所謂「情境定義」，即強調人們以所認知到社會現實與情境，採取他所認為合宜的行動與姿態，從而在特定的場合中，維持一種合宜的形象，而得以融入與被認同其角色扮演。我們可以將之理解成：一個表演者進入互動時，所選取的角色設定與劇本。而這「情境定義」：

> 明確或不明確地聲稱他是怎樣的一種人時，他便自動地對其他人產
> 生一種道德要求，使他們根據這種類型的人所能期待的方式來衡量
> 他的價值，並根據這種方式來對待他。〔註1〕

為了促成「情境定義」之實現，表演者將「不得不堅持表現出一種他所表白的自我」，以順利完成演出。〔註2〕

　　進行討論楊繼盛所選取的「情境定義」之前，得先從楊繼盛彈劾嚴嵩的奏疏內容分析著手。以下對楊繼盛的〈請誅賊臣疏〉的「情境定義」分析，可以見到楊繼盛如何定義情境，又如何在此「情境定義」中，以「小臣彈劾大臣」的道德姿態展現自己，獲取認同。

〔註1〕 高夫曼（Erving Goffman），徐江敏等譯，《日常生活的自我展演》（*The Presentation of Self in Everyday Life*），頁13。

〔註2〕 高夫曼（Erving Goffman），徐江敏等譯，《日常生活的自我展演》（*The Presentation of Self in Everyday Life*），頁11。

一、〈請誅賊臣疏〉與自我展演

　　嘉靖 30 年（1551）初，楊繼盛因上疏諫阻開馬市而被貶到陝西狄道當典史。受謫不到兩年，政局有了變化，楊繼盛轉貶而陞。於《年譜》中，楊繼盛寫道他自覺受恩惠之大，連保定老家也不回，急忙趕路上任。前往北京的路上，他苦思如何報效朝廷。途中某日，他秉燭靜坐至深夜，卻「無下手得力處」，這時他的妻子便說：「奸臣嚴嵩老在位，豈容直臣報國耶？當此之時，只不做官可也。」楊繼盛一聽，「乃知所以報國之本」，即：彈劾「賊臣」嚴嵩。〔註 3〕於是開始著手撰稿，謄稿改稿加上奏疏送入時的耽擱，大約前後花了兩週多，將奏疏呈上。

　　首先，依照奏疏格式，楊繼盛先報上自己官職與名字，接著提到前次下獄之事與此事上疏之理由：

　　　　兵部武選清吏司署員外郎事、主事，臣楊繼盛謹奏：為感激天恩、捨身圖報，乞賜聖斷早誅奸險巧佞、專權賊臣以清朝政，以絕邊患事。

　　　　臣前任兵部車駕司員外郎，諫阻馬市，言不及時，本內脫字，罪應下獄。被逆鸞威屬問官，將臣手指拶折，脛骨夾出，必欲置之於死。荷蒙皇上聖恩，薄罰降謫，不二年間，復升今職。夫以孤直罪臣，不死逆鸞之手，已為萬幸，而又遷轉如此之速，則自今已往之年，皆皇上再生之身；自今已往之官，皆皇上欽賜之職也。

　　　　臣蒙此莫大之恩，則凡事有益於國家，可以仰報萬一者，雖死有所不顧。而日夜祇懼，思所以捨身圖報之道，又未有急於請誅賊臣者也。況臣官居兵曹，以討賊為職。然賊不專於胡虜，凡有害於社稷人民者，均謂之賊。〔註 4〕

楊繼盛開頭首先提及上回諫阻馬市，幾乎被「逆鸞」「置之於死」，好在「荷蒙皇上聖恩，薄罰降謫。不二年間，複升今職」，楊繼盛感念萬分。除了強調對升遷的感恩之情之外，可以看出楊繼盛面對皇上時（以及讀到這篇奏疏的士人們），有意強調自己的出身背景。

　　兩年前諫阻馬市的奏疏上，楊繼盛寫到「臣以孤寒進士，初入仕途，父母

〔註 3〕楊繼盛，〈自書年譜〉，手稿，1553～1555。今見：高朝英、張金棟，〈楊繼盛《自書年譜》卷考略（上）〉，《文物春秋》，第 2 期，頁 70。

〔註 4〕楊繼盛，李洪程校注，〈請誅賊臣疏〉，《楊椒山集校注》，頁 10。

早喪，妻子無依」。這次彈劾嚴嵩，同樣以「孤直罪臣」作為自我形象，且奏疏末又言「前諫阻馬市，謫官邊方，往返一萬五千餘里，道途艱苦，妻子流離，宗族賤惡，家業零落」。〔註 5〕楊繼盛刻意一再強調自己出身之寒微孤苦，彷彿這樣的身分給予他道德上的優越。而「孤寒進士」身分形象與「一再犯顏直諫」的行為，並相結合與重複強調，使他的彈劾行為看起來似乎更具有正當性。這裡我們可以看到楊繼盛將自己在一開始彈劾嚴嵩時的角色，設定為「彈劾大臣的孤寒初仕進士」。楊繼盛崇拜的師兄楊爵（1493～1549）「年二十始讀書。家貧，燃薪代燭」，〔註 6〕然而於其〈固邦本疏〉和〈隆治道疏〉二疏中，絲毫不見這種強調孤寒背景的姿態。〔註 7〕

作為「孤寒進士」和「孤直罪臣」的楊繼盛，接著寫道自己此次「遷轉如此之速」皆因皇上聖恩，「自今已往之官，皆皇上欽賜之職」，可以看出楊繼盛努力試圖將此次升遷與皇上賞識做因果關係連結，更甚而以自己「自今已往之年，皆皇上再生之身」，對比文中一直強調自己的「孤」，楊繼盛的「皇上再生之身」自白，渴望被最高統治者賞識的姿態毫無遮掩。楊繼盛貶謫狄道之前，因苦無盤纏而變賣祖產，與繼昌決裂，因此說自己「宗族賤惡，家業零落」。被哥哥斷絕往來的楊繼盛，不斷強調自身的「孤」其實也反映他在家庭倫職上的失意與挫折。而他一再強調自己的起復是「皇上再生之身」，或許是想從官場功名中再次振作，重獲歸屬。

自恃著升遷的勢頭，楊繼盛接續上回諫阻馬市中誓不兩立的討賊姿態，將矛頭從大明國之外的「賊虜」俺答，指向大明國之內的「賊臣」嚴嵩：

> 臣觀大學士嚴嵩，盜權竊柄，誤國殃民，其天下之第一大賊乎！
> 方今在外之賊，惟胡虜為急；在內之賊惟嚴嵩為最。胡虜者，犬羊之盜，瘡疥之疾也；賊嵩者，門庭之寇，心腹之害也。賊有內外，攻宜有先後，未有內賊不去而可以除外賊者，故臣請誅賊嵩，當在剿絕胡虜之先。
>
> 且嵩之罪惡貫盈，神人共憤，徐學詩、沈鍊、王宗茂等常劾之矣，然止皆言嵩貪污之小而未嘗發嵩僭竊之罪。〔註 8〕

〔註 5〕楊繼盛，李洪程校注，〈請誅賊臣疏〉，《楊椒山集校注》，頁 21。
〔註 6〕張廷玉等奉敕撰，《明史》，收入《二十五史》卷 209，〈楊爵列傳〉，頁 8b，新編頁碼 2273。
〔註 7〕楊爵，《楊爵集》（西安：西北大學出版社，2015），頁 129～135。
〔註 8〕楊繼盛，李洪程校注，〈請誅賊臣疏〉，《楊椒山集校注》，頁 11。由於四庫本的

楊繼盛說嚴嵩「罪惡貫盈，神人共憤」，且是比起外賊更應先去除的「內賊」。
接著進一步指出，之前已有許多人如徐學詩、沈錬、王宗茂都彈劾過嚴嵩，但
「止皆言嵩貪污之小而未嘗發嵩僭竊之罪」，意指他們的攻法都不未擊中要
害，於此點出楊繼盛此篇奏疏的攻法特點，就是嚴嵩之「僭竊之罪」。

他接著以「皇上敬天之誠，格於皇天，上天恐奸臣害皇上之治，而屢示災
變以警告」的儒家天人感應之說，帶出近日幾次天災進行諫言，如「去年春雷
久不聲」意指「大臣專政」，「去年冬日下有赤色」則是「下有叛臣」，而「各
處地震與夫日月交食之變」是說賊臣「侍其側而不覺，上天仁愛警告之心亦恐
怠且孤矣。」〔註9〕

楊繼盛說嘉靖皇帝遲鈍也罷，然而他又再補上「不意皇上聰明剛斷，乃甘
受嵩欺，人言既不見信，雖上天示警亦不省悟，以至於此也」這樣直白的話，
甚而無禮。當時他的奏疏被傳抄時，並非眾人皆認同，將他的彈劾視為一「披
肺犯顏」的忠諫行為。〔註10〕如徐學謨便提到：

> 比部諸郎相戲曰：「繼盛之刑犯何律乎？」曰：「不犯律，而顧犯聖經。
>
> 孔子曰：『直而無禮則絞。』此之謂也。」滿朝傳之捧腹。〔註11〕

比部，即刑部。刑部的人知道楊繼盛的彈劾並沒有犯上什麼律法，卻是「顧犯
聖經」，也就是明知卻無禮地觸犯皇帝的面子。「直而無禮則絞」典故來自論語
〈泰伯篇〉中「恭而無禮則勞，慎而無禮則葸，勇而無禮則亂，直而無禮則絞」
此段話，該句原意是說：言行太過直率而無禮，就如同絞繩一般，越絞越緊而
斷。〔註12〕口直心快，但卻不知禮數，便顯得尖酸刻薄，得理不饒人。皇侃《論
語義疏》便言道：「絞猶刺也，好譏刺人之非，以成己之直也。」〔註13〕用太
過偏激的話去批評別人，以成就自己的「直」，這樣的解釋非常透徹中肯。刑

〈請誅賊臣疏〉將原文中的「胡虜」，改成「外患」、「邊境」、「賊寇」等詞，
所以 Hammond 在未參考原文的狀況下，翻譯多處有誤。將楊繼盛不斷強調的
北方「胡虜」問題，解讀成他對江南的倭寇戰事也有所批評。另外，Hammond
誤將徐學詩翻譯成徐階。Kenneth J. Hammond, *Pepper Mountain: The Life, Death
and Posthumous Career of Yang Jisheng*, p.37～39.

〔註9〕楊繼盛，李洪程校注，〈請誅賊臣疏〉，《楊椒山集校注》，頁 11～12。

〔註10〕順治皇帝，〈褒忠錄序‧楊繼盛論〉，收入李衛等修，《(雍正)畿輔通志》卷七，
頁 429，清文淵閣四庫全書本。

〔註11〕徐學謨，《世廟識餘錄》(臺北：國風，1965)卷十七，頁 499。

〔註12〕皇侃，《論語集解義疏》(南昌；江西人民，2009)卷五，〈泰伯篇〉，頁 153。

〔註13〕皇侃，《論語集解義疏》卷九，〈陽貨篇〉，頁 358。

部的人玩文字遊戲，把「絞」的意涵直喇喇地解讀成絞刑，而這笑點自然能被熟背論語的讀書人，心領神會而「傳之捧腹」。

既然嘉靖皇帝對於賊臣「侍其側而不覺」，楊繼盛便「以嵩之專政叛君之十大罪，為皇上陳之」，十罪內容洋洋灑灑，約三千字，簡要如下：一、「以丞相自居，挾皇上之權」；二、「票本之任，遂竊威福之權」；三、「彰己之能以與君爭功」；四、「縱奸子之僭竊」；五、「冒朝廷之軍功」；六、「引背逆之奸臣」；七、「誤國家之軍機」；八、「專黜陟之大柄」；九、「失天下之人心」；十、「壞天下之風俗」。〔註14〕

寫完十罪，楊繼盛意猶未盡，續發五奸：一、「皇上之左右皆賊嵩之間諜」；二、「皇上之納言乃賊嵩之攔路犬」；三、「皇上之爪牙乃賊嵩之瓜葛」；四、「皇上之耳目皆賊嵩之奴僕」；五、「皇上之臣工多賊嵩之心腹」。〔註15〕

雖然奏疏列點分了「十罪五奸」，但其實楊繼盛指責嚴嵩的內容不脫一件事，即侵權，嚴嵩侵占皇權。由「十罪五奸」歸納出嚴嵩所侵占的皇權所屬權力類型，主要是任用大權與賞罰大權。其他的罪狀則大多是楊繼盛認為因為「賊臣」嚴嵩侵權下的不良影響，例如「失天下之人心」與「壞天下之風俗」，而其「五奸」即為其所指的竊權方法，大要是：於皇帝周圍佈滿自己的人，進而蒙蔽皇帝。

楊繼盛於奏疏中一再強調，皇權至高無上，無人可侵犯。他理想中的皇帝如朱元璋，大權獨攬且親政親為。而他也確實搬出了《皇明祖訓》作為其彈劾利器，言道：

> 我太祖高皇帝親見宰相專權之禍，遂詔天下罷中書丞相而立五府九卿，分理庶政，殿閣之臣惟備顧問、視制草，不得平章國事。故載諸祖訓，有曰：『以後子孫作皇帝時，臣下有建言設立丞相者，本人凌遲，全家處死。』此其為聖子神孫計至深遠也。〔註16〕

廣義的祖制涵蓋洪武時代所訂定的所有典章制度，例如《皇明祖訓》、《諸司職掌》、《大誥》、《大明令》、《大明集禮》、《大明律》等，有時也包含永樂時期的典制。「祖制」對明代歷任皇帝與百官而言，具有如「聖典」的權威地位。「守祖宗之法」重要，然而行之久矣，難免多少生弊。許多臣民如王世貞，認為「圖

〔註14〕楊繼盛，李洪程校注，〈請誅賊臣疏〉，《楊椒山集校注》，頁12～18。
〔註15〕楊繼盛，李洪程校注，〈請誅賊臣疏〉，《楊椒山集校注》，頁18～20。
〔註16〕楊繼盛，李洪程校注，〈請誅賊臣疏〉，《楊椒山集校注》，頁12。

治在乎法祖」，就算進行改革也須依循「祖制」，一旦偏離「祖制」，任何革新都會造成亂與變。〔註17〕

「祖制」也常拿來作為經筵日講的讀物擇選內容，是臣子規諫與約束皇帝私心自用的一項「家法」與「護身符」。〔註18〕然而究其實，如吳智和所言，「祖制」的意義也會「隨著臣僚議論的主題而轉變」。〔註19〕例如「祖訓」原本應該作為約束皇權、要求皇帝修德勤政的「家法」，〔註20〕在楊繼盛的劾嵩論述中，卻是拿來「攻難去之臣」的利器。〔註21〕

照此邏輯，楊繼盛完全是遵照朱元璋在《皇明祖訓》所言彈劾「以丞相自居」的嚴嵩。《皇明祖訓》該段內容如下：

> 自古三公論道，六卿分職，並不曾設立丞相。自秦始置丞相，不旋踵而亡。漢、唐、宋因之，雖有賢相，然其間所用者多有小人，專權亂政。今我朝罷丞相，設五府、六部、都察院、通政司、大理寺等衙門，分理天下庶務，彼此頡頏，不敢相壓，事皆朝廷總之，所以穩當。以後子孫做皇帝時，並不許立丞相。臣下敢有奏請設立者，文武群臣即時劾奏，將犯人凌遲，全家處死。〔註22〕

儘管許多皇帝仍自稱遵守祖訓，然而實際上往往陽奉陰違，或故作姿態，以維持孝子賢孫的形象。〔註23〕另一方面，明中葉後的實際政治與社會情況與明初已然不同，「祖訓」的種種規劃設想顯然跟不上明中葉後的種種發展，並非只因皇上們的私心自用，而是為了配合現實環境而做的彈性改變，例如江南賦稅問題、宗人得以科舉以及內閣與內閣首輔的出現與形成。〔註24〕

〔註17〕吳智和，〈明代祖制釋義與功能試論〉，《史學集刊》，第 3 期（長春，1991），頁 22。

〔註18〕吳智和，〈明代祖制釋義與功能試論〉，《史學集刊》，第 3 期，頁 24～29。

〔註19〕吳智和，〈明代祖制釋義與功能試論〉，《史學集刊》，第 3 期，頁 27；郭厚安，〈也談明代的祖制問題〉，《西北師大學報（社會科學版）》，第 5 期（甘肅，1993），頁 3～10。

〔註20〕朱元璋便將《皇明祖訓》稱為「家法」。《皇明祖訓序》提到：蓋自平武昌以來，即議定著律令，損益更改，不計遍數。經今十年，始得成就。頒而行之，民漸知禁。至於開導後人，複為《祖訓》一編，立為家法。

〔註21〕楊繼盛，李洪程校注，〈請誅賊臣疏〉，《楊椒山集校注》，頁 21。

〔註22〕朱元璋撰，《皇明祖訓》，收入《明朝開國文獻》（臺北：臺灣學生書局，1966），「首章」，頁 5，新編頁碼 1586。

〔註23〕郭厚安，〈也談明代的祖制問題〉，《西北師大學報（社會科學版）》，第 5 期，頁 8。

〔註24〕有關對「祖訓」的彈性變化，請見郭厚安〈也談明代的祖制問題〉一文中第二

　　楊繼盛便是緊抓著嚴嵩長年作為內閣首輔，甚至「以丞相自居」獨相專權多年悖逆「祖制」的情況發難。然而究其時，士人書寫中仍使用著許多圍繞著「相」相關的詞彙，諸如「相臣」、「相國」、「相業」或「相君」等等，從此可看出有明一代仍有許多人，對於「相」不避忌也不排斥，甚至有「閣臣自三楊以後，體貌漸成真相」之說，〔註25〕三楊和李賢常被人稱譽為「賢相」，嘉靖皇帝更是言道：「此官雖無相名，實有相職。相必君擇，古之正理。」〔註26〕

　　甚至是楊繼盛自己四年前寫給座師張治的〈送張龍翁老先生拜相序〉中，便以「朝廷得相」之詞，恭賀張治即將前往北京任職禮部尚書及以文淵閣大學士入閣之事。〔註27〕由此可見，楊繼盛要單就「以丞相自居」來攻擊嚴嵩，或討論嚴嵩到底有沒有「丞相之實」，是沒有什麼意義，甚至自相矛盾，毫無效果。因此，重點便應放在楊繼盛彈劾嚴嵩，是因為認為嚴嵩不應該掌握人事權這件事情。楊繼盛認為：第一，人事權專屬皇帝，不得分享；〔註28〕第二，從

小節「祖制不能一成不變」，內容提到了：一、江南賦稅問題。明代江南賦重一直是個問題，又加上邊都北京，增加了運輸費用。明代中期便有江南巡撫如周忱，對江南賦稅做調整。儘管戶科給事中李素等人批評周忱，說「自洪武初至今，籍冊已定，征輸有常。忱欲變亂成法，沽名要譽」，然而英宗也明白，周忱所做的調整，實則是「勘實貧富等第，貧者止收正米，富者酌量加耗」。從此來看，以「籍冊已定」便認為是堅持「祖制」成法，刻意忽略現實變化的動機背後，實則是為了維護「籍冊已定」之後才出現的大地主家族利益，所以「大戶不肯納糧，小民倍出加耗」，以至於產生「自永樂初年至宣德七年以前，並無一年納完者」的情況。二、宗人得以科舉。朱元璋原先以諸王「擁重兵，據要地，以為國家屏翰」的想像，隨著時代演變，宗人們漸漸失去軍事保衛作用，而成了不事生產的寄生群體，因此到了萬曆年間才下令允許「一切宗人，俱得充諸生應舉，為中外官」。三、內閣與內閣首輔的出現與形成。明中葉之後的皇帝在深宮成長，無實際政事歷練，又多幼年登位，無法負荷龐大的國事重擔，因此多有委信太監或大臣等情況。也因此，內閣掌權雖不合法，然卻是時勢必須。郭厚安，〈也談明代的祖制問題〉，《西北師大學報（社會科學版）》，第5期，頁5～9。

〔註25〕沈德符，《萬曆野獲編》（北京：中華書局，1959）補遺卷二，〈正德三相之去〉，頁829。

〔註26〕張居正等修，《明世宗實錄》卷五一七，「嘉靖四十二年正月庚寅」條，頁8483～8484。

〔註27〕楊繼盛，李洪程校注，〈送張龍翁老先生拜相序〉，《楊椒山集校注》，頁35～37。

〔註28〕楊繼盛在〈請誅賊臣疏〉多處表達出他認為對君主應該專權的想法，例如他說：「權者，人君所以統馭天下之具，不可一日下移。」又說：「黜陟者，人君之大權，非臣下可得專且私也。」楊繼盛，〈請誅賊臣疏〉，《楊椒山集校注》，頁12、17。

他的觀察看來，掌握人事權的嚴嵩並不公正，師心自用。

總結以上，大致可以看出楊繼盛在〈請誅賊臣疏〉的論述情境中的自我姿態以及其為當時情境所下的定義：他向最高統治者（也是他最渴望被認可的對象）展現自己，以一個手持著「祖訓」家法的「孤直小臣」，控訴著背離「祖訓」與聖恩的「巧佞大臣」，為皇帝不得獨享治功抱屈、為被罷黜的正人君子抱屈、為因「一人貪戾，天下成風」而受害的百姓抱屈、為必須屈服嚴嵩威脅而不得不聽命的老師徐階抱屈，也更是為上回諫阻馬市，被與嚴嵩交結的仇鸞陷害，貶到狄道當一不入流典史的自己抱屈。

楊繼盛以他的奏疏與其所展現「小臣敢言」的姿態，為情境下了定義：我，楊繼盛，過去的諫言成真，馬市果然無效，「賊虜」確實無信，我一「孤直小臣」，作為一君子正人，正因敢言忠誠被皇帝認可，「逆鸞」已受嚴懲，然而「獨嵩尚在」，「臣若不言，又再有誰人敢言乎？」，而「臣狂直之性生於天而不可變，忠義之心癢於中而不可忍。」〔註29〕於是，我將捨身圖報，成為第一個為天下討賊除害的劾嵩名臣。

然而，若按照楊繼盛所說，嚴嵩掌握天下官員的任用與黜陟之權的話，那麼他怎麼解釋自己的陞遷呢？他在奏疏開頭與結尾皆提到自己的貶謫與升遷，強調自己「遷轉如此之速，則自今已往之年，皆皇上再生之身；自今已往之官，皆皇上欽賜之職也」，有意突顯自身的受害及聖恩境遇。如此刻意強調自己的升遷，似乎反而是在努力嘗試說服閱讀者，將自己的升遷歸於聖恩特敕，與嚴嵩毫無相關。

雖然目前尚無找到直接證據，證實楊繼盛的陞遷是嚴嵩刻意提拔還是皇帝特簡，也找不到楊繼盛此次升遷的決策過程之相關史料。雖說皇帝有任用官員全權，然而基本上明代中期後銓選制度漸漸完備，對於五品以下的官員推升，主要決策權是在吏部。〔註30〕由此推之，楊繼盛的陞遷應是吏部內部的決定。

不過「情境定義」的促成與實現的過程中，重要的不是事實是什麼，而是要讓觀眾接收到怎樣的訊息，以及如何解讀這些訊息。從後人撰寫的《明史》中，看得出來認為楊繼盛的升遷和嚴嵩有關係，大有人在：

> 帝乃思繼盛言，稍遷諸城知縣。月餘調南京戶部主事，三日遷刑部
> 員外郎。當是時，嚴嵩最用事。恨鸞凌己，心善繼盛首攻鸞，欲驟

〔註29〕楊繼盛，〈請誅賊臣疏〉，《楊椒山集校注》，頁21。
〔註30〕潘星輝，《明代文官銓選制度研究》，頁238。

　　貴之，復改兵部武選司。〔註31〕

老師徐階為他所寫的墓誌銘選擇完全不提這因果關係，輕描淡寫帶過。〔註32〕
王世貞撰寫的〈楊忠愍公行狀〉則是說：

> 天子思之，稍遷山東諸城令。之諸城月餘，即遷南京戶部主事。之
> 南戶部三日，而遷刑部湖廣司員外郎。道復調兵部武選。當其時，
> 相嵩最用事，惡侯鸞刺骨而善公，笈以不得立貴之。〔註33〕

或許連楊繼盛自己也懷疑自己的升遷與嚴嵩刻意拉攏多少有關。從他刻意強
調他的陞遷是取自上裁的苦心，可以反映出其矛盾心理。

　　另一方面，《年譜》中他記述道，此次升遷回京的路上，他苦思該如何報
答朝廷自己這次的「升遷」時，他妻子對他說道：「奸臣嚴閣老在位，豈容直
臣報國耶？當此之時，只不做官可也。」〔註34〕這段對話應該放回其對話語境
探討：楊繼盛於當時對話中，談及應如何報恩他的陞遷。他妻子的「奸臣嚴閣
老在位，豈容直臣報國」回答，不太像一個「家以耕織為業」家庭背景長大的
村婦的說話口吻。這或許是楊繼盛假借其妻之口表達自己內心的想法，然而下
一句「當此之時，只不做官可也」，倒是符合兩年前因楊繼盛貶官，有過跟著
一同去狄道受苦經驗之下，一個平民女子會有的常理反應。然而藉由妻子之
口，將「嚴嵩在位」與「不做官」兩者做一連結，來理解從他的「升遷」語境
與其後決意彈劾嚴嵩的因果關係，或許也暗示了楊繼盛其實也認為他的「升
遷」與嚴嵩有關。

　　然而楊繼盛在奏疏上對嚴嵩提拔的「有意撇清」，在後來「情境定義」完成
之後，反而成了「正人」楊繼盛拒絕「奸人」嚴嵩的拉攏，樹立了自身的清高。

　　回到奏疏上的分析。楊繼盛有意藉由彈劾首輔以表現出一種「正人」姿態
的同時，也將他的升遷提升至皇恩救授的高度，以利自我標榜與尋求認同。他
一方面指責嚴嵩對官員人事權有所操作，卻又矛盾地認為皇帝應擁有全面與
絕對的人事任命權，標榜自己的遷轉必由聖恩。由此可以看出，楊繼盛對於當

〔註31〕張廷玉等奉敕撰，《明史》，收入《二十五史》卷209，〈楊繼盛傳〉，頁23a，
　　　　新編頁碼2381。

〔註32〕徐階，〈兵部武選員外郎贈太常少卿諡忠愍楊繼盛墓誌銘〉，《楊忠愍集》卷4，
　　　　收入《景印文淵閣四庫全書》第1278冊，頁692a～694a。

〔註33〕王世貞，〈楊忠愍公行狀〉，《楊忠愍集》卷4，收入《景印文淵閣四庫全書》
　　　　第1278冊，頁680b～692a。

〔註34〕楊繼盛，〈自書年譜〉，手稿，1553～1555。今見：高朝英、張金棟，〈楊繼盛
　　　　《自書年譜》卷考略（上）〉，《文物春秋》，第2期，頁70。

時的政治風氣、官場運作以及考選制度運作等等的隔閡與一廂情願。而當他一再指責嚴嵩在官員人事任命上的侵權、濫用與不公正的同時，卻沒有意識到他以自身「遷轉之速」自我標榜，宣稱是「皇上欽賜之職」，這兩者其實在從官員任用原則來看，皆非常規，甚至從趨勢演變來看，兩者是同一來源。楊繼盛指責嚴嵩的「以丞相自居」且把持人事權作以私用的官場不公現象，其實早早於嚴嵩任相之前便發生。

二、大禮議後的政治文化

李賢（1409～1467）曾提及宣德期間（1426～1436），楊士奇（1364～1444）在人事任用上的影響力，以致「天下要職，吏部不得除。已而奔競之風大作。」〔註35〕因東宮官屬輔助有功，仁宗與宣宗得以順利繼承王位，因此特別重用這批東宮舊屬，尤以「三楊」，即楊榮、楊士奇和楊溥三人為核心。焦竑（1540～1620）便言道：「正統間，文貞（楊士奇）為西楊，文敏（楊榮）為東楊，因居第別之。文定（楊溥）郡望，每書南郡，世遂稱南楊。西楊有相才，東楊有相業，南楊有相度。故論我朝賢相，必曰三楊。」〔註36〕

從李賢的話來看，「奔競之風」早早在嚴嵩之前，甚至是嘉靖之前早已盛行。且儘管李賢說三楊掌有「去取之權」，但不妨礙三楊被士人們視為賢相。因三楊的權重，而使內閣的發展進入一個新的階段，擁有票擬權的閣臣，更是因此得以勢壓九卿。在三楊的領導之下，儘管「奔競之風大作」，儘管之後有如王振、汪直和劉瑾等權宦培植私黨，或間因新君上任為開展一新氣象進行的人事更新，然而大致上，中間層的官吏銓選制度也同時穩定發展形成中，銓法越來越豐富，陞職路徑也越來越透明與穩定。〔註37〕

正是因為如此，之前沒有一個政治事件，像「大禮議」這樣，由皇帝主導政治整肅，在短時間內對整個朝廷要職進行人事大換血，其影響範圍所及之久之廣，前所未有。對當時的人或者是當今學界來說，圍繞著「大禮議」的探討，主要有道統和治統之爭、名分禮秩、黨爭等話題。然而除此之外，議禮派的「驟貴」引發的效應，多少對朝政風氣以及新進仕途的士大夫有所影響，卻甚少被留意與討論。

大禮議之後由張璁等議禮派領導的新政中，以人事更動進行政治格局的

〔註35〕李賢，《天順日錄》，頁155，據明嘉靖十二年刻明良集本。
〔註36〕焦竑，《玉堂叢語》（北京：中華書局，1981）卷七，頁226。
〔註37〕潘星輝，《明代文官銓選制度研究》，見第二章與第三章。

重組，藉以培植自己的政治勢力。由嘉靖皇帝帶頭，強化且擴張了皇帝的人事權，以「不拘資格」與一再強調「三途並用」的官方說詞，破格任用許多議禮派人士，成功扳倒楊廷和一派，使得「嘉靖新政」整頓朝綱的中興氛圍中，瀰漫一股競氣、「爭則名高」的氣息。〔註39〕

　　正德十六年（1521），武宗駕崩，無留下子嗣，也無指定皇位繼承人，經慈壽皇太后和大學士楊廷和議定研擬遺詔，以《皇明祖訓》中「兄終弟及」的祖訓原則，由武宗堂弟，即興獻王的長子朱厚熜，「嗣皇帝位」。〔註39〕然而從迎接儀式的紛爭，到嘉靖三年發生的左順門事件，嘉靖的嗣統之爭在這三年引發大大小小的皇帝與朝野間的摩擦，總而來說，便是影響嘉靖前大半期政局的「大禮議」。〔註40〕若從政治鬥爭的角度來看，「大禮議」的實際時間影響評估，範圍則須至少拉長至嘉靖 24 年才算告成。〔註41〕然而若從嘉靖皇帝個人的政治經驗來看，「大禮議」的影響貫穿嘉靖一朝。嘉靖皇帝從中學習到了「分而治之」的政治手腕、〔註42〕對「禮」高度政治敏感、〔註43〕

〔註38〕向靜，〈明嘉靖年間「三途並用」的政治背景〉，《北大史學》，第 12 輯（北京，2007.1），頁 96～104；張廷玉等奉敕撰，《明史》，收入《二十五史》，卷 230，〈贊〉，頁 19a，新編頁碼 2520。〈贊〉曰：明至中葉以後，建言者分曹為朋，率視閣臣為進退。依阿取寵則與之比，反是則爭。比者不容於清議，而爭則名高。故其時端撥之地，遂為抨擊之叢，而國是淆矣。雖然，所言之是非，閣臣之賢否，黑白判然，固非私怨惡之所得而加，亦非可盡委之沽直好事，謂人言之不足恤也。

〔註39〕費宏等修，《明武宗實錄》，卷一百九十七，頁 5a。

〔註40〕學界研究大禮議的人不少，論述相當多元，成果豐富。其中研究最完整且富有深度的著作為尤淑君的作品。尤淑君將大禮議的前後事件交代清楚，認為嘉靖更定禮制即為重新調整名分禮秩，即以自身原為旁支，加以「正名化」塑造成「天命」所與的帝系新宗統，然而也因此動搖了以禮秩為基礎原則的皇權與衍伸的權力分配問題，儘管於嘉靖朝時，嘉靖帝以「暴力」與善用「人情論」贏得了「大禮議」表面上的順利，然而其後引發的政治效應以及嘉靖一派政權的「合禮」正當性，至明之滅亡也無從得解。請見：尤淑君，《名分禮秩與皇權重塑：大禮議與嘉靖政治文化》（臺北：政大歷史系出版發行，2006）。

〔註41〕翟愛玲，〈「大禮議」事件的政治意義與嘉靖前期的政治局勢〉，《史學集刊》，第 4 期（吉林，2013.7），頁 113～121。張顯清，〈明嘉靖「大禮議」的起因、性質與後果〉，《史學集刊》，第 4 期（吉林，1988），頁 7～15。

〔註42〕尤淑君，《名分禮秩與皇權重塑：大禮議與嘉靖政治文化》，尤見第四章。尤淑君，〈從楊廷和到嚴嵩：嘉靖朝內閣首輔的權力交替〉，《史粹》，第 10 期（臺北，2016），頁 62。

〔註43〕張廷玉等奉敕撰，《明史》，收入《二十五史》卷 196，〈張璁列傳〉，頁 6b，新編頁碼 2109：「帝自排廷議定「大禮」，遂以制作禮樂自任。」

或是從其往後對廷臣與言官結黨的反感與心結，在在都可觀察出「大禮議」的影子。

尤淑君明確點出嘉靖一朝的「朝堂中的政治生態出現了黨爭的發展因素」，肇始於嘉靖早期的「大禮議」。〔註44〕嘉靖皇帝在追求他對名分禮秩上的話語權時所展現的暴力，以及其後在政治整肅時，賦予了以張璁為首的內閣極大的權力，使得整個政治氛圍在位階秩序大亂中，暗生投機之風。

內閣作為一沒有法定地位的常設機構，持續扮演著明朝歷代皇帝與朝臣之間角力時的平衡中間角色。而內閣首輔慣例的形成，則是從天順年間，內閣大學士李賢兼吏部侍郎，掌吏部事開始。〔註45〕李賢之後，繼任內閣首輔往往也兼任吏部尚書，漸成一趨勢，由此提升了首輔在諸閣臣之中的地位。及至嘉靖皇帝（1521～1566）即位，「始委政內閣，而居首揆者，責任尤專」，內閣權力於此擴張。〔註46〕這情況更是在「大禮議」之後，最為得君的張璁於嘉靖九年開始擔任首輔時，所擁有的權限最為擴大。〔註47〕

英宗時楊士奇與嘉靖初楊廷和的權重，有其特殊事件的過渡性，如英宗年幼因此張太后委政於楊，而楊廷和權重則是因武宗驟逝，新君即位所產生的權力空檔。然而「大禮議」之後，張璁任首輔的內閣權勢高漲，反映出的是整個政治格局的轉變。沈德符也言道：「六曹文武二柄，政為極重，其輕則始於嘉靖初。」〔註48〕換句話說，內閣首輔的權重，完全不是楊繼盛所言的「及嵩為輔臣，儼然以丞相自居，挾皇上之權，侵百官之事」，更不是《明史》所言的「明制，六部分涖天下事，內閣不得侵。至嚴嵩，始陰撓部權。」〔註49〕

楊繼盛奏疏中所批評的現象，正是「大禮議」之後，張璁進行的新政改革中，強化了皇權與內閣作為一個行政組織的權力所產生的。張璁在政治上新政要點主要是：一樹立內閣首輔的權威，使皇帝可以透過首輔，而非宦官，表達

〔註44〕尤淑君，《名分禮秩與皇權重塑：大禮議與嘉靖政治文化》，頁320。

〔註45〕尤淑君，〈從楊廷和到嚴嵩：嘉靖朝內閣首輔的權力交替〉，《史粹》，第10期，頁35。

〔註46〕尤淑君，〈從楊廷和到嚴嵩：嘉靖朝內閣首輔的權力交替〉，《史粹》，第10期，頁35。「始委政內閣，而居首揆者，責任尤專」，引自：王世貞，《嘉靖以來內閣首輔傳》，收入《明清史料彙編初集》第一冊（臺北：文海，1967），頁83。

〔註47〕安作璋主編，張全景策劃，《中國吏部研究》（北京：黨建讀物，2011），頁436。

〔註48〕沈德符，《萬曆野獲編》卷九，〈內閣・閣部重輕〉，頁245。

〔註49〕張廷玉等奉敕撰，《明史》，收入《二十五史》卷225，〈楊巍列傳〉，頁7a，新編頁碼2465。

其意志，成為皇帝與官員之間的緩衝機制，也除了因嘉靖皇帝對宦侍甚嚴的原因之外，「內臣之勢，惟嘉靖朝少殺云」。〔註50〕二是以翰林外補、三途並用（進士、監生、舉人）以及科道互糾與互評等方式，擴大了嘉靖皇帝在人事選用上的權力，並同時強調作官是為君服務的價值觀。三則是強化首輔，弱化次輔，並以兼任冢宰之姿，深入六部官僚系統中，弱化各部的同時，又強化以君主意志為核心的行政結構。〔註51〕

　　前文提及：在「大禮議」之前，沒有一個政治事件像這樣，由皇帝主導對整個朝廷要職進行人事大換血。當正德舊臣相繼罷去，剩最後一位「於『大禮』不能強諫，亦未嘗附離」的費宏擔任首輔，王世貞說他「頗測知上意」，〔註52〕因此在「大禮議」初期始終保持中立。嘉靖三年的「左順門事件」後，大禮議的勝負已現，為此罷去之人數眾多，朝中各部院出現一堆缺額，於此出現一批議禮新貴。〔註53〕而張璁此時則由南京刑部主事，破格成為翰林院學士，儘管還未能入閣，但也算是自李賢設立的「非翰林不入內閣」規定之下，破例獲得了成為閣臣的基本資格。

　　世宗從「大禮議」學會了以破格簡用與朝位整肅的方式「分而治之」，從中得以順遂其願的政治手腕。從張璁之後，受寵的閣臣幾乎無一經過廷推，皆由皇帝特授簡用示寵，如桂萼（生年不詳～1531）、如方獻夫（1485～1544）、如夏言、如嚴嵩、如徐階、如楊繼盛中進士那年的當科狀元李春芳（1510～1584）也是如此。《明史》便如此提到：

　　　　李春芳，字子實，揚州興化人。嘉靖二十六年舉進士第一，除修撰。簡入西苑撰青詞，大被帝眷，與侍讀嚴訥超擢翰林學士。尋遷太常少卿，拜禮部右侍郎，俱兼學士，直西苑如故。佐理部事，進左侍郎，轉吏部，代訥為禮部尚書。時宗室蕃衍，歲祿苦不繼。春芳考故事，為書上之。諸吉凶大禮及歲時給賜，皆嚴為之制。帝嘉之，賜名宗藩條例。尋加太子太保。四十四年命兼武英殿大學士，與訥

〔註50〕張廷玉等奉敕撰，《明史》，收入《二十五史》卷304，〈宦官列傳〉，頁31a，新編頁碼3361。
〔註51〕尤淑君，〈從楊廷和到嚴嵩：嘉靖朝內閣首輔的權力交替〉，《史粹》，第10期，頁61～62。
〔註52〕王世貞，《嘉靖以來內閣首輔傳》，卷1，〈費宏〉，頁125。
〔註53〕尤淑君，〈從楊廷和到嚴嵩：嘉靖朝內閣首輔的權力交替〉，《史粹》，第10期，頁46。

並參機務。世宗眷侍直諸臣厚，凡遷除皆出特旨。春芳自學士至柄

政，凡六遷，未嘗一由廷推。〔註54〕

在嘉靖皇帝「一邊棒子一邊胡蘿蔔」的策略下，「驟貴」對汲汲營營於仕途的
人來說，無疑是個致命的吸引力。從時人或後人文集、私人撰史或《明史》中，
對嘉靖幾位寵臣的描寫中，也往往用「驟貴」、「驟顯」、「暴貴」、「超擢」、「驟
遷」、「屢遷」、「累進」等等強調其速度之快、任用不拘資格之詞。

如張璁，「七試不第」，心灰意懶，正想要放棄舉業時，有個御史朋友蕭鳴
鳳懂占星術，替他算了命，說他「從此三載成進士，又三載當驟貴」。因「大
禮議」獲寵後，「拜禮部尚書兼文淵閣大學士入參機務，去釋褐六年耳」。果然
如蕭鳴鳳所言六年驟貴，從他考上科舉到入閣，僅僅花了六年。〔註55〕又如夏
言，先是以郊禮與更定文廟祀典等儀禮事獲得帝寵，在經筵講課時「眉目疏朗，
美鬚髯，音吐弘暢，不操鄉音」，因此「帝必目屬，欲大用之」。後與張璁鬥權
下獄，不久便釋放，正好郊禮事施工完成，世宗為嘉許與彌補夏言，便升他為
禮部左侍郎。不到一個月，又升禮部尚書，因此《明史》上說夏言「去諫官未
浹歲拜六卿，前此未有也」。〔註56〕夏言正德十二年考上進士後初授行人，後
擢兵科給事中，直至他嘉靖十年升任禮部尚書，也不過經過了 11 年。及至入
閣，也不過再 8 年，入仕後至入閣，總計 19 年。

嚴嵩的情況特殊，雖然他早夏言四科考上進士，但因丁憂，潛養許久。然
也因此，雖然他與楊廷和有師生之誼，卻躲過了大禮議的風暴。嚴嵩利用與議
禮新貴桂萼的關係復起，由此可見嚴嵩個性之圓滑，長於周旋。嚴嵩跟張璁與
夏言一樣，他看準了嘉靖皇帝對禮秩的重視，以祭告顯陵事、明堂與稱宗事取
得嘉靖皇帝寵信。嚴嵩於嘉靖二十一年入閣，從其考中進士算起，已過 37 年，
然而從其顯陵事蒙受帝眷時（1530）算起，則只過了 12 年。張璁當首輔時，才
以首輔身分主掌票擬，而嚴嵩才剛入閣任次輔，世宗便特賜票擬權，可見其殊
寵。

對比張璁等人的「驟貴」，前朝幾個閣臣從其進士到入閣所需花費的時間，

〔註54〕張廷玉等奉敕撰，《明史》，收入《二十五史》，卷 193，〈李春芳列傳〉，頁 12b，
新編頁碼 2079。

〔註55〕張廷玉等奉敕撰，《明史》，收入《二十五史》，卷 196，〈張璁列傳〉，頁 1a，
新編頁碼 2107。

〔註56〕張廷玉等奉敕撰，《明史》，收入《二十五史》，卷 196，〈夏言列傳〉，頁 22b，
新編頁碼 2117。

卻平均需拉長至 28 年。〔註 57〕嘉靖初年的「驟貴」例子，還有過去在興邸（嘉靖皇帝父親興王的藩府）作了二十年長史的袁宗皋。袁宗皋隨著朱厚熜繼任皇位，也沾光驟貴入閣，然而不到三個月便病逝。沈德符便言史上「長史驟貴者，無如世宗入紹之張、袁二公」。〔註 58〕袁指袁宗皋，張則是指張景明，皆是興邸長史。張景明於朱厚熜繼位前已歿，世宗贈太子少保禮部尚書，諡恭僖。

　　不是只有內閣有超擢破格的情況，連跟軍務有關的職位也因特殊時期，任人不拘資格。沈德符便言：

> 嘉靖間不次用人，如議禮張、桂諸公不必言。從倭虜事起，西台中則有王思質（王忬）以御史庚戌守禦通州功，升僉都御史。既而倭事起，胡梅林（胡宗憲）以浙江巡按御史，升僉都撫浙。此皆兵事驟興，難拘典制。若通政趙甬江（趙文華）出視倭警，歸而報曰：「旦夕且平。」未幾倭大熾，懼上譴責，乃告訐吏部尚書李古衝（李默）出題謗訕。上大悅，從工部侍郎，直升尚書、太子太保。仍出視師，則人人切齒，抑不可比於軍興矣。此後登進遂少有超異者。〔註 59〕

南倭北虜的連連外患下，朝廷用賞功拔擢的方式酬庸，人人躍躍欲試，急立邊功。如王世貞的父親王忬（1507～1560），在庚戌之變時於通州立功，一下子從正七品的御史，驟升正四品僉都御史。胡宗憲也同樣因邊功，從御史升至僉都御史。趙文華更是超格，從正四品通政，升正三品工部侍郎，又直升二品尚書、

〔註 57〕例如：

　　天順朝李賢，25 歲中進士，49 歲入閣，花了 24 年。

　　成化朝萬安，29 歲中進士，50 歲入閣，花了 21 年；

　　劉吉，21 歲中進士，48 歲入閣，花了 27 年；

　　徐溥，26 歲中進士，59 歲入閣，花了 33 年。

　　弘治朝李東陽，18 歲中進士，48 歲入閣，花了 30 年；

　　謝遷，26 歲中進士，46 歲入閣，花了 20 年。

　　正德朝楊廷和，19 歲中進士，48 歲入閣，花了 29 年；

　　費宏，18 歲中進士，43 歲入閣，花了 25 年；

　　楊一清，18 歲中進士，61 歲入閣，花了 43 年；

　　蔣冕，24 歲中進士，53 歲入閣，花了 29 年；

　　毛紀，24 歲中進士，54 歲入閣，花了 30 年。

　　洪早清，《明代閣臣群體研究》（湖北：華中師範大學，2012）。這些數字由洪早清此書後表中推算出，書中並沒有提到朝代間閣臣從考中進士到入閣的時間比較。

〔註 58〕沈德符，《萬曆野獲編》卷四，頁 113，「藩國隨封官」條。

〔註 59〕沈德符，《萬曆野獲編》卷十七，頁 447～448，「兵事驟遷」條。

加贈從一品太子太保。

朝廷中的驟貴之風不只影響到士大夫，連尋常百姓也想跟上此風，尤其是搭上議禮之事，例如嘉靖皇帝父親興獻王的王墳顯陵之事。為了成全世宗自己的孝心，世宗父親興獻王的稱號一路向上升格，其王墳也於嘉靖三年，更名為顯陵，並下令依皇帝規格重新修建。朝廷禮制上稱號或儀式更動，或許平民百姓未必有直接感受，但若牽涉到大型工程與大量人力資源，就不只會影響到士大夫，自然牽扯到平民百姓，而其中機敏的投機者則能嗅出如何撈點好處。〔註60〕

世宗以藩王龍飛踐祚，本身也是一個驟貴的例子，其特別喜愛不次用人的心理，或許其來有自。然而若是寵臣因此氣焰過盛，為了平衡朝中氣氛，嘉靖皇帝又會使出分而治之的手段，所以便會出現「為了控制張璁而提拔夏言，為了控制夏言而重用嚴嵩，為了控制嚴嵩而信用徐階」的情況。〔註61〕皇帝憑著政局變化與自身利益，破格用人，但卻又用人反覆，實際上是間接地變相鼓勵官員之間互相爭鬥，且又因太常打破常規，朝班次序大亂，敬長尊賢之風不再，於是如沈德符所言「後輩侮前輩」的情況便越來越常發生：

> 嘉靖間，上不次用人，朝士多驟貴，往往凌前輩，每出其上。如初元時，張璁劾楊廷和得志，既而與楊一清、費宏輩同事，又百端侮之，使不安其位。然張恃聖眷深重，雖屢斥而仍屢召，不及禍也。繼之者為夏貴溪，與嚴分宜同里也，夏舉丁丑科驟貴；嚴為乙丑科，相去十二年，而官每躡其後。夏作意狼藉之，嚴偽為遜讓，而夏不悟，卒為所陷，死西市。至甲寅、乙卯間，王思質（王忬）用禦虜功驟貴，以右都御史兼兵侍，督薊遼時，唐荊川（唐順之）從田間，起以職方郎中閱視各邊，與王亦同吳人也，唐舉己丑科，王辛丑科，相去亦十二年；王位已重，視唐為堂屬，唐自以前輩威名，新被簡用，公卿俱下之，恚王之簡倨，復命疏內，譏其一卒不練，致觸聖怒，不免極典。是雖介溪之險，荊川之褊，然二公亦自取之。〔註62〕

沈德符舉了三個後輩侮前輩的例子，一是張璁，作為後科晚輩，對正德舊臣公開排擠與陷害；二是夏言和嚴嵩，兩人同鄉，嚴嵩雖比夏言早四科考上，但因

〔註60〕沈德符，《萬曆野獲編》補遺卷一，頁796，「大峪山用舍」條。
〔註61〕洪早清，《明代閣臣群體研究》，頁187。
〔註62〕沈德符，《萬曆野獲編》補遺卷二，頁843，「後輩侮前輩」條。

丁憂歸里。因為夏言早先入閣，嚴嵩對其稱「先達」，夏言雖援引嚴嵩，但視其私黨，「以門客畜之」，埋下兩人日後衝突引線。〔註63〕三是王忬（1507～1560）和唐順之（1507～1560）的例子，儘管他們同歲，但唐順之早王忬四科考上，因此算是前輩。唐順之考中進士時，雖然選中庶吉士，但正巧碰到張璁掌權，打算改革翰林，將庶吉士外放。張璁欣賞唐順之，僅留他於翰林，但他堅決推辭，最後稱病歸里。嘉靖十二年（1533），世宗詔選朝臣選翰林來校對歷朝實錄，於是唐順之改任編修，歷春坊司諫。嘉靖十九年因論東宮事被罷黜，直到嘉靖三十六年同年趙文華接掌平倭兵事，推薦唐順之，便一路從正六品南京兵部主事，不出三年，驟升正四品右僉都御史。然而當時王忬早在嘉靖二十九年庚戌之變時於通州立功，驟升僉都御史。因此，唐順之還未升至僉都御史前，王忬「位已重，視唐為堂屬」，唐順之心中不滿，積久生怨，於是在回報軍情的奏疏中便說王忬沒在練兵，導致王忬最後走上死刑之路。

　　皇帝與新貴們想要改變與整頓國家的官員素質，但卻也同時使用分而治之的手段來分化之間，鼓勵小臣攻擊不如己意的大臣，又隨己意破格簡用，無法公允且厚道地處理大臣間的不合，犧牲了朝班官序，使得官場倫理日漸失控。初入仕途之人，若急著想立功升遷，希冀驟貴，很容易就會流於躁進無禮，望風行事。若風向正好，則順風卜爬；若錯估風向，付出的代價，小則削職籍沒，大則人頭落下。

三、建言出名與爭則名高

　　楊繼盛於嘉靖三十一年（1552）曾在江蘇丹陽拜訪過唐順之。當時正是楊繼盛由貶轉陞，意氣風發時。從楊繼盛《年譜》中記述其當年陞遷的時序來看，兩人見面應是當年夏天，楊繼盛陞至南京戶部雲南司主事時。唐順之知兵的形象與學識雖聞名天下，然而當時並未身居要職。兩人見面的契因，或許是因楊繼盛以諫阻馬市疏被貶獲得諫名，予人一種略懂兵事的豪傑印象，也因此自認「荷國厚恩」希望能捨身圖報的楊繼盛，便趁北上時尋訪知兵名士，於是有了拜訪唐順之之行。從唐順之的記述中，提到了楊繼盛莽直豪氣的性格，以及當時連連陞遷的勢頭下，不免顯露出得意自滿、躁進立功的姿態：

　　　　執事豪傑士也，忘身許國不回不撓，使滿世間脂韋涊忍全軀保祿之

〔註63〕張廷玉等奉敕撰，《明史》，收入《二十五史》卷196，〈夏言列傳〉，頁26b，
　　　　新編頁碼2119。

士，聞風縮頸羞愧不暇。執事之志則然，而才足濟之。自丹陽奉晤，
令人嘆羨不已，然竊有少致愛助於執事著，頗覺慷慨激發之氣太勝，
而含蓄沉幾之力或不及焉。施為欲似千鈞弩，磨礪當如百鍊金，願
益留意，則不朽之業終當在執事。夫直前太銳，近於用壯；取必太
過，近於浚恒，在易固有戒矣。惟幾也能通天下之志，惟深也能成
天下之務。自古欲成務而或僨焉者，未必盡是庸人，或豪傑與有責
焉耳。僕少頗負意氣，屏廢以來，槁形灰心之餘，化為繞指柔焉矣。
以此自量，乃欲以此量豪傑，固知必且為笑，然以敬慕執事之至也，
故不敢不盡其愚。〔註64〕

唐順之寫給楊繼盛的信中，先是稱讚楊繼盛諫阻馬市事時「忘身許國」，與他
當面見過之後，更是讚嘆楊繼盛渾身帶有豪傑義士氣質。〔註65〕面對楊繼盛的
請益，唐順之客氣地提供一小建議，便是他觀察到楊繼盛的氣盛躁進，認為他
應該要培養一些「含蓄沉幾之力」。身為前輩，唐順之用了易經中「浚恒」的
典故啟發他：做事不要想一蹴可幾，欲速則不達，應該要循序漸進，才是真正
達到恒久之道。所以「惟幾也能通天下之志，惟深也能成天下之務」，只要耐
心磨礪，終有一天能夠功成名就。那些想要有所成就，但卻遇到挫折失敗的人，
不全然都是平庸之人，其中豪傑之人所在多有。最後，唐順之以自己的例子，
提到他過去仕途上因為「頗負意氣」，做事強求，不願妥協（指張璁與東宮兩事），
所以遭受罷黜。然「槁形灰心之餘，化為繞指柔」，經過了這些人生不如意，
也將這些意氣轉化成了個性上的柔軟圓融。

　　雖然唐順之以過來人經驗，勸戒楊繼盛行事不要急躁，然而他自己卻也確
實是因當年的躁進諫言開始立身揚名。

　　沈德符在《萬曆野獲編》裡有條標題為〈翰林建言知名〉的短文中，提到
了三個不同時期，三組翰林以建言成名的例子：

　　詞林職在論思諷議，若面折廷諍，非其事也。惟成化初年，以上元

〔註64〕唐順之，馬美信、黃毅點校，〈與楊蕉山〉，《唐順之集》（杭州：浙江古籍，
　　　　2014）卷六，頁267。楊繼盛有一詩題為〈題焦山絕頂〉，詩旁附註：「容城楊
　　　　子椒山訪唐子荊川到此，因山名與己號音相同也，遂書而題之。時嘉靖壬子
　　　　（1552）冬日。」由此推之，唐順之或出自幽默或記錯，將寫信對象寫成了「楊
　　　　蕉山」。

〔註65〕鄭曉之子鄭履淳曾提過小時候見過楊繼盛，猶記其「脩幹偉貌，音如洪鐘，望
　　　　而知其非常人也」。鄭履淳，〈椒山楊公手書跋〉，收入黃宗羲，《明文海》（臺
　　　　北：臺灣商務，出版年不詳）卷三百二，序九十三，〈雜序〉，頁1b。

宮中放燈事，編修章懋、黃仲昭，檢討莊錄，合疏力諫，俱謫外，
時人名為「翰林三諫」。按上元鰲山，本祖宗故事，且兩宮在養，理
宜娛侍，初非主上過舉，此疏似屬可已。至嘉靖初年，山西僉事前
給事中史道，疏論元轉楊廷和漏綱元凶；御史曹嘉，品第朝臣五十
人，列為四等，擅定去留；給事中閻閎，又劾楊以救史，遂與曹俱
貶外。時人呼為「翰林三傑」。蓋三人俱丁丑科庶吉士，初求留為史
官，廷和不許，以是切齒恨之。時御史鄭袞駁史曰：「廷和撥亂返正，
足稱救時宰相，道指為元惡，且先揚聲，邀人浼止，及補外而始發
之，其心跡詭秘可見。」給事安磐駁曹曰：「本朝解縉，以一人而議
眾人，皆承君命品藻。未有無上命，而舉朝縉紳得恣其口吻者。」
二疏皆公論也。至嘉靖十九年，上偶疾不視朝，東宮官贊善羅洪先、
司諫唐順之、校書趙時春，以上免朝頗頻，各疏請來歲元日，太子
出御文華殿，受文武及朝覲官朝賀。上震怒曰：「朕宮中靜理，猶視
庶事。今氣體未復，豈可不自愛！東宮目上視未愈，安得行步？朕
疾未全平，遂欲儲貳臨朝，是必君父不能起者。」由是三人俱斥為
民。是時上方靜攝，而東宮病更亟，上特旨停今年行刑，為太子祈
安，布告天下。豈宜復請臨朝，且睿齡亦止五歲耳。此等建白，直
以唐順宗、宋光宗待主上矣。使在末年，必遭郭希顏之禍。蓋三公
忠於國，而不暇計其言之可行否也。時人高之，又呼為「翰林三直」
云。以上詞臣，皆以抗疏顯名，史道輩不足言，若章楓山與羅念庵
等諸君子，亦未有肯綮。〔註66〕

第一個是成化時的「翰林三諫」，三諫為：章懋（1437～1522）、黃仲昭（1435～
1508）與莊泳（1437～1499）。三人為同年，同選為庶吉士，一同入翰林後隔年，
憲宗依故事，想在上元節時於鰲山張燈結彩，並命翰林撰鰲山煙火詩詞。上元
節是從朱元璋時就大行舉辦、與民同樂的節慶，甚至「大弛夜禁」十日，《成
祖實錄》也記載上元景象之熱鬧：「永樂十年元宵節，賜群臣宴，縱觀鰲山三
日。戶部尚書夏原吉侍母來觀，上聞之賜鈔二百錠。」又有：「永樂十二年元
宵節夜，上御午門觀燈，宴群臣進詩，命翰林第高下，賜鈔有差。」

　　但當時剛入翰林的三人，面對上司交代功課，卻另有一番想法，他們合疏
上言諫道：

〔註66〕沈德符，《萬曆野獲編》卷十，頁260～261，「翰林建言知名」條。

……。臣等又嘗伏讀宣宗章皇帝御製《翰林院箴》有曰：「啟沃之言，惟義與仁。堯、舜之道，鄒、孟以陳。」若今煙火之舉，恐非堯舜之道。煙火之詩，恐非仁義之言。臣等知陛下之心，即祖宗之心。故不敢不以是妄陳於陛下之前。且知其不可，猶順而為之，是不忠也。知不可為，而不以實聞，是不直也。不忠不直，臣罪大矣。……則凡侈靡之色，皆抵隙而進矣。人心愈危，則道心愈微矣。天理人欲，不容並立。若曰上元之樂，乃微事耳；煙火之舉，乃細故耳，此不足為聖明之累。是殆不然，書曰：「不矜細行，終累大德。」又曰：「不役耳目，百度惟貞。」……不可以微事細故而不之謹也。……臣等伏願陛下寬斧金戊之誅、採蒭蕘之語、將此煙火等事，一槩禁止，不使接於耳目，而移此視聽，為文王之視民如傷，為大舜之聞善若決江河。省此冗費以活流離困苦之民，賞征伐勞役之士則干戈可息，災旱可消，百姓可以富庶，四夷可以賓服，億千萬年享太平無強之休。則陛下之所以奉養兩宮者其孝，豈有大於此哉。陛下深思而力行之，不以臣言為沽矯，不以臣等為迂闊，使天下後世知大聖人之作為。出於尋常萬萬，是非臣等之幸，實宗社生靈之大幸也。〔註67〕

將元宵燈火比作「侈靡之色」，而這「侈靡之色」將「終累大德」，認為禁元宵燈火可以節欲節財，為德為民，可以息干戈、消災旱，「百姓可以富庶，四夷可以賓服，億千萬年享太平無強之休。」憲宗對此這種「沽矯」和「迂闊」的言論，非常不悅，認為：

元宵張燈，儒臣應制撰詩，歷代有之。祖宗以來，不廢此典。朕今視舊減省，止存其概，以奉兩宮聖母，豈至妨政害民？懋等不通典故，妄言譏議，難居文翰之職。〔註68〕

於是廷杖三人，並予以貶官。

章懋被貶到臨武作知縣，還未出發，給事中毛弘等人便上疏論救，於是改南京大理左評事。從編修貶到評事，雖品級不變，但留都畢竟並非權力核心，

〔註67〕章懋等，〈諫元宵燈火疏〉，收入陳子龍等編，《皇明經世文編》卷九十五，頁833。

〔註68〕劉吉等撰，《明憲宗實錄》卷四十九，「成化三年十二月辛丑」條，頁4，新編頁碼999。

算是降格。過三年，章懋陞正五品福建僉事，頗有政績，年四十一時致仕，「四方學士大夫高其風，稱為『楓山先生』」。黃仲昭則是謫至湘潭做知縣，一樣被論救，同改為南京大理評事。跟章懋一樣，從編修貶到評事，品級不變。後來黃仲昭逢丁憂不出，直到弘治改元，御史姜洪薦任，陞江西提學僉事，人稱「未軒先生」。莊昶則是謫至桂陽州做判官，同樣受論救，改南京行人司副。從檢討貶到司副，品級不變。跟黃仲昭一樣遭逢丁憂，於是不復出，深居讀書，學者稱「定山先生」。弘治七年奉詔復以行人司副，不久遷南京吏部郎中。

沈德符對此「翰林三諫」事，下如此評語：「按上元鰲山，本祖宗故事，且兩宮在養，理宜娛侍，初非主上過舉，此疏似屬可已。」清代紀曉嵐論及章懋，認為此諫「未免矯激太過」，且「考元夕張燈，未為失德，詞臣賡韻，亦有前規。」〔註69〕憲宗按照節慶傳統張燈結彩，眾臣同樂，且兩宮尚在，並沒有理由節哀而禁止節慶活動，所以並非「主上過舉」，做了過分之事，然卻被小臣們說成是為了「侈靡之色」鋪張的「失德」行為，實在冤枉。

第二個例子是嘉靖初年的「翰林三傑」。這三人是：史道（1485～1554）、曹嘉（1493～卒年不詳）和閻閎（生卒年不詳）。這三個人同年，說他們為翰林，是因當初他們皆被選為庶吉士，然而散館後未能留在翰林，且因「初求留為史官，廷和不許，以是切齒恨之。」於是史道在嘉靖元年時彈劾楊廷和，說他是漏網元惡。支持楊廷和的御史鄭袞便反過來批評史道曰：「廷和撥亂返正，足稱救時宰相，道指為元惡，且先揚聲，邀人浼止，及補外而始發之，其心跡詭秘可見。」

史道為正德時二年進士，選庶吉士，散館後選兵部給事中。任官科道，前途理當似錦，然而三年考滿後，史道卻被外放到山西做僉事。史道彈劾楊廷和時說道，過去在諫垣時，便聽人說楊廷和是「漏網元惡」，然「草劾欲上，為廷和所覺，亟出臣外任」。將自己的外任，歸因於意圖揭發首輔之惡，然實則是挾怨報復，所以鄭袞才會說史道「及補外而始發之，其心跡詭秘可見」。徐學謨（1521～1593）更是認為史道是「私揣廷和議禮於上心不合，欲藉此以傾排之為已進用地耳」。〔註70〕

反被人彈劾的史道，下詔獄後貶謫至南陽府任通判。緊接著，他的同年曹

〔註69〕紀曉嵐，《四庫全書總目提要》（臺北：臺灣商務，1968）集部，卷 171，頁 69，新編頁碼 3637。
〔註70〕徐學謨，《世廟識餘錄》卷一，頁 20。

嘉，當時身為御史，便上〈持公論破私黨以定國是〉疏，彈劾那些反擊史道之人，指責他們結黨亂政，並在疏中「品第朝臣五十人，列為四等，擅定去留」。〔註71〕當時有個給事中安磐（1479～1538）反駁曹嘉，說：「本朝解縉，以一人而議眾人，皆承君命品藻。未有無上命，而舉朝縉紳得恣其口吻者。」批評曹嘉並無君命，哪來的身分對朝臣品評且論言去留。陳洪謨（1474～1555）在《繼世紀聞》中，便記述此事道：

> 給事中於桂及御史曹嘉相繼劾廷和、彭澤結黨亂政，扶同奏啟。南北科道官亦交章論劾澤沮塞言路，由是謫曹嘉外知縣，於桂亦升淮安知府。廷和屢疏乞休，吏科都給事中楊一渶上言：「廷和孤忠，時望所屬，而史道開誣訕之源，於桂則導其流，曹嘉則揚其波。奏乞暴白是非，懇留以慰中外之望。」朝廷降旨是其說，慰安廷和，令速起視事。給事中閻閎平日與曹嘉、史道議論相合，欲攻擊內閣。給事中毛玉、御史劉廷簋遂劾史道、曹嘉、閻閎危疑忠良，變亂國事。由是史道再謫陝西金縣縣丞，曹嘉四川茂州判官，閻閎已升僉事，復降雲南蒙自縣丞。給事中孟奇、御史吳鎧等十九人相繼論救不得。〔註72〕

繼「史道開誣訕之源，於桂則導其流，曹嘉則揚其波」，還有「給事中閻閎平日與曹嘉、史道議論相合」，繼續上疏論救，後來這三人皆因此被貶。雖然被貶，卻因此獲得「翰林三傑」的美稱。

　　批評曹嘉的安磐，後來於嘉靖六年左順門事件時，被廷杖削籍，歸家後沒多久就病死。後人將他與其他同鄉（四川嘉定）因諫言獲罪的三人，程啟充（正德三年進士，生卒年不詳）、徐文華（正德三年進士，生卒年不詳）與彭汝實（1481～1540）稱為「嘉定四諫」。〔註73〕

　　第三個例子則是在嘉靖十九年的「翰林三直」。嘉靖皇帝病弱，常常因病罷朝，當時東宮官署贊善羅洪先（1504～1564）、司諫唐順之、校書趙時春（1509～1567）便聯名上〈早定東宮朝賀禮制以慰群情疏東宮朝賀〉疏，以嘉靖皇帝免朝太過頻繁，為了讓天下臣民心安，請早定東宮朝賀禮制，並於即將到來的

〔註71〕沈德符，《萬曆野獲編》卷十，頁261，「翰林建言知名」條。
〔註72〕陳洪謨，《繼世紀聞》（臺北：藝文印書館，1966）卷六，頁10，新編頁碼170。
〔註73〕張廷玉等奉敕撰，《明史》，收入《二十五史》卷208，〈彭汝實列傳〉，頁29a，新編頁碼2265。

元旦，上文華殿接受百官朝賀：

> 臣聞古者豫建太子，所以重宗社也。太子既立，則有臨蒞之位，有
> 朝會之儀，所以萃人心，昭軌度也。伏惟陛下聖謨獨運，深惟宗社
> 根本之重早正東宮儲貳之位，以繫宇內之心者。……臣愚伏願陛
> 下，俯覽萬物作睹之誠，大昭育震重暉之盛特敕各該衙門凡東宮朝
> 賀，一應儀注，早為詳訂。鑾輿麾仗，一應法物，早為擇補，務求
> 忠謹端亮以專羽翼，而資保護。儀物既修，官聯既備，及茲正陽履
> 端之辰，蒼龍應律之候，群臣請奉天殿朝賀禮成，即詣文華殿，朝
> 賀皇太子，則離明之照，成於兩作，前星之耀，增光紫極，而內外
> 官僚之眾，四夷朝貢之臣，咸於快睹爭覲之餘，興起其愛戴趨附之
> 忱，各思恪其乃職，以對揚聖天子貽謀燕翼之休命者，又自茲益篤
> 矣。〔註74〕

嘉靖皇帝自幼病弱，自踐祚後政務繁忙，天天於昧爽時早朝，又夜夜燃燈批奏，身體漸感不堪。嘉靖六年，楊一清看出世宗的疲憊，上疏說道「今陛下當於昧爽以前視朝，或設燭以登寶位，雖大風寒無間，是固圖勵精圖治之心」，然卻因此過勞而漸生病態，於是楊一清建議「於新歲履端更始之前，仿古禮而行命鴻臚寺官，傳示內外，每以日出為度，或遇大風寒日暫免。」〔註75〕嘉靖皇帝對楊一清的體貼建議相當感動，直言道：「真師保愛君至意」，並提到他的自我要求是為了「邇來內外百官，偷閑意惰，不能勤事，故朕以身先之庶足以警化云。」〔註76〕

　　儘管表明自己勤政是為了作百官表率，但嘉靖皇帝確實身體狀況越來越差，罷朝情況漸趨頻繁。然而不上朝，不代表不處理政事。嘉靖皇帝對於朝政的嚴密掌握，可以從奏疏批改的認真程度管窺出，甚至是嘉靖晚期徐階任首輔時，也依然如此。范守己（1548～卒年不詳）便曾記述道：

> 臣於徐少師階處，蕭捧讀世廟論札及改定旨草，云人嘗謂輔臣擬旨，
> 幾於擅國柄，乃大不然。見其所擬，帝一一省覽竄定，有不留數字
> 者。雖全當帝心，亦必更易數字示明斷；有不符意，則駁使再擬，

〔註74〕唐順之等，〈早定東宮朝賀禮制以慰群情疏東宮朝賀〉，收入陳子龍等編，《皇明經世文編》卷二百五十九，頁3735。
〔註75〕張居正等撰，《明世宗實錄》卷八十三，頁十八，新編頁碼1886。
〔註76〕張居正等撰，《明世宗實錄》卷八十三，頁十八，新編頁碼1886。

> 再不符意，則譙讓隨之矣。故閣臣無不惴惴懼者。〔註77〕

正因為如此，嘉靖皇帝對於「翰林三直」如此無禮，直言說是自己不勤勉上朝，因此百官不安，於是提出太子元旦御朝，以安人心的要求，實在是令人憤怒。嘉靖皇帝大怒說：「朕宮中靜理，猶視庶事。今氣體未復，豈可不自愛！東宮目上視未愈，安得行步？朕疾未全平，遂欲儲貳臨朝，是必君父不能起者」。〔註78〕當時嘉靖皇帝剛病癒，雖不上朝，但政事不輟。而文中所指的東宮，為嘉靖皇帝次子，嘉靖十二年長子朱載基出生兩個月夭折。次子朱載壑（1536～1549），前年（嘉靖十八年）才剛被封為太子，與三子裕王、四子景王同日併封。

於是新任東宮宮僚羅洪先、唐順之與趙時春被削籍為民，然也獲得了「翰林三直」的美名。沈德符認為，「翰林三直」獲取直名的背後，反映出的是這些諫臣如何不曉事體輕重，過於矯激沽名，不近人情。沈德符說：

> 是時上方靜攝，而東宮病更亟，上特旨停今年行刑，為太子祈安，布告天下。豈宜復請臨朝，且睿齡亦止五歲耳。此等建白，直以唐順宗、宋光宗待主上矣。使在末年，必遭郭希顏之禍。蓋三公忠於國，而不暇計其言之可行否也。時人高之，又呼為「翰林三直」云。以上詞臣，皆以抗疏顯名，史道輩不足言，若章楓山與羅念庵等諸君子，亦未有肯綮。〔註79〕

不只嘉靖皇帝剛病癒微恙，當時東宮也正患病，嘉靖皇帝為了祈福，還降旨停刑。且不論身體狀況，論年紀，東宮才五歲便要取代嘉靖皇帝，臨朝監國，其心何在？沈德符說這「翰林三直」，真是「直以唐順宗、宋光宗待主上」。唐順宗作了二十六年太子，登位後推行革新，然在位不到一年便患疾，不能視事，被迫禪位給太子。宋光宗則是受制於善妒的李后，漸生心病，無法處理家國事，最後也同樣被迫內禪給太子。趙翼（1727～1814）說：「光宗雖云內禪，其實廢也。」把嘉靖皇帝當作像是唐順宗和宋光宗一樣無能君主，因此提出太子御朝的要求，不就暗示嘉靖皇帝有病，「君父不能起」，於是意圖廢君內禪嗎？難怪沈德符說，如果這件事情發生在嘉靖晚期，以嘉靖皇帝晚年個性更加冷酷的心理狀態下，應該下場會跟上言建儲的郭希顏（1509～1560）一樣被受斬，並傳

〔註77〕談遷，張宗祥校點，《國榷》（北京：中華書局，1958）卷六十四，頁4037。嘉靖四十五年十二月辛丑，「范守己曰」。

〔註78〕沈德符，《萬曆野獲編》卷十，頁261，「翰林建言知名」條。

〔註79〕沈德符，《萬曆野獲編》卷十，頁261，「翰林建言知名」條。

首天下以示眾。〔註80〕郭希顏因為大計考察被削籍，閑住十幾年，有天「見景王裕王並處京師，外議紛紜」，〔註81〕於是便上言論儲。焦竑（1540～1620）便言郭希顏是「久廢，欲釣奇取顯位。」〔註82〕

　　沈德符對「翰林三直」的評語還算客氣，說「三公忠於國，而不暇計其言之可行否也。」認為「翰林三直」是出於忠心，希望能朝中有主，而忽略了建言內容是否得體或合理。然而建言內容得不得體，或合不合理，或許正是他們不在乎的，因為建言獲罪這件事本身，便讓「時人高之」，給了他們「翰林三直」的美名。

　　而對於這三組建言知名的翰林，沈德符下了總評，說道：「以上詞臣，皆以抗疏顯名，史道輩不足言，若章楓山與羅念庵等諸君子，亦未有肯綮。」嘉靖初年，史道這組「翰林三傑」挾私抱怨而彈劾，是昭然皆知的事實，其實沒什麼值得讚賞的。然而章懋和羅洪先的彈劾，若說他們的諫言是否真有對朝政有幫助，其實也未必。他們的「抗疏顯名」，從朝政大局著眼的話，名實並不相符。

　　然而「爭則名高」的例子，往後仍層出不窮，如沈鍊（1497～1557）、沈束（1514～1581）、趙錦（1516～1591）、徐學詩（生年不詳～1567）這四人皆紹興人，因為都彈劾嚴嵩而得禍，因此時人給他們「越中四諫」的稱號。〔註83〕楊繼盛有個同拜韓邦奇為師的師兄楊爵（1493～1549），因諍諫嘉靖皇帝而下詔獄，有了諫名。嘉靖28年（1549）楊爵去世時，楊繼盛為他寫了篇祭文，並提到人們將他和楊爵並稱為「韓門二楊」。〔註84〕當時楊繼盛還未以諫阻馬市出名，然而仍可由此看出楊繼盛藉由「韓門二楊」一詞與楊爵自我比附，傳達出他對於「忠諫」作為一種形象元素以及象徵資本的認同與期許。〔註85〕

〔註80〕范守己，《皇明肅皇外史》（臺南：莊嚴文化，1996）卷四十，頁1，新編頁碼228。
〔註81〕陳建撰，高汝栻訂，吳楨增刪，《皇明法傳錄嘉隆紀》（上海：上海古籍，1997），卷五，頁11b，新編頁碼581，收入《續修四庫全書》史部357冊，據浙江圖書館藏明崇禎九年刻本影印。
〔註82〕焦竑，《玉堂叢語》卷八，頁286。
〔註83〕黃景昉，《國史唯疑》（臺北：正中，1982）卷七，頁439。
〔註84〕楊繼盛，〈祭楊斛山文〉，《楊椒山集校注》，頁78。
〔註85〕有關楊繼盛與楊爵的討論，請參考拙文：曹依婷，〈明代廷杖文化的身體暴力與榮譽：以楊繼盛為例〉，《史原》（臺北，2016.9），復刊第七期（總28期），頁25～27。

邱仲麟曾討論到嘉靖萬曆年間「奏牘如訟」，急於成名的現象。〔註86〕文中以方弘靜（1516～1611）為核心，記述朝中論政，有所謂「出馬鎗」之說：

> 近之善仕者，始為駭世之舉，小枉而大直，乃以出馬鎗為喻。此豈事君之禮耶？夫沽名賣直之譏，自昔有之，然君子不欲於無過中求過也。而曰出馬鎗，是相率而為偽爾矣，其何以觀之哉？必也聽其言而察其行。今仕者有先後著之論，謂先立異以取名，後尚同以合世，一諤諤而百昏昏也，此六國策士之下者，乃傳布尺牘以為美談，彼志士也而聞此，寧不洗其耳哉？〔註87〕

為了能夠於日漸僧多粥少的官場上立足，〔註88〕論政諫言變成為求表現的政治作秀，得像出馬鎗一樣，一則必須標新立異，再來又必須領先風潮，這樣才能左右言論，主導清議，儘管是「相率而為偽爾」，只要其他人一同造謠，「一諤諤而百昏昏」，就算被人指責其言論行為有失禮或誤解之處，然而「小枉而大直」，只要如耍馬槍一樣出奇制勝，一槍便能因首攻而成名。而對這些急於成名，妄圖驟貴的小臣們來說，除了皇帝之外，「端揆之地遂為抨擊之叢」。〔註89〕

楊繼盛攻擊嚴嵩的動機，雖不全然符合方弘靜所批評的那些萬曆初年「出馬鎗」的狀況，只純為政治作秀與出名賣直。然而如上文所提沈德符所列的那些「抗疏顯名」者，可以看出臣子上奏諫言漸漸不再重視嚴謹莊重，奏疏用詞失禮、論述偏頗不實、過於激矯無理、或公報私仇的情況在萬曆之前已越發常見。

而從楊繼盛的攻擊策略來看，他有意強調其他人「止皆言嵩貪污之小而未

〔註86〕邱仲麟，〈金錢、慾望與世道——方弘靜論嘉萬之間的社會風氣變遷〉，《東吳歷史學報》（臺北，2012.12），第28期，頁60～61。

〔註87〕方弘靜，《千一錄》（上海：上海古籍，1997）卷十四，〈客談二〉，頁313～314。邱仲麟，〈金錢、慾望與世道——方弘靜論嘉萬之間的社會風氣變遷〉，《東吳歷史學報》，第28期，頁61。

〔註88〕有關明代中葉官場職位漸漸僧多粥少的現象，請見：錢茂偉，《國家、科舉與社會——以明代為中心的考察》（北京：北京圖書館，2004），頁68～85。錢茂偉提到為了減少官員數量，主要有四種方式：一是裁減監生，而這最早在宣德初年已施行；二是控制進士錄取額；三是讓新科進士歸鄉進學；四是「記名放回」，於吏部登錄，待缺額另補。

〔註89〕張廷玉等奉敕撰，《明史》，收入《二十五史》，卷230，〈贊〉，頁19a，新編頁碼2520。〈贊〉曰：明至中葉以後，建言者分曹為朋，率視閣臣為進退。依阿取寵則與之比，反是則爭。比者不容於清議，而爭則名高。故其時端揆之地，遂為抨擊之叢，而國是淆矣。雖然，所言之是非，閣臣之賢否，黑白判然，固非私怨惡之所得而加，亦非可盡委之沽直好事，謂人言之不足恤也。

嘗發嵩僭竊之罪」，將自己與他人做出區隔，以顯示其策略之獨到，意圖出奇制勝。又言「嵩握重權，諸臣順從」，且「內外彌縫周密」，於是「臣若不言，又再有誰人敢言乎？」標榜自己的敢言，同時又有意對比出「眾人之不敢言」。實際上嚴嵩任內二十年間，不下二十人前仆後繼地，從貪汙、擅權、徇私等各方面罪行彈劾他，然而最終僅有楊繼盛和沈鍊兩人被斬殺，與其所言「眾人之不敢言」傳達出的高壓戒慎政治氛圍，實有些距離。〔註90〕然而在楊繼盛定義的「情境」之中，人人畏懼嚴嵩而不敢言，而自己則成為了「履危冒險，功難去之臣」的敢言小臣。〔註91〕

小臣們急著表現，躁進諫言，其實已造成朝政問題。然而在重視清議以及講究道德名聲的種種風氣鼓勵下，士人們以越來越極端的道德標準批評時政並且互相標榜，如此賣直沽名的例子層出不窮。

或許當時唐順之看到楊繼盛因連連陞遷，流露出得意自滿、躁進立功的姿態，回想到自身過往經驗，心有戚戚焉，於是「以此自量，乃欲以此量豪傑」，勸導他「惟幾也能通天下之志，惟深也能成天下之務」，要多培養一些「含蓄沉幾之力」，不要躁進行事。〔註92〕

不只唐順之觀察出楊繼盛有如此毛病。鄭曉之子鄭履準記述道，楊繼盛當年也登門拜訪老師鄭曉，其應召北上時，鄭曉特意叮嚀他說：「俟時而動，無蹈前車」，也是出於同樣的觀察與關心。〔註93〕由此，對於楊繼盛彈劾嚴嵩的動機與其如何定義「情境」的分析，不能忽略他的個性本身以及所屬時代氛圍兩者的相互加乘作用。

四、小結

本章第一部份談及楊繼盛於〈請誅賊臣疏〉中如何定義情境，將自己放在初入仕途「孤寒進士」的「小臣」角色位置上，揭發「內賊」首輔嚴嵩之「僭竊之罪」，以嘉靖皇帝身邊皆「賊嵩」的人，且其他大臣們，如自己的老師徐階，「為嵩積威所劫」，所以「臣若不言，又再有誰人敢言乎？」於是為了回報皇帝再生之恩，楊繼盛決定挺身諫言。

〔註90〕閻興棟，〈歷史書寫與忠臣崇拜：以嘉靖忠臣楊繼盛為個案〉，頁15。
〔註91〕楊繼盛，〈請誅賊臣疏〉，《楊椒山集校注》，頁19～21。
〔註92〕唐順之，馬美信、黃毅點校，〈與楊蕉山〉，《唐順之集》卷六，頁267。
〔註93〕鄭履準，〈椒山楊公手書跋〉，收入黃宗羲，《明文海》卷三百二，序九十三，〈雜序〉，頁2a。

　　若把視線焦點從楊繼盛奏疏中所形容的「賊臣」嚴嵩身上，拉到說話者即楊繼盛身上，我們將會看到一個急著想證明自己是忠誠、狂直、敢言、不怕死、不愛錢的「正人君子」。換句話說，對楊繼盛來說，跟證實嚴嵩之惡同等重要的，是標榜自身之「正」。此時，比起楊繼盛本身到底是怎樣的人更重要的，是他希望他人看到怎樣的「楊繼盛」。

　　楊繼盛因〈請罷馬市疏〉貶謫狄道，已第一次展示出自己的敢言與「預言」準確。上〈請罷馬市疏〉下獄貶謫，是楊繼盛在仕途上，予人敢言的第一印象，而〈請誅賊臣疏〉便是試圖向他人強化此第一印象的再次展演。官場上的「楊繼盛印象」，與上一章所談《自書年譜》中的「楊繼盛印象」，皆是楊繼盛試圖對自我形象的控制與其實現。

　　然而楊繼盛一方面強調自身此次陞職全由聖恩，一方面一再指責嚴嵩侵占與操弄人事任命之權的同時，卻沒意識到這兩者其實在從官員任用原則來看，皆非常規。而這種「反常」，並非如楊繼盛所言，是因嚴嵩為輔臣才開始，而必須從明代政治局勢變化的演變說起。

　　朱元璋罷相，但政務所需，設置大學士輔政，並日後漸漸形成一沒有法定地位的常設機構，即內閣。內閣因三楊而權重，使內閣的發展進入一個新的階段。而內閣首輔慣例的形成，則是從天順時李賢開始。及至嘉靖朝「大禮議」之後，最為得君的張璁於嘉靖九年開始擔任首輔時，所擁有的權限最為擴大。而楊繼盛〈請誅賊臣疏〉中所批評嚴嵩在人事任用權上的專政，正是「大禮議」之後，張璁進行的新政改革下，強化了皇權與內閣作為一個行政組織的權力所產生的。

　　在「大禮議」之前，沒有一個政治事件像這樣，由皇帝主導對整個朝廷要職進行人事大換血。嘉靖皇帝從「大禮議」學習到了以破格簡用與朝位整肅的方式，對朝臣「分而治之」，從中得以順遂其願的政治手腕。嘉靖皇帝一邊棒子，一邊胡蘿蔔的策略下，「驟貴」對汲汲營營於仕途的人來說，無疑是致命的吸引力。「驟貴」現象影響到的，不只是內閣，連跟軍務有關的職位，也因明中葉後「南倭北虜」的國防問題加溫，也多有超擢案例。甚至是尋常百姓，也嗅出「大禮議」後的朝政驟貴風氣，想攀緣議禮，發一筆橫財。

　　「驟貴」風氣影響士人們朝政上的心態，加上嘉靖皇帝鼓勵官員之間互相爭鬥，且太常打破常規，朝班次序大亂，敬長尊賢之風不再，官場倫理日漸失控。初入仕途之人，若急著想立功陞遷，希冀驟貴，很容易就會流於躁進無禮，

望風行事。

　　正因為如此，應以此特定的「驟貴」風氣時空脈絡，重新思考明中葉後，何以朝中出現如此眾多的諫臣與忠臣，有所謂「三諫」、「三傑」或「三直」等這種互相標榜，品藻並予以稱號的現象。如沈德符所言，其中這些「抗疏顯名」諫臣們，其諫言內容實則「未有肯綮」，對國家朝政無實質幫助，然而卻因諫言獲罪這件事本身，「時人高之」，獲得美名。論政諫言漸漸變成為一場場的政治作秀，要標新立異，又要左右清議。在這種「驟貴」風氣下，對這些急於成名的小臣們來說，除了皇帝之外，「端揆之地遂為抨擊之叢」。〔註94〕

　　於此，將楊繼盛的〈請誅賊臣疏〉放到以上情境脈絡中，從而得以理解楊繼盛為何在這麼短的時間內，接連地諫言與彈劾大臣，又如此刻意在其奏疏中呈現與經營自我形象，如同他在《自書年譜》中的自我書寫與自我展演。楊繼盛活在「大禮議」後官場倫理失序、崇尚「驟貴」與鼓勵以諫言獲取美名的時代風氣下，他本身的性格與鼓勵敢言的整體環境兩相刺激下所表現出的「忠君」行為，值得重新思考。

　　下一章，回到《自書年譜》對楊繼盛的生平敘事分析，並集中在其 35 歲後「楊繼盛印象」之形塑，以及其後與王世貞等文人網絡的互動中，如何促成其「忠臣楊繼盛彈劾奸臣嚴嵩而受害致死」此「情境定義」的實現。

〔註94〕張廷玉等奉敕撰，《明史》，收入《二十五史》，卷230，〈贊〉，頁 19a，新編頁碼 2520。

第四章　第三幕：成為忠臣與其劇班

　　本文第二章中，分析楊繼盛《自書年譜》自述其出生到讀書，考中進士並初授南京吏部驗封主事，為官三年考滿返家種種的生命經驗。本章則接續其敘事，從他返家後談起，並接著討論楊繼盛上呈〈請誅賊臣疏〉的前後過程，以及其《年譜》中對於下獄到朝審等記述之分析。

　　第二章我們看到的是《自書年譜》中，於家於私作為一個理想士人的「楊繼盛印象」，第三章則是看到〈請誅賊臣疏〉中，政治上作為一理想士大夫的「楊繼盛印象」，兩者皆是楊繼盛試圖對自我形象的控制與有意識的展演，其「情境定義」逐漸以此促成。而本章第一節與第二節將更細緻地分析楊繼盛在以〈請罷馬市疏〉與〈請誅賊臣疏〉作為營造「楊繼盛印象」的舞台前後，有何落差，並進一步探索此「情境定義」，即一個於公於私皆符合理想的「楊繼盛印象」如何實現，及對其實現背後的「劇班」協作的現象觀察。〔註1〕

　　如高夫曼所言：「一個參與者做出的情境定義，是多個參與者密切合作時表現出並維持著總體情境定義的部分」。〔註2〕為了維持某一特定「情境定義」的穩定性，而互相合作以獲得共同利益的一群個體，則成為一「劇班」。〔註3〕本章第三節以王世貞為中心，進一步探析「楊繼盛印象」製造過程中，促成「忠

〔註1〕高夫曼（Erving Goffman），徐江敏等譯，《日常生活中的自我表演》（*The Presentation of Self in Everyday Life*），頁85～113，第二章。

〔註2〕高夫曼（Erving Goffman），徐江敏等譯，《日常生活中的自我表演》（*The Presentation of Self in Everyday Life*），頁85。

〔註3〕高夫曼（Erving Goffman），徐江敏等譯，《日常生活中的自我表演》（*The Presentation of Self in Everyday Life*），頁112～113。

臣楊繼盛彈劾奸臣嚴嵩而受害致死」此「情境定義」中，是否有「劇班」的形成？若有，其意義為何？

一、從〈請罷馬市疏〉到「一歲四遷」

承續第二章末，楊繼盛考滿後返鄉，順道去泰山一游後回到保定家中。因為叔叔治喪與未能攢錢返鄉二事，惹得兄長不快，對比記述南京為官生活與泰山一遊時的自信口吻，在「家」的場域裡，作為家庭內一份子的楊繼盛，明顯字句間透漏出處處受制於人的苦悶。

然而這段強調自己孝敬尊長及為官守份而剩無餘錢資助家裡二事，與下一段安排次男婚事時，以「彼富而我貧，門戶不相對，素不甚相厚，心志不相孚」拒絕顯宦求親，皆再再呼應楊繼盛不斷強調自身清廉守己的自我形象。最後楊繼盛選擇與幼時同窗，「心志與己同」的李鶴峰結親。〔註4〕

家事妥當之後，楊繼盛隨即入京，到吏部投文，順利地陞遷至兵部車駕司員外。〔註5〕楊繼盛自言：「予雖不才，然素妄以天下事為己任。況此時虜患最急，又官居兵部，志欲身親兵事，掃除胡虜」。〔註6〕楊繼盛對前年庚戌之變仍記憶猶新，儘管當時人在南京，卻為此「冠髮上指，肝腸寸裂，恨不能身生兩翼飛至都下」。〔註7〕當時南京議論紛紛，何遷等人還建議楊繼盛北上勤王。

正因此，楊繼盛對於此時任職兵部，有著「雪城下凌辱之恥」「以全國威」的期待，然而「一入部之後，見其上下所行，俱支吾常套，不得著實幹事」，大失所望。〔註8〕另一方面，和南京的悠閒官宦生活相比，楊繼盛覺得北京兵部的工作環境「真若曰天堂而墮於地獄，由仙侶而降為眾生。寅入酉出，日幹瑣事，回思南都，不覺痛哭流涕。」〔註9〕天天應對行政文書細瑣之事，楊繼

〔註4〕楊繼盛，〈自書年譜〉，手稿，1553～1555。今見：高朝英、張金棟，〈楊繼盛《自書年譜》卷考略（上）〉，《文物春秋》，第2期，頁68。

〔註5〕車駕司是明朝才開始設置的兵部官職，主要職掌儀仗、禁衛、驛傳、廄馬等事宜。楊繼盛雖官居兵部，自言「志欲身親兵事」，然就車駕司的工作實質內容，應離「騎馬打仗」差距甚遠。

〔註6〕楊繼盛，〈自書年譜〉，手稿，1553～1555。今見：高朝英、張金棟，〈楊繼盛《自書年譜》卷考略（上）〉，《文物春秋》，第2期，頁68。

〔註7〕楊繼盛，〈自書年譜〉，手稿，1553～1555。今見：高朝英、張金棟，〈楊繼盛《自書年譜》卷考略（上）〉，《文物春秋》，第2期，頁68。

〔註8〕楊繼盛，〈自書年譜〉，手稿，1553～1555。今見：高朝英、張金棟，〈楊繼盛《自書年譜》卷考略（上）〉，《文物春秋》，第2期，頁68。

〔註9〕楊繼盛，李洪程校注，〈與少司寇吉陽何公書〉，《楊椒山集校注》，頁56。

盛原先對於身居兵部，可以上戰場騎馬打仗的想像完全幻滅。

　　楊繼盛寫給何遷的信中，可以看出他上〈請罷馬市疏〉時的心情與想法：

　　　　得敕命後，即告病山居，涵養數年，然後出而幹事，此弟定志也。不意方投文書，即有此轉，聞命驚惶，若有所失，以未成之學，疏直之性，進則有敗壞之凶，退則有避事之罪，天不成就，用之太早，幾非在我，奈之何哉！

　　　　連日與一一相知講求出處之道，議論紛紜，莫知折衷，請為吾兄陳之。

　　　　或告弟曰：「方今之世，和光同塵，可以免禍。以子所為，禍定不免。與其得罪於人，陰受不測之禍，孰若出位建白，直言時弊。死則為鐵脊之鬼，生則為田野之人，以圖不朽，以求不忝所生，不亦可乎？」此一說也。

　　　　或告之曰：「天下之事尚有可為，與其愚直以取重禍，莫若上疏自獻，收豪傑，募死士，行邊疆，圖方略，相機審勢，與虜決一死戰，以報蒼生殺擄之讎，以雪朝廷城下之恥，不亦可乎？」此一說也。

　　　　或告之曰：「位卑而言高，罪也，力小而任重，僕也。莫若盡其見在之職，不為出位之思，俟權到手，得行其志，然後斬奸賊之首，梟胡虜之頭，不亦可乎？」此又一說也。

　　　　即此三說，證諸本體，莫知取捨，學問至此，莫知究竟，萬望尋便速賜指教，以為弟行止依歸，甚幸甚幸！〔註10〕

楊繼盛信中提到，考滿入京之前他原有「告病山居，涵養數年，然後出而幹事」的打算，然而獲知陞遷至兵部時，他潛養的念頭全然打消。

　　雖然楊繼盛日後在《年譜》上說，在兵部的工作「支吾常套，不得著實幹事」，然而寫給何遷的信中，有些故作姿態地寫道自己這麼快就陞到兵部，彷彿是上天給予他立下戰功的機會，然而「進則有敗壞之凶，退則有避事之罪，天不成就，用之太早，幾非在我」。將自己官居兵部之事，講述得如同「天將降大任」，自己則義不容辭，應擔負重任。雖說兵部車駕司員外郎是個不大不小的官，然而非「騎馬打仗」之職，但楊繼盛依然非常看重此次陞遷至兵部的機會，期望有所作為，立下戰功，於是他天天與朋友討論「出處

　　　　────────────────
〔註10〕楊繼盛，李洪程校注，〈與少司寇吉陽何公書〉，《楊椒山集校注》，頁55～56。

之道」。〔註11〕其中，有人建議他大膽建言，直言時弊；有人建議他毛遂自薦，建立武功；有人建議他韜光養晦，明哲保身。〔註12〕

從這些人的回答，如「以子所為，禍定不免」和「位卑而言高」等內容可看出，楊繼盛的〈請罷馬市疏〉在上疏前，早已於同僚間傳閱，並相互討論。然而，就如同楊繼盛寫給何遷的信末說道：「萬望尋便速賜指教，以為弟行止依歸，甚幸甚幸」，他一方面表達惶恐，向人請教；然而另一方面，其實心有定見，早已決定越職諫言。從信末所押日期，可看出楊繼盛寫信與上疏為同一時間。〔註13〕楊繼盛似乎有急求表現之嫌，或許當時楊繼盛立功的預期心理大於惹禍。且就算惹禍，若能「出位建白，直言時弊。死則為鐵脊之鬼，生則為田野之人，以圖不朽，以求不忝所生」，確實是他所期望的。〔註14〕

楊繼盛在〈請罷馬市疏〉中的主戰姿態，顯露出他對於明代中葉後國力衰弱的事實，認知不夠。而他以漢族為中心、認為「虜素賓服」的僵化華夷觀，也反映出他對明朝週邊的情勢變化也不夠務實。〔註15〕然而姑且不論楊繼盛在邊防政務上的不成熟，單就比較楊繼盛的〈請罷馬市疏〉及《年譜》中提及〈請罷馬市疏〉的部分，便會發現兩者書寫內容不同。

〈請罷馬市疏〉中，楊繼盛列出開馬市之「十不可五謬」說：一不可忘天下之大仇、二不可失天下之信義、三不可損國家之重威、四不可隳豪傑效用之志、五不可懈天下修武之心、六不可開邊方通虜之門、七則不可起百姓不靖之漸、八不可長胡虜輕中國之心、九不可墮胡虜狡詐之計、十則中國之財與胡虜之馬兩不可相繼。〔註16〕五謬則為：一謬為開馬市暫為羈縻、二謬為買馬亦為

〔註11〕《易經》中有句：「君子之道，或出或處，或默或語。」「出」指的是出世，而「處」指的是隱退。在此可以理解成，楊繼盛向朋友們尋求在兵部工作上的建議，是要積極表現，做一番大事；還是謹言慎行，明哲保身。南懷瑾，《易經繫傳別講》（臺北：南懷瑾文化，2014），頁 144。

〔註12〕楊繼盛，李洪程校注，〈與少司寇吉陽何公書〉，《楊椒山集校注》，頁 55。

〔註13〕此封信〈與少司寇吉陽何公書〉，標註日期為：季春望日生盛頓首覆。可知是三月十五日時寫的。比對《明世宗實錄》卷三百七十一，書中標誌楊繼盛上〈請罷馬市疏〉的時間為「嘉靖三十年三月癸卯」，頁 6629。由此可知，楊繼盛回信與上疏為同日，可見楊繼盛根本並未收到何遷的回覆之前，便迫不及待地上疏了。

〔註14〕楊繼盛，李洪程校注，〈與少司寇吉陽何公書〉，《楊椒山集校注》，頁 55。

〔註15〕楊繼盛，李洪程校注，〈請罷馬市疏〉，《楊椒山集校注》，頁 2。

〔註16〕Hammond 並沒有直接翻譯楊繼盛的〈請罷馬市疏〉原文，而是翻自《明史》中〈楊繼盛列傳〉。而〈楊繼盛列傳〉內容，又是參考谷應泰的《明史紀事本末》。

征虜之計、三謬為許貢說、四謬為虜不失信、五謬為佳兵不祥。〔註17〕

然而《年譜》上對其〈請罷馬市疏〉的紀要，卻是：

> 謹條陳開市五事：一欲俺答愛子入質；二欲盡還擄去人口；三欲別
> 部落入寇，俱在俺答承管；四欲平其馬價，分為三等；五欲整兵，
> 以備戰和並用。〔註18〕

楊繼盛在《年譜》中所列有關〈請罷馬市疏〉的建議五事，與他當年上的〈請罷馬市疏〉內容，明顯完全不同。在《年譜》中所列〈請罷馬市疏〉的建議五事，顯然較具謀略且更務實。而〈請罷馬市疏〉雖然洋洋灑灑，相當有情緒感染力，然作為政策建議，卻顯得意氣用事，格局太小，且甚至有些浮誇，如同宣傳口號。或許是經過了兩年的反省與學習，楊繼盛對開馬市事有新的理解和想法，然而卻在撰寫《年譜》陳述此事時，直接修改其所建議事項。

或許將楊繼盛《年譜》中如何記述後續所召開的廷議情況，與《世宗實錄》中對此廷議的記述進行比較，可以看出楊繼盛「修正記憶」的動機。楊繼盛《年譜》中的記述提到：

Hammond 的第五點翻譯：

5. To send top commanders to border garrisons to talk of peace, **with fancy clothes and elaborate banquets**, while ignoring the basic conditions of military preparedness, this is the fifth thing which cannot be.

楊繼盛的第五點原文如下：

自去歲大變之後，天下頗講武事，雖童子儒生亦知習兵。此機既動，兵將日強。今馬市一開，則舉相謂曰：「中國夷狄已和，天下已無事矣，將焉用武哉？」有邊鎮之責者，日弛其封守之防；無兵戎之寄者，益惰其偷安之氣矣。廢弛既久，一旦有急何以整頓？此懈天下修武之心，五不可也。」

谷應泰的第五點版本：

庚戌之變，頗講兵事，無故言和，使邊鎮**美衣婾食**而自肆，懈天下飭武之志，其不可五。

楊繼盛原文中毫無提到「美衣婾食」，且又和他詮釋楊繼盛的婚姻選擇一樣，以「仇富」心理解讀，以致分析有誤，他說：

…in item five he expresses an aversion to fancy clothes and banquets which echoes his antipathy to the wealthy families who had sought him out on matrimonial grounds.

Kenneth J. Hammond, *Pepper Mountain: The Life, Death and Posthumous Career of Yang Jisheng*, p.21～23.；楊繼盛，李洪程校注，〈請罷馬市疏〉，《楊椒山集校注》，頁 3；谷應泰，《明史紀事本末》（臺北：華世書局，1976）卷六十，頁 639。

〔註17〕楊繼盛，李洪程校注，〈請罷馬市疏〉，《楊椒山集校注》，頁 2～9。

〔註18〕楊繼盛，〈自書年譜〉，手稿，1553～1555。今見：高朝英、張金棟，〈楊繼盛《自書年譜》卷考略（上）〉，《文物春秋》，第 2 期，頁 68。

適一同僚見之，乃報堂上趙守樸知之。守樸曰：「若此疏，則馬市決不可開矣。」乃別遣張主政。才行，予遂上〈阻馬市之疏〉，皇上連三閱，乃曰：「繼盛之言是也。」乃下閣臣票。閣臣聞上意，旨票語甚溫。而咸寧侯仇鸞有揭帖進，皇上乃下八臣會議。八臣者：大學士嚴嵩、李本，禮部尚書徐師階，兵部尚書趙錦，侍郎張時徹、聶豹、成國公朱希忠並仇鸞也。此時鸞之寵勢甚盛，而諸老亦無有實心幹天下之事者，皆欲苟安目前，共以為馬市必可開。〔註19〕

趙守樸，即兵部尚書趙錦（生卒年不詳，正德十二年進士）。從楊繼盛的敘述來看，顯然他是受到主管支持，於是上呈奏疏，皇帝也表示認同，下令召開廷議討論，然而最終結果仍是「諸老亦無有實心幹天下之事者，皆欲苟安目前，共以為馬市必可開」。

然而從《世宗實錄》中的記述看起來，楊繼盛的角色形象在其中過程中，顯然不如他的自我記述中的「正氣凜然」：

上謂此事邊臣奏已久矣，又集廷臣議，繼盛胡不盡言，及遣使已行，乃肆瀆奏，沮撓邊機，搖惑人心。……大學士嚴嵩言伏蒙聖諭，以兵部員外郎楊繼盛言不可開馬市者，臣等欽遵，即速在直三臣，併兵部臣錦、臣豹、臣時徹等到直會計。臣錦曰：「先年胡虜求貢，當事之臣未能委曲善取，致賊借口侵寇數年，今復以貢與馬市為言，本部會廷臣集議，暫塞其欲，以為豕戰守備設之計，已蒙皇上允行，大臣昨已出關，若復中止，恐啟釁端。」豹曰：「繼盛今日來見，道其上疏。」臣豹曰：「此舉本借為羈縻之術以脩我備，非恃此以為久安，依爾罷開馬市且倉卒有侵犯，作何方略應之？」繼盛語塞。臣時徹曰：「胡虜逆天犯順，孰不欲聲罪致討，但兵食未充，因其悔罪通款，暫為羈縻之術，今若中止，非惟事體不一，抑恐變生不虞。」臣希忠、階曰：「開市原未嘗忘武備，業已差官，無庸別議。」臣鸞曰：「議起於鸞，行止我不敢言。諸臣之議如此，臣等議得朝廷舉措關係匪輕，目今虜使使質留在堡，大臣已去在途，委難中止。」〔註20〕

從《世宗實錄》的版本看起來，主管趙錦沒有站在支持的立場，而嘉靖皇帝也

〔註19〕楊繼盛，〈自書年譜〉，手稿，1553～1555。今見：高朝英、張金棟，〈楊繼盛《自書年譜》卷考略（上）〉，《文物春秋》，第2期，頁68。

〔註20〕張居正等修，《明世宗實錄》，卷三百七十一，頁6633。

沒有表示認同，甚至認為楊繼盛事後放炮，「沮撓邊機，搖惑人心」。不過或許楊繼盛「搖惑」的人不只是其他官員，還有嘉靖皇帝。嘉靖皇帝看過楊繼盛的奏疏後，下令大臣們再次召開廷議，討論開馬市是否勢在必行。

在《世宗實錄》中的這場廷議記述中，全然不見嚴嵩的發言，反倒是對於聶豹的提問，楊繼盛招架不住，當眾啞口無言。聶豹還有其他大臣，包含他的老師徐階，皆強調當前政策並非如楊繼盛奏疏上所提，因開馬市而疏忽軍備，且鑑於目前國力與糧食不足的情況下，若中途毀約，恐怕後果不堪設想。

由此來看，楊繼盛在《年譜》中提及〈請罷馬市疏〉的改寫內容其行為之背後動機，或許正是為了掩蓋自己的挫敗表現。楊繼盛這種改寫行為，可從兩個面向來看：一是楊繼盛曾說其《年譜》的書寫目的是「以為後日墓志之用」，而《年譜》作為後人撰寫墓志的材料，楊繼盛有意挑選甚至修改這些材料，以符合他期望被看到的自我形象；〔註21〕二是楊繼盛對「改寫」行為並不遮掩，日後以其《年譜》為藍本改寫其墓誌銘的徐階及改寫成其行狀的王世貞，皆未點出兩者敘述上的差異，或許也反映出對於類似文類如年譜、行狀、墓誌銘等傳記書寫中普遍諛頌不真的現象，時人早已司空見慣。〔註22〕

才上任一個月，楊繼盛便因上〈請罷馬市疏〉下詔獄，貶至狄道當典史。然而讓楊繼盛痛心的，不只是仕途上的挫敗，還有家中兄長的冷言冷語。楊繼盛記述當時下獄時，有人勸他哥哥去探望，然而哥哥卻說：「待打死後，車載來家看罷。」又有人勸說送些盤纏，哥哥也不留情面地說：「人家做官掙錢，他做官惹禍，便餓死從他。」〔註23〕

楊繼盛手無餘錢，自忖「往臨洮約五千里，顧（雇）車及盤費約得銀五六十兩」，且「人見其降官，又不肯借貸」，心裡發慌。適時親戚來訪，說：「終不然不赴謫所乎？公之家產有分也，可將地一頃當典與富家，回家看令兄如何處？」楊繼盛「遂從之」，並安慰自己「是雖迫於甚不得已而用權」。果不其然，

〔註21〕楊繼盛，〈自書年譜〉，手稿，1553～1555。今見：高朝英、張金棟，〈楊繼盛《自書年譜》卷考略（上）〉，《文物春秋》，第 2 期，頁 70。

〔註22〕邱仲麟，〈金錢、慾望與世道──方弘靜論嘉萬之間的社會風氣變遷〉，《東吳歷史學報》，第 28 期，頁 73～81。見有關「文字的市場化」與「剽竊與倩買著作」部分。

〔註23〕楊繼盛，〈自書年譜〉，手稿，1553～1555。今見：高朝英、張金棟，〈楊繼盛《自書年譜》卷考略（上）〉，《文物春秋》，第 2 期，頁 68。

兄長發現祖產被典賣後非常生氣，「視之如草芥，惡之若寇仇，日佯亂罵」，楊繼盛乾脆避居寺廟，兄弟兩人決議分家。哥哥把楊繼盛賣出的部分就當是楊繼盛的分產，其他則分給自己，並一再索討典地餘銀，楊繼盛只好苦求說：「若此，則弟同妻子俱乞食之臨洮矣。」〔註24〕

哥哥對楊繼盛「恨入骨髓」。臨行前，

> 率三任趕予奔趨於房上，兄及任磚石如雨，予自房跳下奔逃矣。二子
> 在屋內炕上，兄從窗內打數磚，俱不中，二子幸無恙。兄知予逃，乃
> 率三任將車上行李用刀斫碎，復乘馬提刀趕予，幸馬蹶而止。〔註25〕

楊繼盛對這段記憶記述如此詳細，足見其心中的怨忿。從南京返家、上疏遭貶、到兄弟反目，釀至家變，一連串衰事發生在短短不到半年的時間。楊繼盛回憶這段往事時，忍不住寫到：「家庭之變極矣，予所遭之窮何如哉！」〔註26〕

然而，或許對更多人來說，比起被貶官，楊繼盛變賣家產更是罪不可赦。且這段家變書寫，直書兄弟反目以及兄長惡行，與重視家庭人倫關係的儒家理想相去甚遠，實有損其形象。於是這段約五百字，為籌盤纏而典賣家產，最後被兄長追殺之家變記述，在後代子孫決定要刊行《年譜》時被視為家醜一樁，而被刪除。

花了約兩個月，楊繼盛一家抵達狄道。當地官員早收到有個因諫言被貶的官員即將到來的消息，因此保持觀望，不願親近。楊繼盛則說自己行為「如初選之典史」，極為低調謙卑，數日後同僚放下戒備，並說「初以為先生難處」。楊繼盛則回道：「素位而行，君子之常。居官如戲場，時上時下，吾惟守分而已。」〔註27〕

儘管楊繼盛自言自己如「初選之典史」，且又言「吾惟守分而已」，雖被降為典史，然而「兵部員外郎諫言受罪」的身分背景，並沒有因此被旁人忽略，上司與同僚們仍不敢怠慢或任意指使，於是楊繼盛在狄道任官前期，「多靜坐，不理縣事」，而上司也「不忍以瑣事相干」。直到楊繼盛自請說：「日食俸，通

〔註24〕楊繼盛，〈自書年譜〉，手稿，1553～1555。今見：高朝英、張金棟，〈楊繼盛《自書年譜》卷考略（上）〉，《文物春秋》，第 2 期，頁 68。

〔註25〕楊繼盛，〈自書年譜〉，手稿，1553～1555。今見：高朝英、張金棟，〈楊繼盛《自書年譜》卷考略（上）〉，《文物春秋》，第 2 期，頁 68。

〔註26〕楊繼盛，〈自書年譜〉，手稿，1553～1555。今見：高朝英、張金棟，〈楊繼盛《自書年譜》卷考略（上）〉，《文物春秋》，第 2 期，頁 68。

〔註27〕楊繼盛，〈自書年譜〉，手稿，1553～1555。今見：高朝英、張金棟，〈楊繼盛《自書年譜》卷考略（上）〉，《文物春秋》，第 2 期，頁 68。

不管事，甚是不安。凡有事可以代勞者，望不吝差委」，於是上司才敢交代事情。〔註28〕

　　政事之外，楊繼盛受到何遷與當時講論風氣的影響，也在狄道聚眾講論，並以學生贄禮和典史薪俸蓋一書院。講論之外，楊繼盛也推行「撫番教化」，於當地寺廟設學，「募番、漢童生讀書者百餘人」。三個月後，「各生俱知揖讓、敬長上，出入循禮」，甚至「其各父兄亦因而知道禮，棄番教，舉忻忻然，相謂曰：『楊公來何遲也。』」〔註29〕楊繼盛自言其推行儒教的成效，或許誇言多過於實況，然而確實可以看見楊繼盛努力在狄道有所作為，又如其後開採煤山、疏通水利、清算收糧、設置學田、禁官吏減價買褐（一種染料）以興民利等等。

　　嘉靖三十一年（1552）四月，在狄道任職不過十個月，楊繼盛收到任山東諸城知縣的陞遷通報。楊繼盛於《年譜》中寫道：「諸城濱海，民多強悍，俗尚誇詐。予治事不數口而豪強斂手，盜賊屏跡，民皆守法，吏不敢奸。」〔註30〕然而實際上，楊繼盛七月十二日上任，八月初一便又收到南京戶部雲南司主事的陞任通報，十月初六離開諸城前往南京，並無太多時間深入了解當地情況。

　　十月，人剛到南京，又收到北京刑部湖廣司員外郎的陞遷通報。動身往北走，沒多久又收到改調兵部武選司。跟兩年前他吏部主事考滿時一樣，楊繼盛原先計畫告病不出。然而也跟上次一樣，當他發現所遷部門為兵部時，楊繼盛便無法抗拒立下戎馬武功的誘惑。

二、〈請誅賊臣疏〉的幕後

　　第三章第一節已交代過楊繼盛的〈請誅賊臣疏〉的內容。這一節要討論的是其上呈〈請誅賊臣疏〉的前後過程。

　　陳智超曾考證〈請誅賊臣疏〉稿本，認定目前藏於哈佛燕京圖書館的文件是初稿，而收於河北省文物保護中心的文件則為定本，並於其研究中梳理初稿

〔註28〕楊繼盛，〈自書年譜〉，手稿，1553～1555。今見：高朝英、張金棟，〈楊繼盛《自書年譜》卷考略（上）〉，《文物春秋》，第2期，頁68。

〔註29〕楊繼盛，〈自書年譜〉，手稿，1553～1555。今見：高朝英、張金棟，〈楊繼盛《自書年譜》卷考略（上）〉，《文物春秋》，第2期，頁69。

〔註30〕楊繼盛，〈自書年譜〉，手稿，1553～1555。今見：高朝英、張金棟，〈楊繼盛《自書年譜》卷考略（上）〉，《文物春秋》，第2期，頁69。

和定本的時間差，以及主要增改差異處。〔註31〕基於陳智超的研究，以下針對〈請誅賊臣疏〉的改稿時間以及兩處主要增修，進一步再深入討論。

首先是改稿時間。陳智超以楊繼盛《年譜》中寫道：「思起南都日食之變之議，遂欲因元旦日食之變奏劾大學士嚴嵩」。但是卻在「初二日齎至端門，方欲進，聞拿內靈台官，知本意不合，即趨出」。靈台官屬欽天監，是掌天象的單位。楊繼盛上奏之前，想先專業諮詢，卻發現當時大雪遮蓋日食，反而成了值得慶賀之事。於是楊繼盛「逐日怏怏，故有做稿，齋戒沐浴三日，至十八（日）本上」。〔註32〕由此推斷，楊繼盛改稿時間是嘉靖三十二年（1553）一月初二到十八號之間。

而兩個值得再思考的定稿增修處，其一是增加了有關徐階的一段話：

> 噫！嵩握重權，諸臣順從固不足怪，而大學士徐階負天下之重望，荷皇上之知遇，宜深抵力排，為天下除賊可也。乃畏嵩之巧足以肆其謗，懼嵩之毒足以害其身，寧鬱怏終日，凡事惟聽命於嵩，不敢持正少抗，是雖為嵩積威所劫，然於皇上亦不可謂之不負也！階為次輔，畏嵩之威，亦不足怪，以皇上聰明剛斷，雖逆鸞隱惡無不悉知，乃一向含容於嵩之顯惡，固若不能知，亦若不能去，蓋不過欲全大臣之體面，姑優容之以待彼之自壞耳。〔註33〕

楊繼盛於定本增加這段有關徐階的段落，論其動機，陳智超認為有兩種可能的方向：一是受了徐階主使或暗示；二是為了保護老師。〔註34〕

而另外須再討論的定稿增修處，則是於疏末增加的「群臣於嵩畏威懷恩，固不必問也。皇上或問二王，令其面陳嵩惡；或詢諸閣臣，諭以勿畏嵩威」這段話。〔註35〕楊繼盛正是因為這句「或問二王」惹禍上身，最後判決他「詐傳親王令旨」，處以死刑。

陳智超認為徐階個性謹慎，再加上楊繼盛與徐階為師生關係，容易被牽扯進來，應該不會給出如此冒險的建議。

那麼，那年一月初二到十八號那幾天發生了什麼事？為何楊繼盛改稿時，

〔註31〕陳智超，〈楊繼盛《請誅嚴嵩疏》稿本考〉，《紫禁城》，第 8 期（北京，2007），頁 50～63。

〔註32〕楊繼盛，〈自書年譜〉，手稿，1553～1555。今見：高朝英、張金棟，〈楊繼盛《自書年譜》卷考略（上）〉，《文物春秋》，第 2 期，頁 70。

〔註33〕楊繼盛，李洪程校注，〈請誅賊臣疏〉，《楊椒山集校注》，頁 21。

〔註34〕陳智超，〈楊繼盛《請誅嚴嵩疏》稿本考〉，《紫禁城》，第 8 期，頁 62～63。

〔註35〕楊繼盛，李洪程校注，〈請誅賊臣疏〉，《楊椒山集校注》，頁 21～22。

增加了這些內容？

　　若留意二月時楊繼盛寄給鄭曉的一封信，可從中找出一絲線索，看出其中關聯：

　　　　別後，一路日食奏稿成，日夜奔趨，至京師十八日到任。日食
　　　　次日齎本至端門，聞挐內靈臺，打一百，知題目不合，即趨出。連
　　　　日快快。至十八日，故又有此奏二王事，本後原有一段，大意謂賊
　　　　臣之得專權，皆原於皇上父子之不相見。後俱削去，止存此二句，
　　　　猶有此禍。打後，兩腿出血膿四五十碗，內潰幾見骨。今幸將平復，
　　　　逐日心亦坦然，略無懼憬意。

　　　　南都之事，主張贊成，專望老先生，言不盡意，統惟鑒諒。初
　　　　會湖翁，有欲老先生還朝之意，並報。

　　　　二月十一日繼盛頓首具。〔註36〕

這封信寫在楊繼盛受杖約兩週後，信裡首先交代了自己上奏前改稿的過程，並言及因增添的段落涉及二王而受杖下獄等情況。值得留意的是，信末楊繼盛忽提及「初會湖翁，有欲老先生還朝之意」官場消息一事。

　　誰是湖翁？正是徐階。〔註37〕「初會湖翁」的「初」，可以指一月初，即陳智超所言初二到十八號之間的改稿時間，也可以指寫信給鄭曉時的二月初。然而二月初，正是楊繼盛入獄且傷勢最糟的時候。〔註38〕姑且不論身體狀況，

〔註36〕楊繼盛，李洪程校注，〈致鄭淡泉〉，《楊椒山集校注》，頁70。

〔註37〕楊繼盛這裡的「湖翁」有兩個人選，一是徐階（號少湖），一是張治（號龍湖），然而張治已於1550年去世，此時（1553）只有徐階為「湖翁」之唯一人選。

〔註38〕楊繼盛於《年譜》中有關劾嵩下獄後的記事，不是以年為單位，而是隔一段日子便記錄杖後身體觀察、獄中狀況與所聽聞的朝中狀況。楊繼盛記錄自己二月初的狀況如下：

二月初七八，右腿已長肉，左腿皮未割去，遂潰腫如小甕，毒氣上攻，口舌生瘡，不能飲食，勢已危矣。夜夢三金衣人，領一青衣童子，小盒內捧藥一丸，遂以湯親灌入，覺則口舌不痛，可吃飲食。又想赴（起）以礶瓦尖打之，連數十下，不見膿血。予曰：「此瘡潰已深，非瓦尖所能到也。」遂以小刀，先用針線將腿皮穿透提起，乃將刀刺入約一寸深，周圍割一孔如錢大，膿血流出，方予割肉時，獄卒持燈手顫至將墜地，乃曰：關公割骨療毒猶藉於人，不似老爺自割者。當時約四五碗，其內毒始脫矣。日每以布數十片拭腿，每布約二尺，每日此布輪用，膿可濕兩次，每日則膿可流二三碗矣。自初瘡至愈，膿豈止六七〔十〕碗而已哉。

楊繼盛，〈自書年譜〉，手稿，1553～1555。今見：高朝英、張金棟，〈楊繼盛《自書年譜》卷考略（上）〉，頁71。

當時對楊繼盛的監管特別嚴格，最有可能被懷疑為主使者的徐階，不太可能此時入監探視，徒增疑竇。

於此，可以證實楊繼盛在一月初二到十八號之間見過徐階，如此便可進一步理解何以其定本增加了有關徐階以及二王的內容。然而此證據並非直接證明徐階確實指使楊繼盛，而是證明了某程度來說，楊繼盛改稿的動機與增加的內容確實是因為見過徐階之後才產生，尤其是定本加入的「或問二王」那段。

身為禮部尚書的徐階，早在嘉靖二十八年上〈請冊立東宮疏〉，並接續四年間，再上〈再請冊立東宮疏〉、〈三請冊立東宮疏〉、〈四請冊立東宮疏〉、〈五請冊立東宮疏〉一共連上五疏，請求建儲，〔註39〕然而世宗堅持禮制上應「二王同體」，徐階認為必須先立東宮，以示身分區隔，於是僵持不下。從楊繼盛疏中「召問二王」之說，造成建儲議題變得更加敏感及危險來看，這或許不會是徐階想要的結果。

當學生楊繼盛乘著陞官勢頭回到北京，前往拜訪去年剛入閣的老師徐階暢談國家大事時，或許提及了徐階連上五疏請立太子之事。幼時曾因「父妾專權」而導致家庭破碎的楊繼盛，朝著「賊臣之得專權，皆原於皇上父子之不相見」的方向去聯想的可能性相當高。〔註40〕楊繼盛在《年譜》中，寫到自己受刑時，刑訊者問到為何提到二王時，他說：

> 奸臣之誤國，雖能欺皇上，必不能欺二王。蓋二王年幼，且未冊封，奸賊必不提防避忌，譬如人家有家人作弊者，家長雖不知，而家長之子未必不知也。滿朝皆嵩之奸黨，孰敢言彼之過。皇上常不與二王相見，此奸賊所以敢放肆無忌，然止能瞞皇上一人，二王固知之真矣。至親莫若父子，皇上若問二王，必肯言彼之過也。

或許楊繼盛的「召問二王」說的靈感來源，是出自於自身的原生家庭經驗，加上「狂直之性，生於天而不可變」的性格，「言雖蹉誤，心實無他」。〔註41〕然

〔註39〕徐階，《世經堂集》（臺南：莊嚴文化，1997）卷六，頁1～5，新編頁碼456～458。

〔註40〕楊繼盛，李洪程校注，〈致鄭淡泉〉，《楊椒山集校注》，頁70。

〔註41〕楊繼盛，李洪程校注，〈請誅賊臣疏〉，《楊椒山集校注》，頁21；黃景昉，《國史唯疑》，卷七，頁440：刑部郎史朝賓，力爭不能得，自署疏末云：「楊某言雖蹉心誤心，實無他。惟復陛下憐其狂愚，謫發遠戍，以全好生之德。」坐降三級，調外。

而這種「若問二王，必肯言彼之過」的天真想法以及急求表現的行為，在政治上實在行不通，相當危險且魯莽。

　　嘉靖皇帝第一個兒子出生兩個月即夭折，次子於嘉靖十八年（1539）封為太子，然而十四歲便薨逝。莊敬太子的驟逝，影響嘉靖皇帝再立太子的心情，此後便以「兩立太子皆不利」的理由，拖延不立太子。且又有道士陶仲文提「二龍不相見」之說，影射嘉靖皇帝若想保存太子，則必須兩不相見。遲遲未立太子的情況下，三子裕王（即後來承繼帝位的明穆宗）與四子景王並留京邸，然誰也都無法覲見父王。楊繼盛的「或問二王」，正是犯此大忌。〔註42〕

　　何喬遠（1558～1632）在其私史《名山藏》中，提到徐階曾在楊繼盛入獄時找過陸炳（1510～1560）。陸炳是嘉靖皇帝極為信任的錦衣衛都指揮使，曾於宮中失火時救駕。徐階對掌管詔獄的陸炳說：「君慎之，一及皇子，無如宗社何？」陸炳聽懂徐階的暗示，轉告嚴嵩說：「上僅二王，事實必不以兩子謝，公即有所罪，亦二王之左右，公則奈何顯結宮邸怨也？」嚴嵩聽了「慳然，乃寢」。〔註43〕嚴嵩聽出其言下之意，若事情鬧大，牽拖二王，不只是粗心小臣楊繼盛一條小命就賠得起，恐怕會引起政治風暴。許多大臣，當然也包括嚴嵩，也會因「亦二王之左右」遭殃波及。於是嚴嵩決定將大事化小，儘管最終得賠上楊繼盛一條命。這段軼事或許不一定是史實，然而仍可從其敘述看出，小心應對皇儲議題是共識也是常識。這些大臣面對皇子議題，表面說關乎宗社，實則是為自身未來利益與安危著想。且就當時情勢來看，二王皆都是未來國君人選，無論如何都得罪不起。

　　從政治權屬來看，立儲本屬皇權內務問題，儘管朝臣以「國本」視之，然而一般來說，只有少數重臣有資格參與立儲的討論。嘉靖二十八年（1549）莊敬太子逝世後，徐階身為禮部尚書，一再請立太子，也算是盡其職責，所以嘉靖皇帝並不深究其動機。然而嘉靖皇帝只同意「二王同體」，堅持兩位親王地位相同，儀禮規格也應一致。嘉靖三十一年（1552）年初，二王終究仍依「二王同體」原則，同日舉行冠婚禮。

　　然而儘管東宮未定，「二王同體」的冠婚禮對朝臣百官來說，依然是件大事。畢竟皇子行冠禮，意味著其政治地位與權力的合法化，得以開始參與政治活動，

〔註42〕何喬遠，《名山藏》，卷四十，分藩記五，頁17～18，新編頁碼700。

〔註43〕張廷玉等奉敕撰，《明史》，收入《二十五史》，卷213，〈徐階列傳〉，頁3a，新編頁碼2326。

接見大臣。〔註44〕行冠禮後，下一步便是出閣講學，開始擇選講官，詔選宮僚，而這些被選上的官員，未來皆很有可能以東宮舊僚身分，入閣掌權。〔註45〕楊繼盛選在此時於彈劾嚴嵩的奏疏上，忽提二王，其意義與動機，實在耐人尋味。

研究明代言官群體的蔡明倫說，萬曆時以品級低的言官為首，大規模「爭國本」，是極少有先例的。〔註46〕第三章提到嘉靖十九年（1540）建議太子上文華殿接受朝賀的「翰林三直」，身兼東宮官署，或論皇儲事，情有可原。楊繼盛非任職王府，卻任意言及皇子，更甚而說「有家人作弊者，家長雖不知，而家長之子未必不知」如此無禮訕上的話，其模樣確實如方弘靜所言：「今之彈章，乃如民間訟師之語，求勝而已。」〔註47〕

對政治現實認識不清，又急求表現的官場新手楊繼盛，這次惹下的禍，已不是請罷馬市時，招惹到大臣而已。刑部的人說楊繼盛是「顧犯聖經」，說他惹到的人是嘉靖皇帝，確實如此。一直到嘉靖三十三年（1555）楊繼盛棄市前，刑部對他的審判，也一直圍繞著他是否勾結親王與詐傳親王指令的方向審訊。例如入獄後的首次朝審，再次被問及誰主使他寫下「召問二王」時，楊繼盛回道：

> 我原欲捨身圖死，固不必辨，但壞祖宗律法。且我乃兵部官，不是王府官，何為詐傳親王令旨，本內並無指有二王一句言語在上，況我奏本自下而上，非自上傳下，何謂之傳？以人命換官做，四端已盡絕矣。〔註48〕

從楊繼盛的回答，可以看出刑部問訊者懷疑某王府官以官位酬庸，指使楊繼盛寫下「召問二王」，製造皇子們與朝臣間的矛盾，影響輿論論及皇儲的僭越風氣，好進行議題操作。而楊繼盛則回說自己被打得「四端已盡絕」，且奏疏上早說自己是「捨身圖報」，沒有什麼求官企圖。其實刑部最後判定楊繼盛「詐

〔註44〕彭勇，〈明代皇室冠禮述評〉，《北京聯合大學學報（人文社會科學版）》，第八卷第二期總 28 期（北京，2010.3），頁 36。

〔註45〕例如李東陽（1447～1516）、謝遷（1449～1531）、楊廷和（1459～1529）、費宏（1468～1535）、毛紀（1463～1545）、高拱（1513～1578）、陳以勤（1511～1586）等人即是以東宮舊僚入閣。

〔註46〕蔡明倫，《明代言官群體研究》（北京：中國社科，2009），頁 136。

〔註47〕方弘靜，《千一錄》，卷二十一，〈客談九〉，頁 404。轉引自：邱仲麟，〈金錢、慾望與世道──方弘靜論嘉萬之間的社會風氣變遷〉，《東吳歷史學報》，第 28 期，頁 60。

〔註48〕楊繼盛，〈自書年譜〉，手稿，1553～1555。今見：高朝英、張金棟，〈楊繼盛《自書年譜》卷考略（上）〉，《文物春秋》，第 2 期，頁 72。

傳」，已反映出上位者不想把事情擴大，意思是寫下「召問二王」是他的個人行為，與他人無關，不打算向上追溯。從此來看，楊繼盛說「我奏本自下而上，非自上傳下，何謂之傳？」可見當時他仍舊搞不清楚其中關鍵所在，這樣的答辯顯得無謂且多餘。或許也正因為如此，刊行版本的《年譜》中不見此段落。

楊繼盛獄中第二年寫給何遷的信中，提及：

> 今秋朝審，賊輩以裕府差人送飯打路之說，騰播中外，亦聞主上幸聖
>
> 明，不究其事。此時弟甚危矣，豈惟弟危，雖裕府亦恐不利也。〔註49〕

當時謠言紛傳，說裕王派人探監，「差人送飯打路」，暗指楊繼盛的「召問二王」之說背後真有王府人指使，且更明指為裕王府所為。楊繼盛此時大概也意識到自己「甚危矣」，而且「豈惟弟危，雖裕府亦恐不利」。楊繼盛有首很有名的詩，題為〈朝審途中口吟〉，頭四句為「風吹枷鎖滿城香，簇簇爭看員外郎。豈願同聲稱義士，可憐長板見親王」，其中提到「在場」的「親王」，或許指的也是裕王。〔註50〕若當時刑部堅持以「勾結親王」方向問罪，恐怕擴及的範圍不僅僅如此。

第二年朝審，審問者為李默（1494～1556）。李默問刑時，楊繼盛答辯道：

> 予死不足惜，但恐壞祖宗之法律、朝廷之紀綱。今判以情真，所謂
>
> 不執法律，聽從上司主使之條，有日翻轉，奸黨之罪定不容逃，及
>
> 起之，李默之名節掃地矣。

第二年的朝審，楊繼盛避提二王事，換了說法言道：「予死不足惜，但恐壞祖宗之法律、朝廷之紀綱」。這裡的「祖宗之法律、朝廷之紀綱」是指什麼？從當時營救楊繼盛的情境中，或許可以得到答案。

當時除了他的朋友，為救楊繼盛奔走，也有些大臣，如王世貞請託他的老師王材（1508～1567），還有尹台（1506～1579）等人。〔註51〕楊繼盛《年譜》

〔註49〕楊繼盛，李洪程校注，〈與少司寇吉陽何公書〉，《楊椒山集校注》，頁59。

〔註50〕楊繼盛，〈朝審途中口吟〉，《楊椒山集校注》卷三，頁106。

〔註51〕楊繼盛於《年譜》末段列出：平昔予同志輩若工繼津、徐望湖、王鳳洲、楊朋石、楊毅齋、冀全山、孫聯泉、應養虛、楊北渠、呂文川、李默齋、李鶴峰諸公，為予奔走救解。

其中王遴（1525～1608，號繼津）、徐陟（1513～1570，號望湖）、王世貞（號鳳洲）、楊豫孫（1520～1567，字朋石，楊溥之孫）、冀愷（生卒年不詳，全山）五人為嘉靖二十六年同科進士。楊北渠、呂文川、李默齋三人，於後年譜版本刪除，也查無此三人資料。

楊繼盛，〈自書年譜〉，手稿，1553～1555。今見：高朝英、張金棟，〈楊繼盛《自書年譜》卷考略（上）〉，《文物春秋》，第2期，頁72。

末段，敘述嚴嵩與其門人討論是否要上本論救的場景：

> 時國子司業王材亦在坐，爭之曰：「繼盛之死不足惜也。然關係國家
> 甚大，老先生還當為天下後世慮。」然竟不可，回報至餘，即令人
> 具後事。〔註52〕

王材的策略也是說「繼盛之死不足惜」，接著強調「關係國家甚大」，要嚴嵩為「天下後世」著想。這裡的「天下後世」又是指什麼？為何救楊繼盛會跟「祖宗之法律、朝廷之紀綱」，又或是「天下後世」扯上關係？

張萱（1557～1641）在《西園聞見錄》則是提到尹台與嚴嵩有一段救楊繼盛的談話。當時尹台陞南京國子監祭酒，宴席上嚴嵩舉杯向尹台祝賀，而尹台回禮，並說：

> 「楊繼盛狂言自取死，第願相公勿貽主上有殺諫臣名。」嵩避席謝
> 先生退。為司業王公材述其事因，屬之，王曰：頃有王生世貞者亦
> 云。王果謁嵩以請，嵩諾而曰：昨尹司成嘗及此，而私心猶豫，未
> 肯決。謀諸鄢懋卿，鄢持不可，楊竟論死。乃海內稍知王捄楊，竟
> 莫知出先生也。〔註53〕

從張萱的記述來看，王材請託嚴嵩上本救楊繼盛的動機，先是因為尹台，而後又有王世貞。然則「海內稍知王捄楊，竟莫知出先生」。因為與王世貞的師生關係，後人從王世貞為王材所寫的祭文，知道王材救過楊繼盛，然而卻不知原先是因尹台之託。

從這幾段救楊的敘事中，可以看到第二年朝審後，救楊的策略轉成強調「勿貽主上有殺諫臣名」，不要讓嘉靖皇帝在歷史上留下殺諫臣的汙名。「勿貽主上有殺諫臣名」正是王材對嚴嵩所說的「關係國家甚大」，要為「天下後世」著想的理由。也是楊繼盛第二年朝審時，對李默所說的「恐壞祖宗之法律、朝廷之紀綱」。楊繼盛以及其他救楊者，此時深知再提二王的風險，第二年皆轉換說法，改以「祖宗之法律、朝廷之紀綱」、「勿貽主上有殺諫臣名」、「關係國家」、「為天下後世慮」這種將楊繼盛包裝成「忠貞諫臣」的說詞答辯，希望能

〔註52〕楊繼盛，〈自書年譜〉，手稿，1553～1555。今見：高朝英、張金棟，〈楊繼盛
《自書年譜》卷考略（上）〉，《文物春秋》，第2期，頁72。此段約一百多字
為他人補寫，書者與補寫時間待考。高朝英、張金棟，〈楊繼盛《自書年譜》
卷考略（下）〉，《文物春秋》，第4期，頁56。

〔註53〕張萱，《西園聞見錄》（臺北：明文書局，1991）卷十二，〈狷介〉，頁42b，新
編頁碼461。

以「聖王納諫」的策略打動嘉靖皇帝。

然而因論救策略的改變，將受審答辯內容的重點從「召問二王」轉移到「勿貽主上有殺諫臣名」，楊繼盛的角色定位同時也從彈劾大臣的「小臣」，轉變成一忠貞「諫臣」。

楊繼盛的《年譜》上說，李默聽了他的答辯後「羞慚不能言」不過這應該是他一廂情願的解讀。若說「有日翻轉」即是指嚴嵩下台的話，那麼當時和嚴嵩已有衝突，兩年後下獄並於獄中瘐死的李默，後來也因「有日翻轉」，萬曆時復官賜諡。〔註54〕

楊繼盛下獄後三年，最終於西市處斬。及至「穆宗立，卹直諫諸臣，以繼盛為首，贈太常少卿，諡忠愍，予祭葬」，並且蔭一子入國子監，並於其家鄉保定建祠。〔註55〕而何以「以繼盛為首」？或許正是因為「召問二王」之說引起的波瀾。

雖說黃景昉（1596～1662）認為楊繼盛的「召問二王」是無心之過，然而也提到了「二王久不得朝見，並居外邸，有傾軋」，〔註56〕之後又經郭希顏一鬧，二王間的猜忌更是浮上檯面。第三章曾提及，郭希顏因為大計（即六年一次的官員考察）未過被削籍，閑住十幾年，有天「見景王裕王並處京師，外議紛紜」，於是便上言談論皇儲之事，最後落得就地處決的下場。〔註57〕沈德符也以〈疏語不倫〉這樣的標題，談論楊繼盛和郭希顏：

世宗末年諱言儲嗣，楊容城疏論分宜，而引裕景二王為辭，上震怒，

〔註54〕楊繼盛在《年譜》說李默「原賊嵩門下心腹人，以形貌與嵩相似，故嵩認為乾兒子。乃判情審（真）奏請」。《明史》上則說「默由外史驟顯，有所恃，不附嵩。凡有銓除，與爭可否，氣甚壯。然性褊淺，用愛憎為軒輊，頗私鄉舊，以恩威自歸，士論亦不甚附之。」兩者所指的李默看似不同人。若再比較王世貞所說的：「李默者骨鯁士也，少有文，數更顯宦至浙江左布政使。嘗候嵩，嵩謂其貌類我，援之入為國子祭酒。累薦於上，得驟拜吏部尚書，乃稍稍自持見，不能饜其意。」從王世貞的說法看來，李默初由嚴嵩提拔，然坐上吏部尚書時，兩人始不合。王世貞，《嘉靖以來首輔傳》卷四，頁52。

〔註55〕張廷玉等奉敕撰，《明史》，收入《二十五史》卷209，〈楊繼盛列傳〉，頁27a，新編頁碼2283。

〔註56〕黃景昉，《國史唯疑》卷七，頁441。

〔註57〕陳建撰，高汝栻訂，吳楨增刪，《皇明法傳錄嘉隆紀》卷五，頁11b，新編頁碼581，收入《續修四庫全書》史部357冊，據浙江圖書館藏明崇禎九年刻本影印。范守己，《皇明肅皇外史》卷四十，頁1，新編頁碼228。徐學謨甚至提到郭希顏在上疏之前，還刻意派人去張貼匿名帖，製造謠言，「言嵩欲謀害裕王，以搖動群情」。徐學謨，《世廟識餘錄》卷二十，頁6。

因置極典，終以不免。郭豐城繼之以釣奇，遂出安儲一疏，中有慰諭二王之語，時上怒更非常，竟行江西論斬，不必再讞，且傳首天下。〔註58〕

多數人認知中的「楊繼盛」，尤其是「忠臣化的楊繼盛」，僅僅是因為彈劾嚴嵩而被陷害致死。然而當時還是有一些人能夠跳脫忠臣論述看待「楊繼盛」，例如黃景昉和沈德符等人將楊繼盛的「召問二王」說與郭希顏事並列提及，甚至認為後者是受前者影響（如沈德符用「繼之」一詞），也因此間接暗示了楊繼盛的「召問二王」說，或許也算是一政治手段：在這波「二王同時舉行冠婚禮」的敏感時機，藉由彈劾嚴嵩提及二王，激起朝野對於皇儲的輿論；同時也是對皇子們示好，提高自己的政治能見度。而其死，或許也該視作是一種策略失敗。

然而「忠臣楊繼盛」的塑造，卻忽略「裕景二王傾軋」的政治背景。其原因或許不僅僅是因為想要淡化其中的算計成分，以凸顯出楊繼盛無所他求、單純捨身圖報的真誠無偽之聖人形象。將「忠臣楊繼盛」的政治背景淡化的原因，或許也跟促成「忠臣楊繼盛」之劇班本身的性質以及敘事傳播的特色多少有關。

三、王世貞的文人網絡與楊繼盛印象

從楊繼盛的《年譜》以及所存書信來看，雖然他與王世貞是同年，然而當時身為新科進士的兩人並無交集。〔註59〕他們友誼的開展，主要是從楊繼盛上

〔註58〕沈德符，〈疏語不倫〉，《萬曆野獲編》卷二十，頁 511～512。

〔註59〕Kenneth J. Hammond, "Wang Shizhen as Partisan: The Case of Yang Jisheng", *Ming Studies*, 2006:1, p56. Hammond 提到嘉靖 26 年另一同年顧允揚，曾經請楊繼盛為其家譜寫序，序裡提到：

歲丁未，余得雋同年三百餘人，獨東倉兩年兄差強人意，一為元美王郎，一為懋稱顧郎。懋稱為元美師。余三人者每聚首談時政，輒感憤填膺，欷歔泣下。

以楊繼盛的書寫慣例，若真的結識王世貞，應會於《年譜》提及。且資料上又說「懋稱又為元美師」，顧懋稱和王世貞皆為太倉人，然而在鄭利華的《王世貞年譜》中查詢兩人關係，絲毫未提及有此事。無論是從王世貞或者楊繼盛兩人的相關史料上，皆無提到顧懋稱此人，且當時王世貞觀政大理，楊繼盛觀政工部，六個月後楊繼盛分發到南京吏部，兩人更是不可能「聚首談時政」。由此猜測應是顧懋稱為增加家譜的價值，有意攀附兩人名聲。

王昶，《嘉慶直隸太倉州志》，卷六十，雜綴三，頁 1154，據清嘉慶七年刻本。鄭利華的《王世貞年譜》也收錄了這段「顧懋稱守桂林，公暇輯家譜一書，椒山楊繼盛為之序」軼事。見：鄭利華，《王世貞年譜》（上海：復旦大學出版社，1993），頁 56。又，Hammond 的資料來源來自鄭利華的《王世貞年譜》。

〈請罷馬市疏〉事開始。楊繼盛雖下獄被貶，然也因此在官場上有了名聲。嘉靖三十年（1551）楊繼盛由貶轉陞，八月到十一月間因陞遷至南京戶部雲南司主事，兩人於南京碰面，推斷應是此時與王世貞的交往變得熱絡。於是當楊繼盛11月初收到了陞任武選司通報再度起程時，王世貞捎來了贈詩以及書信：

> 當時爾拜尚書郎，天子宵衣問朔方。一疏中興迴日月，百年恩譴薄
> 風霜。宛城晝閉名王馬，漢壁晨馳大將牀。突兀黃金秋色裏，復看
> 前箸借明光。〔註60〕

王世貞的這首詩，用了許多豪邁壯闊的修辭書寫楊繼盛因諫阻馬市被貶後兩年陞武選司一事。嘉靖時外患頻仍，「天子宵衣問朔方」，皇上日夜操心軍防。而在王世貞的筆下，楊繼盛成了「一疏中興迴日月」的「尚書郎」，並委婉地將貶謫轉化成塞上風光。「突兀黃金秋色裏」，即指貶謫後不到兩年，楊繼盛於十一月的秋色中突然收到陞遷武選司消息，「復看前箸借明光」，則是王世貞恭喜楊繼盛受到皇上重用。

　　而以下這封信中王世貞提到「執事遷夏官」，「夏官」是指跟軍務有關的官，所以應該是指武選司，由此推斷這封信應該是寫在 11 月 16 號楊繼盛收到武選司通報之後，信上寫道：

> 舟次僅一奉顏色，匆匆未竟所欲吐，抵暮接邸報，知執事遷夏官，
> 此故物耳，所遇諸君子無不色喜，執事柄用者，丈夫得意事，要令
> 磨墨盾鼻，左手持槊，右手寫燕然碑乃為快耳，第執事往所忤人以
> 大辟敗，又名太高，如孔翠威鳳，弋人爭欲得而籠之，幸自避千仞，
> 遙覽乃下可也，執事皙於義忘久矣，莫助之，愛弟姑效愚焉。
> 書抵京，而君就逮三日矣。〔註61〕

信中「抵暮接邸報」這句，可看到當時邸報會刊登官員陞遷資訊，而這些資訊可以作為士人交游的一種談資。楊繼盛那年「一歲四遷」，想必曝光率很高，是當時邸報上的紅人。

　　王世貞提到「所遇諸君子」，得知楊繼盛陞遷武選司的消息後，都非常開心。武選司並非是個上場打仗的職位，然而職屬兵部，且擁有選兵選將之權，仍給這些愛談兵論劍的士人無限的武功想像。接著王世貞便提到「第執事往所

〔註60〕王世貞，〈寄贈楊仲芳武選〉，《弇州四部稿》卷三十四，頁 1878，明萬曆刻本。
〔註61〕王世貞，〈楊仲芳〉，《弇州四部稿》，卷一百二十四，頁 5769～5770，明萬曆刻本。

忤人」，即楊繼盛諫阻馬市得罪之人仇鸞，當時被陸炳揭發奸事，沒多久就病死，嘉靖皇帝下令戮屍並傳其屍首已示眾。曾上疏請罷馬市，反對仇鸞的楊繼盛此時便「名太高，如孔翠威鳳」，許多人如捕鳥人一樣，想要籠絡他。王世貞說，所幸楊繼盛如鳳凰一樣愛惜羽毛，深居自愛，忍不住讚嘆說：像年兄這樣「暫於義忘久」，久浸義理的人，不需什麼幫忙，反而年弟我王世貞，應該努力效法的呀。

　　王世貞信末註解寫道「書抵京，而君就逮三日矣」，可知信送到北京時，已是嘉靖 31 年 1 月 23 日。當年 27 歲的王世貞雖漸有才名，但宦途平平。從嘉靖 26 年考中進士後，觀政大理寺，後除刑部主事，三年考滿補刑部員外郎。他對於自己這三年的庸庸碌碌有些傷感，作詩如下：

> 歲月不我即，祿食三已期。揣分冒兢惕，程已慚素尸。出負友朋屬，
> 入慚父兄規。殿最他所任，得失中自知。伊予少淺涉，夙好經生期。
> 稍見事乃謬，漸習心永睽。咎繇固聖者，其究亦趨時。南容復白圭，
> 已甚非仲尼。滔滔互天路，戚戚將向誰？〔註62〕

論常規，王世貞三年考滿，從正六品主事陞至從五品員外郎相當正常。第三章曾提及他父親王忬的驟貴經歷，在庚戌之變時於通州立功，一下子從正七品的御史，驟升正四品僉都御史。雖為父子，但王忬只早王世貞兩科中進士，仕途進程差距不大。然而王忬於嘉靖 29 年時立下戰功並一路爬升，相比之下，王世貞自覺是個「出負友朋屬，入慚父兄規」的「素尸」，整天尸位素餐。

　　咎繇（即皋陶），傳說中曾被舜任命為掌管刑法的「理官」，被奉為中國司法祖師。王世貞說皋陶「亦趨時」，意思是皋陶能夠做為一聖賢，是因其身處的環境允許。然究王世貞此句「咎繇亦趨時」的背後含意，其實是在感嘆自己身處在一個「稍見事乃謬，漸習心永睽」的環境之下，身不由己，難成聖賢。「南容復白圭」典出《論語》，南容是孔子學生，孔子欣賞南容的慎言自愛，把姪女許配給他。然而王世貞覺得自己處在當世，其慎言程度應已超乎孔子的標準。王世貞詩末嘆道：我內心的「滔滔互天路」，到底能向誰傾訴呢？

　　楊繼盛和王世貞最初的宦途境遇大致雷同，同樣觀政半年，初授主事。三年考滿後，楊繼盛從吏部轉兵部，陞員外郎，王世貞則是仍在刑部陞員外郎。當時外患頻仍，官至兵部較有發展機會。楊繼盛和王世貞皆對官場文化的陳規

〔註62〕王世貞，〈比曹初考述職有感〉，《弇州四部稿》，卷十，頁 912～913，明萬曆刻本。

套式有所不滿，如楊繼盛寫給何遷的信上所言：「一入部之後，見其上下所行，俱支吾常套，不得著實幹事」及「寅入酉出，日幹瑣事」。〔註63〕儘管如此，他們在當時「驟貴」風氣中，也同樣有著想闖出一番大事業的政治想像。

　　王世貞此時雖宦途不展，然漸以文壇新星出名。中進士當年他結識李攀龍（1514～1570），並積極結社交友，「後七子」名號漸漸形成。〔註64〕而楊繼盛，則是把他的不滿與其政治想像化作實際行動，在短短三年內連上兩疏，雖貶猶榮。而這正是如王世貞自認「南容復白圭」的人，所傾慕的人格特質與行為。嘉靖28～29年間，王世貞結識沈鍊時，也顯露出對豪傑氣質者的仰慕之心：

> 先皇帝己酉、庚戌間，余守尚書刑部郎，而沈公由清豐令入為錦衣
> 衛經歷，數從故尚寶張遜業飲。沈公少飲輒醉，醉則擊缶嗚嗚，誦
> 〈出師〉二表、〈赤壁賦〉，已慷慨曼聲長嘯，泣數行下，余私心慕
> 異之。〔註65〕

嘉靖31年，楊繼盛與王世貞於南京見面時，王世貞正好以刑部員外郎身分，出使淮安一帶，大約八月歸抵太倉。〔註66〕出使歷時約一年，嘉靖32年年底返京，此時楊繼盛已身陷圜土一年。兩年後，嘉靖34年秋天楊繼盛問斬，王世貞則是待到嘉靖35年底，再次離開北京。職為刑部官的王世貞，在嘉靖33～34年間營救楊繼盛之前，已有義助盧柟（1507～1560）出獄的經驗。從盧柟的例子，可以看到明代文人如何運用詩文致贈，擴展人脈關係的方式訴冤平反。盧柟友人為其奔走，通風報信獄外消息，並成功獲得王世貞、李攀龍、謝榛等文壇「後七子」的協助與宣傳，使案子受到關注，獲得重新審理的機會。出獄後，盧柟更以才名獲得趙王延聘。其「冤獄奇談」因眾多人（尤其是王世貞）的參與與書寫，漸漸流傳成了一「狂士被誣陷入獄」家喻戶曉的新聞事件。馮夢龍（1574～1646）改編成《醒世恆言》中，一篇名為〈盧學士詩酒傲王侯〉的通俗短篇小說，即是據此改編。〔註67〕

〔註63〕楊繼盛，李洪程校注，〈與少司寇吉陽何公書〉，《楊椒山集校注》，頁56。
〔註64〕鄭利華，《王世貞年譜》，頁50、52。
〔註65〕王世貞，〈錦衣衛經歷贈光祿寺少卿沈公鍊墓志銘〉，收入焦竑，《國朝獻徵錄》（臺北：臺灣學生，1965）第六冊，頁2456。
〔註66〕鄭利華，《王世貞年譜》，頁70～71。
〔註67〕連啟元，〈明代盧柟獄案下的刑案審判與文人網絡〉，《明史研究論叢》第10輯（北京：中國社會科學院歷史研究所，2012.3），頁190～201。有關對獄中士人的「暗中協助」，也可參考：陳秀芬，〈「診斷」徐渭：晚明社會對於狂與病的多元理解〉，《明代研究》，第27期（臺北，2016.12），頁96～97。

　　楊繼盛的案子也有類似情況，然與盧柟案不同之處，在於楊繼盛的案子有高度政治風險，因此相較許多官員願意以公開方式支持與資助盧柟，在楊繼盛的例子中，則「各疾仇遠避」，或多半只願意暗中協助。〔註68〕依當時的黨論氛圍，任何公開論救的行為，多被視為一種政治表態。而另一方面，當時楊繼盛是以「召問二王」被論罪，若論救，勢必會得罪皇上。因此黃景昉便言「楊繼盛論死，無一人敢齒及」。當時楊繼盛的同年史朝賓（1510～1571），擔任刑部郎中，上頭下旨刑部將楊繼盛定罪名為「詐傳親王令」，史朝賓「力爭不能」，只好簽名。但又在疏末寫了一番話，大意是「楊某言雖蹉誤，心實無他，惟復陛下憐其狂愚，謫發遠戍，以全好生之德。」結果便被降三級，並外調。〔註69〕

　　嘉靖32年年底王世貞返京，楊繼盛的獄中情況從剛入獄時「藥餌諸物進皆阻住」的嚴格監控漸漸鬆管，允許親友探監且同宿。〔註70〕王世貞聽聞楊繼盛遭遇，或許曾於此時前往探視，並寫下一首題為〈至京喜仲芳尚在〉的詩：

　　　　不謂夏臺畔，能留復至今。朝廷寧仗汝，天地獨無心。北極瞻逾切，

　　　　中原畏轉深。茫茫薊門樹，暝色滿秋陰。〔註71〕

王世貞此詩標題雖下〈至京喜仲芳尚在〉，然而卻以「暝色滿秋陰」收尾，表達出他對於楊繼盛未能以武選司之職，在北方邊防立下戰功，卻於此時下獄，深感憂慮。

　　廖可斌曾在其有關明代後七子的研究中提及，後七子成員除了謝榛，多是嘉靖中期進入仕途的青年官員，且「庚戌之變」時，後七子人全在北京，因此對於國家邊防問題，印象特別深刻，也特別關注。〔註72〕更不用說王世貞的父親王忬，當時是邊防軍務的要官，身經多次邊防戰事，王世貞自然會對曾諫阻

〔註68〕楊繼盛，〈自書年譜〉，手稿，1553～1555。今見：高朝英、張金棟，〈楊繼盛《自書年譜》卷考略（上）〉，《文物春秋》，第 2 期，頁 70。

〔註69〕黃景昉，《國史唯疑》卷七，頁 440。

〔註70〕楊繼盛，〈自書年譜〉，手稿，1553～1555。今見：高朝英、張金棟，〈楊繼盛《自書年譜》卷考略（上）〉，《文物春秋》，第 2 期，頁 70。從楊繼盛〈五歲兒入視遣歸不去同宿數夜有感〉和〈族兄東城親家鶴峰獄中賜顧同宿二夜感作〉二詩可看出監管情況鬆綁，允許親友探親同宿，情況好轉。楊繼盛、李洪程校注，〈族兄東城親家鶴峰獄中賜顧同宿二夜感作〉、〈五歲兒入視遣歸不去同宿數夜有感〉，《楊椒山集校注》，頁 123、128。

〔註71〕王世貞，〈至京喜仲芳尚在〉，《弇州四部稿》卷 24，頁 1507，明萬曆刻本。

〔註72〕廖可斌，《明代文學復古運動研究》（上海：上海古籍，1994），頁 189。

馬市的楊繼盛感到親切，有所期待與親近。

　　王世貞並非剛入仕途時，便對嚴嵩反感。然也或許是因為後來經歷了沈鍊與楊繼盛之事，王世貞開始有反嚴嵩的論調與舉動。王世貞也在多處回憶記述、筆記或與人書信中，提及自從他為救楊繼盛奔走、為楊繼盛妻子代寫〈張宜人請代夫死疏〉、並處理其喪等事而惹「嵩大恨」，最後甚至害及父親王忬。〔註73〕俺答於嘉靖三十八年（1559）再次進犯，當時王忬任大同總督，然而失守，最後西市處斬。

　　早在王世貞為救楊繼盛而有反嚴嵩的言論之前，「後七子」中的謝榛、李攀龍、徐中行在政治上都有過與嚴嵩父子唱反調之舉。〔註74〕廖可斌便評道，後七子復古運動不僅僅是一場文學運動，且是具有濃厚的政治色彩的政治活動，他認為「沒有反嚴嵩集團的鬥爭，就沒有後七子復古運動」。〔註75〕

　　由此來看，王世貞對楊繼盛案子的關注，除了因兩人為同年的關係之外，也反映出「後七子」此文人團體本身的政治傾向。因為有共同的政治立場，「後七子」成員中，除了王世貞，還有吳國倫（1524～1593）也寫詩與楊繼盛唱和，其中有四首如下：

其一
只怪千人廢，其如萬態新。朝廷無指鹿，湖海有批鱗。旅食燕京陌，吾家漢水濱。中原限戎馬，何自問垂綸。

其二
十月咸陽市，霜飛朔氣深。高天寒請劍，落日慘援琴。敢有臨河歎，彌堅蹈海心。小臣何足惜，行路為沾襟。

其三
殺氣高難散，妖氛黯不收。天心憑一祝，國步在僉謀。各有豺狼畏，非無燕雀憂。不知郿塢積，曾殉北邙丘。

其四

〔註73〕如〈上江陵張相公〉「嚴氏之郤，頗亦以仲芳兄就義時，謂世貞為之游說，又為之經紀其喪，怒室所移，銷骨莫解。」請見：王世貞，〈上江陵張相公〉，《弇州四部稿》卷一百二十三，頁8a；張廷玉等奉敕撰，《明史》，收入《二十五史》卷204，〈王忬列傳〉，頁22b，新編頁碼2216。

〔註74〕廖可斌，〈嚴嵩與嘉靖中後期文壇〉，《文史知識》，第7期（北京，1993），頁11。

〔註75〕廖可斌，《明代文學復古運動研究》，頁193。

　　九錫恩逾厚，三章法漸新。人皆危就日，我亦畏看春。景物千秋淚，

　　衣冠萬死身。何當謝塵網，高枕漢江濱。〔註76〕

第一首吳國倫以「湖海有批鱗」，大力稱讚楊繼盛敢言。整首詩用詞調性正向，寫作時間或許是在楊繼盛入獄之前，由王世貞介紹而為其所做之贈詩。不然，也應是楊繼盛剛入獄之時，對他的判決仍保持樂觀而作。

　　後三首調性改變，全轉悲愴，從「小臣何足惜」這句用詞，大概可推出後三首的寫作時間，應該是楊繼盛的案子進入第二年（1554）的朝審後而作。「繼盛之死不足惜」，是尹台與王材為楊繼盛說情時，對嚴嵩所說的遊說之詞。

　　而至第三首，吳國倫開始以「以圖不朽，以求不忝所生」的壯士精神，安慰楊繼盛。〔註77〕「郿塢」是董卓院邸，相傳藏寶無數，作為其爭霸之業的風險底線。吳國倫說楊繼盛「不知郿塢積」，則是說他「第一功名不愛錢」，〔註78〕稱讚他重名輕財，呼應前句的「燕雀憂」，古人常以「燕雀小志」對比「鴻鵠高翔」。〔註79〕「北邙」是唐代許多死節名臣埋葬處，吳國倫說楊繼盛將「殉北邙丘」，則是標榜他也將會成為死節名臣。

　　第四首中首句中的「九錫」是漢晉時皇帝給臣子的九種禮器，喻指皇恩。「三章法」，為現今常說的「約法三章」，是劉邦一統前，為籠絡與安定人心所立下的三法，即「殺人者死、傷人及盜抵罪」。〔註80〕吳國倫說「九錫恩逾厚，三章法漸新」，意思是當今皇上賜恩越大方，降罪時也越嚴酷。

　　吳國倫等七子或許對於六年前（1548）權傾一時的夏言於西市處斬之事記憶猶新。〔註81〕沈德符說：「本朝二百餘年，宰相蒙殊眷又罹極法者，惟夏一

〔註76〕 吳國倫，〈冬日即事有感四首〉，《甔甀洞稿》（臺北：偉文圖書出版社，1976）卷十一，頁114。〈冬日即事有感四首〉詩旁附註：時楊仲芳員外坐劾嚴相誅。

〔註77〕 楊繼盛，李洪程校注，〈與少司寇吉陽何公書〉，《楊椒山集校注》，頁55。

〔註78〕 楊繼盛，李洪程校注，〈遺筆詩字〉，《楊椒山集校注》，頁151。此引字楊繼盛之〈遺筆詩字〉詩，全詩如下：讀律看書四十年，烏紗頭上有青天。男兒欲畫凌煙閣，第一功名不愛錢。
凌煙閣，是指唐太宗於凌煙閣置功臣像，予以表彰。

〔註79〕 徐元太，《喻林》（臺北：新興，1972）卷四十二，「人事門」，頁540。

〔註80〕 黃道周，《博物典彙》（海口：海南，2001）卷十八，〈刑制〉，頁5～6，新編頁碼300，據明崇禎刻本「漢刑制」條：漢高祖初入咸陽，與民約法三章：殺人者死、傷人及盜抵罪，餘悉除去秦苛法。《漢書·刑法志》：「三章之法，不足以御姦，相國蕭何攈摭秦法，取其宜於時者，作律九章。」

〔註81〕 《鳴鳳記》裡將楊繼盛劾嵩行為詮釋成為夏言報仇，或許也是影響之一。作者不詳，《鳴鳳記》，收入毛晉，《六十種曲》（北京：文學古籍，1955），頁1。

人而已。」〔註82〕夏言在驟貴之風下，「去諫官未浹歲拜六卿，前此未有」，然而拜相不到十年，即遭死劫。〔註83〕楊繼盛在〈請誅賊臣疏〉裡提及京師謠傳說嚴嵩「此時父子二閣老，他日一家盡獄囚」，或許便是出自於夏言戮市事件的影響。難怪吳國倫會認為恩威不測，於是詩末寫道，雖然很多人因驟貴之風，因此「皆危就日」，冒險往權力中心擠進，然而看到這麼多「衣冠萬死身」，我吳國倫還是「何當謝塵網，高枕漢江濱」，俾卻俗塵，回鄉享受隱逸之樂吧。

不過吳國倫沒有就此退隱，一年後楊繼盛於西市斬首，他「倡眾賻送」，贈物助喪，公開表達他的立場，也因此之後「謫江西按察知事」。〔註84〕後七子中，不只吳國倫遭外調，宗臣（1525～1560）也因「楊繼盛死，臣嘗賻之金，竟出為福建布政參議」。〔註85〕王世貞則是「為收其屍，治斂具，與諸同舍郎以詩哭之，分宜（案指嚴嵩）遂大嗛公。銓司兩推公為督學副使，皆格之，補青州兵備使。」〔註86〕

十年後隆慶皇帝繼位，追諡楊繼盛的同時，王世貞等人的義助行為及之後的貶謫經歷，透過刊刻文集等文人網絡的傳播方式，正式轉變成　有助於提升自身道德形象的人生事蹟。

吳國倫曾寫信給後來加入七子的汪道昆（1525～1593），提及楊繼盛文集出版之事。文集中的序，提及了當年王世貞等人的義助行為，然而卻因抄傳有誤，漏了宗臣，卻誤入未參與喪禮的徐中行（生年不詳～1578，字子與）。信中部分如下：

> 及檢忠愍集序，入子與名，似非實錄，蓋忠愍以乙卯冬服刑，子與方
> 決囚江北，不與事哭郊外。與經紀後事者，國倫與元美、子相三人耳。
> 明年僕謫，子相去之閩，元美遂蒙大難，子與尋又讞獄江南。守汀守

《鳴鳳記》上：「倘能剪除逆賊，得與夏曾二公報仇，我楊繼盛就喪九泉，亦瞑目矣。」，頁1892。然而楊繼盛主要兩疏〈請罷馬市疏〉與〈請誅賊臣疏〉之草稿或定本，或者其《年譜》與現存可見之書信，楊繼盛皆無提及夏言或為夏言報仇之詞。

〔註82〕沈德符，《萬曆野獲編》補遺卷二，頁838，「宰相下獄」條。

〔註83〕張廷玉等奉敕撰，《明史》，收入《二十五史》卷196，〈夏言列傳〉，頁22b，新編頁碼2117。

〔註84〕張廷玉等奉敕撰，《明史》，收入《二十五史》卷287，〈李攀龍等列傳〉，頁17a，新編頁碼3168。

〔註85〕何喬遠，《名山藏》卷八十六，「臣林記」，頁1414。

〔註86〕王錫爵，〈太子少保刑部尚書鳳洲王公神道碑〉，《王文肅公文集》卷六，頁25a，新編頁碼159，收入《四庫禁燬書叢刊》（北京：北京出版社，2000）。

汝南。去前事蓋八九年，始謫，則又在嚴氏族後，實不以忠愍行也。
向華亭公為忠愍作誌，遺子相，而及子與，已為失考。今奈何專屬子
與乎？此雖士人細行，子與豈肯攘人之美以自居乎？〔註87〕

吳國倫寫信給汪道昆抱怨此事，正是因為《楊忠愍文集》中的序，是由汪道昆
所撰寫。以下對照汪道昆所寫的序文，便能更清楚看出當時《楊忠愍文集》出
版背後的過程與網絡：

初忠愍當大辟，王元美抵嵩客說，嵩會嵩黨，格客議，不行，遂甘
心忠愍。元美從徐子與及諸郎，哭忠愍郊外，治其喪。嚴氏跡之，
螫諸哭郊外治喪者，於是元美首及難，子與亦行。乃今詔下九原，
二大夫遞起，元美自愧，為忠愍狀，籍其遺書，傳魏都子與，分部
漢陽，則以籍授孫漢陽傳之楚。余入楚，子與屬余序之。當二大夫
哭忠愍時，余在告往，余欲為忠愍立傳，會有詔錄先帝故實，亡敢
侵官，元美有良史才，狀備矣。孫漢陽為大宗伯公子，余從忠愍元
美後，皆公門下士云。〔註88〕

汪道昆提到了王世貞去找嚴嵩說情，然而未果。受刑當日，「元美從徐子與及
諸郎，哭忠愍郊外，治其喪」，被嚴嵩察知，於是「元美首及難，子與亦行」。
之後隆慶皇帝繼位，王世貞和徐中行「二大夫遞起」，於是王世貞開始有為楊
繼盛集結詩文，出一本文集的打算，並找來了徐中行與孫漢陽來幫忙，而徐中
行則請託汪道昆寫序。汪道昆說當年雖然來不及「哭忠愍」，但已告知「余欲
為忠愍立傳」的心願。不過之後隆慶皇帝繼位，詔召撰寫實錄史才，「亡敢侵
官」，於是作罷。而王世貞「有良史才」，已經把行狀備好了。最後，汪道昆補
充以上提及出版《楊忠愍文集》相關人的網絡關係：除了王世貞、徐中行和汪
道昆是文社友人外，孫漢陽（即孫克弘，1532～1611）除了是當時有名的書畫家
之外，也是楊繼盛與王世貞當年考上科舉時的座師孫承恩（1481～1561）的公
子。

　　回到吳國倫信中所提：徐中行「不與事哭郊外」，但因「忠愍集序，入子
與名」，經過文人網絡傳播之後，其義助諫臣之美名，漸漸成了「事實」。正是
吳國倫一方面在乎徐中行不澄清誤會卻又「攘人之美以自居」，一方面又謙抑

〔註87〕吳國倫，〈奉汪伯玉司馬書〉，《甔甀洞稿》卷五十一，頁555。
〔註88〕汪道昆，〈楊忠愍公集序〉，收入賀復徵，《文章辨體彙選》（臺北：臺灣商務，
　　　　1983）卷三百九，頁2269。

自稱其義助行為是「士人細行」，突顯出時人對「名」之在乎與小心經營。這裡反映出明中葉以降的人，在大木康所言「初期大眾傳媒社會的成立」的社會中，對「名」有著高敏感度。〔註89〕這些士人為時事名人撰文寫詩，或交換書信，為之奔走，由此獲得社會參與感與影響力。

　　綜合以上，可以看到「忠臣楊繼盛彈劾奸臣嚴嵩而受害致死」此一「情境定義」的漸漸實現：楊繼盛藉由〈請罷馬市疏〉與〈請誅賊臣疏〉所展現的姿態，以及試圖製造出的印象，其所傳達的訊息已經成功被王世貞等人接收，並予以回應與認可，相互作詩唱和。他們以「孔翠威鳳」和「批鱗」等詞標榜楊繼盛，為之奔走等義助行為導致「嵩大恨」，並相繼貶謫受害，都促使了「總體情境定義」的形成，即高夫曼所言的「劇班」的形成。〔註90〕吳國倫對徐中行的不滿，除了因其不在場卻「攘人之美」外，徐中行實際上是在嚴嵩死後才因事貶謫。換言之，作為「楊繼盛印象」的「劇班」班底，理當要共同維持「與嚴嵩不合而被貶謫」之「情境定義」。「因嚴嵩而受害」，即是此「劇班」的「總體情境定義」。

　　圍繞「楊繼盛印象」的「君子」們呈現出的「總體劇班印象」，使他們站在道德高度上。嚴嵩敗後，更因此「總體劇班印象」所帶來的名聲，獲得政治上的優勢。

　　楊繼盛在獄中三年，才在嘉靖三十四年九月朝審後，與張經（1492～1555）由刑部「同本奏請」，嘉靖皇帝下令處決。張經當時是以抗倭不力罪名論斬，雖恰時出兵大捷，然卻因「以鄉邦被慘，聞見甚真，皆怨（張）經養寇損威，殃民糜餉，不逮問無以正法」之由，難逃死劫。〔註91〕

　　或許是因為入獄時間比自己所意料中的長，楊繼盛的《年譜》的書寫時間共分三大段，且各是不同時間撰寫。如第一章時所提，《自書年譜》手稿全文共 11131 個字，前 8296 字為其書寫的第一階段，大約為楊繼盛下獄後三個月內寫成。第一階段記述生平至彈劾嚴嵩疏上，交代了他被捉拿到鎮撫司逼問主

〔註89〕大木康著，周保雄譯，《明末江南的出版文化》（上海：上海古籍出版社，2014）。尤以第三章為主。

〔註90〕張廷玉等奉敕撰，《明史》，收入《二十五史》卷287，〈王世貞列傳〉，頁17a，新編頁碼3168；高夫曼（Erving Goffman），徐江敏等譯，《日常生活中的自我表演》（*The Presentation of Self in Everyday Life*），頁111。「劇班」為了維持一「情境定義」之穩定性，要求相互密切協作，口徑與目標一致。

〔註91〕王世貞，《嘉靖東南平倭通錄》（北京：全國圖書館文獻縮微複製中心，2004），頁189。

使者並施以拶手酷刑，即一種夾手指的肉刑，直至木繩俱斷，筋骨露出。兩天後，被施以杖刑。第一階段末尾為：

> 其錦衣衛之打、刑部之監、棒瘡之發，人共知之，故不必細書。予在監中，死生未保，故將半生逐年行事直書，付男應解、應麟收藏，以為後日墓誌之用。凡此皆據柙床書也。癸丑年春，椒山子書。〔註92〕

第二階段約是受杖後第四個月寫成，約 1822 個字，此段是楊繼盛記述其受杖經驗與獄中治療的身體書寫最多也最集中，同時也是最為人傳頌的部分。〔註93〕楊繼盛對其受杖經驗的描寫越是血腥，越顯示其堅忍不屈，也越能取得讀者的認同，同時凸顯了嚴嵩之「奸惡」。

正德到萬曆朝是明代廷杖記錄最多的時期，也是杖數與杖死人數大幅增加的年代。〔註94〕且有關廷杖的相關書寫敘事中，對於受杖過程的描寫也越來越著重細節，反映出書寫者以其刻意計量與記錄來表達對於施諸己身之不合理暴力的自覺。在多數的情況下，臣屬無法抵抗統治者為展示權威而加諸其身的暴力，然而藉由書寫與再詮釋發生在他們身上的暴行，便有可能將此暴行轉化為對自我身體的控制權以及對此暴行的話語權。〔註95〕

受杖四個月後，楊繼盛在獄中續補了這段著重在其受杖身體的身體書寫，其書寫重點已不只是交代生平要事，而是著重在對特定事件的敘事，已然逸脫《年譜》特有的編年敘事形式，於此同時反映出其《年譜》意義之轉變與其價值，也因此在明人年譜中獨樹一格。〔註96〕

綜上所述，「楊繼盛印象」大致上可分成「楊繼盛生前」與「穆宗立，卹直諫諸臣，以繼盛為首」兩個階段。「楊繼盛生前」的階段，又可分三個層面：一是楊繼盛藉由〈請罷馬市疏〉與〈請誅賊臣疏〉所展現的姿態，以及試圖製

〔註92〕楊繼盛，〈自書年譜〉，手稿，1553～1555。今見：高朝英、張金棟，〈楊繼盛《自書年譜》卷考略（上）〉，《文物春秋》第 2 期，頁 61～72。

〔註93〕有關楊繼盛《年譜》中對於受杖後的身體敘事，請參考拙文：曹依婷，〈明代廷杖文化的身體暴力與榮譽：以楊繼盛為例〉，《史原》，復刊第七期總 28 期（臺北，2016.9），頁 1～39。

〔註94〕黃榮郎，〈明代正德及嘉靖朝廷杖之研究〉（桃園：國立中央大學歷史研究所在職專班碩士論文，2010），頁 44。

〔註95〕曹依婷，〈明代廷杖文化的身體暴力與榮譽：以楊繼盛為例〉，《史原》，復刊第七期總 28 期，頁 18～19。

〔註96〕王薇，〈從自撰年譜看中國年譜在明代的大發展〉，《遼寧大學學報（哲學社會科學版）》，第 3 期 39 卷（遼寧，2011），頁 69。

造出的「印象」；二是其「印象」所傳達的訊息，成功被王世貞等人接收、回應與認可，而經由文人網絡互動與傳播形成的「印象」；三則是楊繼盛在其《年譜》所製造出的「楊繼盛印象」。

而在「穆宗立，卹直諫諸臣，以繼盛為首」的第二階段，主要就是刪減過的《年譜》版本、王世貞以楊繼盛的《年譜》為基底改寫的〈楊忠愍公行狀〉、其文集中收錄與楊繼盛相關的記述、相傳是王世貞的文學圈子所寫的《鳴鳳記》，以及眾多以「死諫忠臣」為人物敘事核心的楊繼盛傳記與小說戲曲等不同書寫形式流傳，所呈現出的「楊繼盛印象」。〔註97〕

「楊繼盛印象」中，從第一階段楊繼盛《年譜》中的自我書寫，到第二階段後人書寫與改寫的「楊繼盛印象」中，楊繼盛「手割腐肉。肉盡，筋掛膜，復手截去。獄卒執燈顫欲墜，繼盛意氣自如」的受難書寫始終是重要橋段，可以說是「楊繼盛印象」中最核心且最具代表性的「高潮段落」。〔註98〕

由王世貞等人在義助楊繼盛時所形成的「總體情境定義」，也圍繞著「楊繼盛印象」漸漸形成。基本上在「嚴嵩作為奸臣」的「情境定義」完成後，所有「因嚴嵩而受害」的人事物皆被涵蓋在此「總體情境定義」中。

而王世貞正是促成此「總體情境定義」完成的主要推手。〈楊忠愍公行狀〉中，王世貞提及楊繼盛上〈請誅賊臣疏〉後下獄，「是時海內士大夫陰傳錄公疏，至紙為貴」，〔註99〕Hammond 認為「傳錄公疏」的背後，應該有王世貞的文人網絡與財力資源在作用，也因此反映出王世貞在這個「反嚴嵩團體」有意識扮演一個「楊繼盛代言人」的角色：

> 儘管王世貞沒有明確聲稱（其資助者的角色），然而其活躍的文人網絡與雄厚的家族背景，使他在這個「反嚴嵩團體」中扮演「楊繼盛代言人」的角色，其關係絕非巧合。下文將揭示 1570 年代時王世貞與那些反嚴嵩的流通文本之間的私人贊助關係。

〔註97〕第二階段「製造忠臣」的階段，是多數楊繼盛研究的主軸，其代表有：Kenneth J. Hammond 的 *Pepper Mountain: The Life, Death and Posthumous Career of Yang Jisheng* 一書與閻興棟的〈歷史書寫與忠臣崇拜：以嘉靖忠臣楊繼盛為個案〉一文。本文則著重在「楊繼盛印象」的第一階段。

〔註98〕張廷玉等奉敕撰，《明史》，收入《二十五史》卷 209，〈楊繼盛列傳〉，頁 27a，新編頁碼 2283。

〔註99〕王世貞，〈楊忠愍公行狀〉，《楊忠愍集》卷 4，收入《景印文淵閣四庫全書》第 1278 冊，頁 680b～692a。據國立故宮博物院藏本影印。

While Wang does not explicitly claim credit for this, his network of connections among the literati, coupled with the resources at his disposal which would have enabled him to finance such an enterprise, suggest that his role in this activity was probably more than casual, and would have formed a reasonable part of his overall efforts on Yang's behalf. As will be shown later, this kind of private sponsorship of the circulation of anti-Yan Song texts was carried on by Wang in the 1570s.
〔註100〕

或許可以說，若不是王世貞作為「楊繼盛印象」之代言人，若沒有形成一「劇班」，「楊繼盛印象」只會停留在第一階段。若只有楊繼盛藉由〈請罷馬市疏〉、〈請誅賊臣疏〉其《年譜》所展現的姿態與「印象」，其影響力與延續性應有所侷限。

　　然而另一方面，王世貞若無成為「楊繼盛印象」之代言人，也無從完成其「王世貞印象」。王世貞刊刻楊繼盛文集時，寫序者如大名府知府鄭旻讚美楊繼盛的同時，也同樣推崇王世貞，說他「崇正敦教之盛心，魏士尤知嚮往」。〔註101〕王世貞曾說「吾取友於天下」，然而最主要的朋友只有兩人，他說「李于鱗以文字，實伯仲焉；楊仲芳之以節義，相切劘亦庶幾也」。〔註102〕在重視交友以經營名聲的時代，王世貞之於結交李攀龍，有了才名；王世貞之於結交楊繼盛，而有了道德美名。換句話說，「王世貞印象」能以才名和道德美名兼具，李攀龍與楊繼盛兩人缺一不可。

四、結局與閉幕：「忠臣楊繼盛之死」

　　「楊繼盛印象」的製作與促成，除了作為「個體表演者」的楊繼盛本身有意識地自我展演外，還得加上王世貞等文人網絡所形成之「劇班」的宣傳與形塑。

　　除此之外，「楊繼盛印象」之所以深刻，其死亡方式或許也是原因之一。楊繼盛之死，為當時的士人投下了震撼彈，而這震撼彈同時也是嘉靖皇帝向士人們宣告一個訊息：諫言若犯忌，是會被斬頭的。明初的肅殺氛圍，進入中期

〔註100〕Hammond, "Wang Shizhen as Partisan: The Case of Yang Jisheng", p61.
〔註101〕鄭旻，〈遺集原序〉，《楊忠愍公集》，卷末附錄，頁44，光緒二十三年刻本。
〔註102〕王世貞，《弇州山人四部續稿》卷三，「詩部」，〈二友篇〉，頁121，清文淵閣四庫全書本。

後朝政穩定，諫官被殺者寥寥無幾，至多被杖死、削籍或流放。〔註103〕

　　楊繼盛撐過一百四十杖，且最初的判決是絞刑，然而最後卻是以斬首收場。被杖死或絞刑至少都還能保留全屍，對重視身體完整的中國儒家孝道與宗教傳統來說，楊繼盛西市受斬，頭身分離，是對其與其家族一種侮辱。卜正民（Timothy Brook）分析中國酷刑中受刑者身體與其家族的關係時，提到「個人身體受辱象徵著家族名譽蒙羞。通過凌遲一人，從而在禮制上毀掉整個家族。」〔註104〕楊繼盛並未被凌遲，然因諫言被戮市，為嘉靖一朝之首例。楊繼盛之死，是嘉靖皇帝對於諫言論及皇子者亮出的第一次警示，五年後郭希顏再上疏提請建儲，未及朝審，嘉靖皇帝立即下令就地處決。

　　這也是為什麼當年尹臺對嚴嵩所說「勿貽主上有殺諫臣名」。嘉靖一朝杖死者不少，然也多集中在前期「大禮議」事件，而「建言諸臣戮死者」唯四，為楊繼盛、郭希顏、沈鍊、楊允繩。〔註105〕楊繼盛是第一人，因此特別令人震撼與意外。有些文人將他們當時聽聞楊繼盛之死的哀痛與相關記述寫下，收入其文集中，足見楊繼盛之死作為一「公眾記憶」之意義。

　　除了王世貞、吳國倫和宗臣之外，還有當時三年考滿入京的朱天球（1528～1610），「招同志薛天華、楊豫孫、董傳策往哭之」。〔註106〕又如張元諭（1519～卒年不詳）「素與繼盛善，哭而祭之，祭文慷慨悲惻」，〔註107〕王錫爵（1534～1614）當時二十一歲，正在家中與妻小吃飯，聽聞楊繼盛受刑之消息，「輟食流涕，慨然謂兩兒曰：『忠臣當如此矣。』」。〔註108〕顧養謙（1537～1604）的父親顧封（生卒年不詳），雖未親臨現場，然而「與鄉人陳侍郎聞楊繼盛之變，相扼腕流涕，為位哭之。」〔註109〕張岱的高祖張天復（1513～1578）是楊繼盛

〔註103〕從蔡明倫的《明代言官群體研究》所附〈明代言官人物〉列表中，可看到因諫言而被戮死者，集中發生在明代前期，如明太祖和明成祖時。蔡明倫，《明代言官群體研究》，頁314～366。

〔註104〕卜正民（Timothy Brook）、布功（Jerome Bourgon）、布魯（Gregory Blue）著，張光潤、樂凌、伍潔靜譯，《殺千刀：中西視野下的凌遲處死》（*Death by a Thousand Cuts*）（北京：商務印書館有限公司，2013），頁107。

〔註105〕張居正等修，《明穆宗實錄》卷二，「隆慶元年正月壬戌」條。

〔註106〕國立中央圖書館編，王德毅增訂，《明人傳記資料索引》（北京：中華書局，1987），頁123。

〔註107〕王崇炳，《金華徵獻略》卷九，〈名臣傳〉，頁142，據清雍正十年刻本。

〔註108〕陳繼儒，〈誥封一品王夫人墓表〉，《陳眉公集》卷十五，頁193，據明萬曆四十三年刻本。

〔註109〕張萱，《西園聞見錄》卷十八，〈仗義〉，頁17a，新編頁碼168。

的同年，雖未提到楊繼盛受刑時其高祖有何反應，但提到他當時十七歲的曾祖張元汴（1538～1588）聽聞此事，「設位於署，為文哭之，悲愴憤鯁，聞者吐舌。」〔註110〕清代的王士禎（1634～1711）則提到一則軼事：崇禎朝御史成勇（生年不詳～1658），鼎革後隱居遇見仙人，成勇問他年紀，仙人答道：「不記年歲，祇憶少在京師，見楊椒山赴西市，遂發憤出家學道耳。」〔註111〕

當越多人書寫、傳播、出版描述廷杖施行等細節的文本，便有更多人能藉由閱讀想像參與公開行刑的場景。王鴻泰提到明代大眾傳播媒體如揭帖、刊本、小說戲曲的發達，在城市空間形成一個「公眾場域」，一個可以將眾人目光聚焦的「虛擬舞台」，公開化個別事件，將其轉變成公眾得以「參觀」的場域，並更進一步產生「公眾意志」，加以道德裁斷，並藉由各種「正義的伸張」，使個別事件變成「公眾事務」〔註112〕可以說，楊繼盛正是透過《年譜》的書寫，主動且有意識地建構了一個符合他理想自我形象的「虛擬舞臺」，並自我書寫了其角色的「情境定義」，提供（或邀請）時人及後人參與並評斷此一「虛擬舞臺」上的演出，藉由其他演員以及觀眾的參與，「楊繼盛印象」得以產生與促成。

除了《年譜》中，楊繼盛對於受杖身體的書寫刻意放大與特寫之外，楊繼盛在遺書中，也特別交代了他對於死後身體的處置：

> 覆奏旨下，受刑在即，平日相知者固多，而生前面托面許承當後事者，止後開數人。而衣衾柩葬，亦當隨分，不可僭逾，已面與時佐、君寵講悉，男應尾、應箕，可遵而行之，做人居家之法，前卷已備矣。
>
> 我身乾淨，不必洗浴，頭戴忠靜巾，身穿青雲綢圓領，腰繫皂線條，足穿履鞋布襪，柩我於城宅，葬我於三年之後。行狀王繼津，行實李鶴峰，墓誌鄭淡泉，墓表何吉陽，立傳楊朋石，統之者少師翁及望兄，妻子女之托，亦此數公，而李王親家，尤切要。
>
> 嘉靖乙卯十月晦椒山頓首祝。〔註113〕

〔註110〕 張岱，〈家傳〉，《瑯嬛文集》（北京：故宮，2012）卷四，頁185。
〔註111〕 王士禎，《池北偶談》（北京：中華書局，1982），卷二十二，頁270。
〔註112〕 王鴻泰，〈明清的資訊傳播、社會想像與公眾社會〉，《明代研究》第 12 期（2009，臺北），頁87。
〔註113〕 王麗燕，〈歷史忠諫之臣墨本遺存——明代楊繼盛與清代吳可讀〉，《圖書館工作與研究》，第 3 期（北京，2007），頁57～58。

嘉靖七年，張璁上書言道：「品官燕居之服未有明制，詭異之徒，競為奇服以亂典章。乞更法古玄端，別為簡易之制，昭布天下，使貴賤有等。」於是嘉靖皇帝參酌古制，命人繪製〈忠靜冠服圖〉，敕諭曰：

> ……比來衣服詭異，上下無辨，民志何由定。朕因酌古玄端之制，更名「忠靜」，庶幾乎進思盡忠，退思補過焉。朕已著為圖說，如式製造。在京許七品以上官及八品以上翰林院、國子監、行人司，在外許方面官及各府堂官、州縣正堂、儒學教官服之。武官止都督以上。其餘不許濫服。〔註114〕

從其遺書中楊繼盛對其壽衣的指示，應是刻意依造〈忠靜冠服圖〉，顯示出他自己死亡的身體想像：「我身乾淨，不必洗浴，頭戴忠靜巾，身穿青雲綢圓領，腰繫皂線條，足穿履鞋布襪」。楊繼盛特別強調自己身體乾淨，或許不僅僅指肉體上的潔淨意涵，也意圖強調他的「聖人」與「忠君」表現。〔註115〕

而在自我形象的延續部分，楊繼盛生前便指定「行狀王繼津，行實李鶴峰，墓誌鄭淡泉，墓表何吉陽，立傳楊朋石，統之者少師翁及望兒」，其中有些是好友，有些是老師，這些人都特別肯定他的骨氣。鄭曉和何遷是名人，楊豫孫（號朋石）和王遴（號繼津）是同年，李鶴峰是親戚且小時一同讀書。而楊繼盛指定「統之者」，是他的老師徐階以及徐階的弟弟及同年徐陟（1513～1570）。〔註116〕

或許對楊繼盛來說，嘉靖皇帝對他的最大寬容，是沒有取消其官籍身分。他在《年譜》中刻意挑選與條列出可以彰顯其聖賢的人生事蹟，並處處顯示其「以國家權力代理人自居的士大夫」的自覺，都是出自於他對於士大夫身分的自我認同與作為統治階級之認同。

〔註114〕張廷玉等奉敕撰，《明史》，收入《二十五史》卷六十七，「志四十三」，〈輿服三〉，頁7a，新編頁碼698。

〔註115〕相較於楊繼盛以嘉靖皇帝所御製之〈忠靜冠服圖〉指示其葬服，傳達出自己對士大夫身分的認同以及其「忠」，而文學作品《鳴鳳記》裡的楊繼盛，卻被安排對妻子說「屍骸暴露休埋葬」，並解釋說：「古人自以不能進賢退不肖，既死由以尸諫」。若說嘉靖皇帝以斬首造成的尸首分離做為對楊繼盛的懲罰與羞辱這點來看，《鳴鳳記》中的楊繼盛卻用更激烈的苦肉計「尸諫」，藉以凸顯其生死度外的「忠」形象。

作者不詳，《鳴鳳記》，收入毛晉，《六十種曲》，頁63。

〔註116〕楊繼盛的墓誌銘最後掛名的是徐階。行狀則是楊繼盛兒子特別找王世貞撰寫。（從楊繼盛遺書中所寫年份：嘉靖乙卯十月，可知確實是棄市前所寫，不知為何沒有提及王世貞。）

　　嘉靖皇帝下令砍了楊繼盛的頭，破壞了楊繼盛的身體，然而楊繼盛卻依然可以指示以〈忠靜冠服圖〉入殮，在獄中書寫《年譜》，並指定何人為他寫傳、墓表、墓志等這些能象徵其士大夫身分地位的文類書寫，以其書寫經營「楊繼盛印象」，經由王世貞等名人的交往與傳播，加上文人網絡的出版優勢，在嘉靖皇帝否定其「忠」之情況下，楊繼盛仍可以成功成為一個「忠臣」。楊繼盛有首傳誦多時的臨刑就義詩，也是同樣的自我忠臣書寫：

　　浩氣還太虛，丹心照萬古，生前未了事，留與後人補。天王自聖明，

　　制度高千古，生平未報恩，留作忠魂補。〔註117〕

呂妙芬的研究指出明代後期出現許多質疑程朱「人死氣散」生死觀的聲音，有些人認為個人道德修養的程度與死後形骸氣魄的存散有關聯，相信道德功夫可使聖人忠臣死後精神不散，「死而全歸太虛本體」。〔註118〕楊繼盛自認死後「浩氣還太虛」，也是出自同樣的信念，同時也傳達出他做為一「忠臣」的自我定位與肯定。

　　前文提到嘉靖三十四年秋天楊繼盛棄市時，二十一歲的王錫爵在家中聽到消息後難過得吃不下飯，感慨地跟兩個兒子說：「忠臣當如此矣。」王夫人聽了，卻有一番見解，她說：「不然。夫人人願為忠臣，置人主于何地？且不聞有諫行言聽，臣主俱榮者乎？」〔註119〕人人諫言求得美名的同時，無助於朝政也罷，問題是「忠臣」獲得榮耀，上位者卻被醜化。王夫人對於當時人人搶當忠臣，卻「不聞有諫行言聽，臣主俱榮」的細膩觀察，值得深思。第三章提及沈德符對那些「抗疏顯名」諫臣們的諫言內容「未有肯綮」的批評，也出自同樣的道理。清代的全祖望（1705～1755）也曾說過：

　　吾觀忠愍之氣節，得於天者多，而學道之功尚未密。使其學道果密，則不作風吹枷鎖滿城香之詩矣。其視臣罪當誅者，何如此謝顯道所云？矜字未去者也。〔註120〕

全祖望認為楊繼盛的氣節是天生的，然而其學問卻做得不夠深，不然不會寫出「風吹枷鎖滿城香」這種詩句。前文曾提及楊繼盛有首名為〈朝審途中口吟〉

〔註117〕楊繼盛，李洪程校注，〈臨行詩二首〉，《楊椒山集校注》，頁152。
〔註118〕呂妙芬，《成聖與家庭人倫：宗教對話脈絡下的明清之際儒學》，第一章。
〔註119〕陳繼儒，〈誥封一品王夫人墓表〉，《陳眉公集》卷十五，頁194，據明萬曆四十三年刻本。
〔註120〕全祖望，朱鑄禹匯校集注，〈楊忠愍公畫像記〉，《鮚埼亭集外編》（上海：上海古籍，2000）中冊，卷十九，頁1180。

的詩句，頭兩句為「風吹枷鎖滿城香，簇簇爭看員外郎」。如楊繼盛在《年譜》中直書其父兄之過，這首〈朝審途中口吟〉將自己的朝審描述成「滿城香」，不也在反諷皇帝嗎？儒家聖人之學重視的是人際關係的圓滿，所以全祖望說楊繼盛的學問做得不夠，且「矜字未去」，即在批評楊繼盛的驕矜自滿，為了彰顯自身而不惜損及他人。

趙園曾提及明遺臣或親歷過明末政治的士人參與撰稿的《明史》中有關廷杖、詔獄以及其他肉刑的記述，往往帶有創傷感，他們對這些刑法弊端的批評，強調的從來不是肉體上的痛楚，而是此暴行對士人們的侮辱。〔註121〕然而換句話說，擁有書寫及出版優勢之文人群體的逆轉力量，也同樣是藉著書寫「把犧牲者所蒙受的恥辱轉換成可憐或光榮」，並將施展暴力者變為恥辱。〔註122〕

楊繼盛《年譜》中描述自己朝審時，帶著「長板、手扭、腳鐐」出場，毫不羞赧地清楚展示施諸於自身的刑具。儘管身為犯人，但「觀者如堵，爭欲一見顏色，至擁塞不能行」，更對審判官說出「有日翻轉，奸黨之罪定不容逃」如此自我標榜正義之詞。〔註123〕確實如王錫爵夫人所言，在「楊繼盛印象」中，完全看不到「臣主俱榮」的可能，反而不斷加深君臣之間的隔閡與「隱藏的仇恨」。〔註124〕

「楊繼盛印象」所產生的「忠臣」，不能「臣主俱榮」，反而往後上下交爭、君臣競氣的情況日益增加。在這樣的政治環境中，無法就事論事，徒增長極端的道德主義以及「誓不兩立」的黨派論爭。

然而如楊繼盛的自我忠臣書寫行為，並不能單純以治統與道統抗衡的角度詮釋其中的角力關係，除了他個人生命經驗促使他追求「家」領域之外的認同與歸屬之外，也須將明代中後期的政治與社會脈絡種種因素納入考量。除了趙園所說的「道德的自我完成畸形政治下的病態激情」之「忠臣表現」以外，〔註125〕也應留意明代中後期充滿各種「舞台」的社會條件與環境下「忠」之多元涵義。劉瓊云便提到有關「忠」除了牽涉儒家個人修養與其道德與政治理

〔註121〕趙園，《明清之際士大夫研究》，頁6。
〔註122〕傅柯著，劉北成、楊遠嬰譯，《規訓與懲罰：監獄的誕生》（臺北：桂冠圖書公司，2003），頁9。
〔註123〕楊繼盛，〈自書年譜〉，手稿，1553～1555。今見：高朝英、張金棟，〈楊繼盛《自書年譜》卷考略（上）〉，《文物春秋》第2期，頁61～72。
〔註124〕趙園，《明清之際士大夫研究》，頁5。
〔註125〕趙園，《明清之際士大夫研究》，頁9。

想之外，也涉及：

> 君臣在實際政局中的操作、實踐，社會普遍的公眾議論，以及文學
> 書寫、展演的形塑力量。「忠」之觀念，在當時已是道德、政治、社
> 會、文學交互作用的場域；換言之，此時期關乎忠之言說、實踐、
> 乃至藝術呈現，更宜於從「忠文化」的角度觀之。〔註126〕

「忠文化」中的「楊繼盛印象」，有自我展演，有文人網絡，有出版宣傳，有藝術創作，有政治操作，也有大眾的心理需求，不能單純以道德或道統意涵的「忠」行為視之，而必須將其放在「忠文化」的舞台上來理解。在這舞台機關運作下，楊繼盛在〈請罷馬市疏〉、〈請誅賊臣疏〉與《年譜》中的自我展演、王世貞等人對其歌頌與標榜、眾多「觀看」著楊繼盛受杖畫面與獄中「手割腐肉，肉盡，筋掛膜，復手截去」的身體畫面並為其死大哭的觀眾們，種種圍繞著「楊繼盛印象」而形成的「總體情境定義」，漸漸變得穩定且自然。由此，與其說忠臣楊繼盛彈劾奸臣嚴嵩而受害致死是一歷史事實，倒不如說「忠臣楊繼盛彈劾奸臣嚴嵩而受害致死」，作為一「情境定義」得以實現，而成為一「歷史事實」。

〔註126〕劉瓊云，〈天道、治術、商品：《忠經》之出版與明代忠文化〉，《中國文哲研究通訊》，第二十四卷第二期（臺北：2014），頁73～120。

第五章 結 論

　　面對現今許多坊間通俗讀物多將楊繼盛的《年譜》當作「忠臣義士」故事閱讀的同時，作為史學研究者應如何就文本產生的背景與意義，重新定位與解讀楊繼盛的《年譜》，是本文之研究起始點。

　　首先，《年譜》是楊繼盛自撰的編年傳記，其根本目的為擇列其生平事蹟，「以為後日墓志之用」。〔註 1〕再來，從分析內容中的自我標榜以及不斷強調的「以國家權力代理人自居的士大夫」認同取向，《年譜》又可以說是楊繼盛作為一成功爬升的明代進士之自我書寫。然而若再把彈劾嚴嵩而下獄的背景納入考量的話，楊繼盛的《年譜》不僅僅單純是為了記述其生平而寫，更是為了爭奪對此事件以及自身形象的話語權而寫，而這與「忠臣楊繼盛」印象之製造有絕對的關係。

　　一心向學、禮讓兄長、考科舉、娶妾、學易學制樂、學詩文之學、參加講論及登泰山，這些在楊繼盛《年譜》中刻意擇選的生平記述，都是「向上流動要求人們做出的合適表演」。這其中每一項行為中，都有合適的符號特徵，是當時微寒之士向上流動時，可運用來美化與突出自我形象。楊繼盛以合適的表演進行印象管理，證明自己的向上爬升，成功呈現出一個符合儒家理想君子形象的「孤寒進士楊繼盛」角色。

　　本研究對於楊繼盛之於其「忠臣楊繼盛」角色扮演上的主動性心理動機分析，主要從兩個面向著手：一是其個人成長環境，二是他當時身處的政治文化

<hr>

〔註 1〕楊繼盛，〈自書年譜〉，手稿，1553～1555。今見：高朝英、張金棟，〈楊繼盛
　　　《自書年譜》卷考略（上）〉，《文物春秋》，第 2 期，頁 70。

與社會環境。從他《年譜》書寫中，多處有關其成長環境的記述中，可看到幾個訊息：童年家庭失和、父母早逝、兄長的否定與貶低刺激他積極向外尋找「意義他者」、重複出現「受人稱讚」的核心情節、漸漸培養出對「以國家權力代理人自居的士大夫」的身分認同，及「以天下事為己任」的政治想像等。或許可以說，《年譜》之於楊繼盛，不是在「視履考祥」，〔註2〕更不是在內省或驗其學，而是在向外尋求認同與接納，是一心想向這個世界證明自身之價值的表現。而楊繼盛確實也因《年譜》書寫中的自我展演，使他的「楊繼盛印象」更具戲劇影響力，並更加感動人心。皇甫汸（1497～1582）在《楊忠愍公集》序中提到閱讀楊繼盛《年譜》後的感想，便說：

> 觀公所述年譜，蓋自綺歲英敏夙挺，艱阻備嘗，混跡牧豕之羣，研精掛牛之日，即以天下為己任，學以談道德務經術，而恥為富貴紛華之習。……至誦其言，猶凜凜足以鼓天下之正氣，而激天下之士風，雖被笞箠，闖木索暴體裂膚，受辱慘酷，而志不為亂，氣不為沮，非素養有定能然哉？……公在南司封，自謂肆力於詩文之學，信非誣矣。夫靈運藝苑中散清流，猶能占藻，俟時鳴絃撥日，愴霜葉之餘生，歎廣陵之絕響，公詩欲還浩氣於太虛，矢忠魂於圖補，胡悲且狀哉？〔註3〕

又如清代的毛奇齡（1629～1713）也說道：

> 予讀之，淚滴滴下……聞椒山之風而興起焉，且複輯其遺文，惟恐其不偉於後而汲汲示世，此非君子之所用心乎！夫椒山文士，其於聖學未知其有當與否，然而讀其疏而知君臣焉，讀其諭兒文而知父子焉，讀張夫人代夫疏而知其夫若婦焉，讀王繼津書與弇州王氏所為狀而知朋友之交焉，至於兄弟，則年譜所記彰彰也。〔註4〕

從皇甫汸與毛奇齡的讀後感想，可以證實楊繼盛追求自我形象與自我價值之

〔註2〕 劉宗周，《論語學案》，收入《劉宗周全集》（臺北：中央研究院文哲所，1996），第一冊，頁321。劉宗周說：
學莫先於立志，志立後猛用工夫，方有持守可觀，持守得力，亦有解悟，可入悟之久，則源頭盡，徹悟之極，則形神不隔，更由此而進之，則純乎天矣。從心所欲不踰矩，所謂不思而得，不勉而中，天道也。蓋孔子從七十後，視履考祥，故自序年譜如此，實萬世學者公案。

〔註3〕 皇甫汸，〈楊忠愍公集序·代林中丞潤作〉，《皇甫司勳集》（臺北：臺灣商務，出版時間不詳）卷三十八，頁4～7。

〔註4〕 毛奇齡，〈重刻《楊椒山集》序〉，《楊椒山集校注》卷四，附錄五，頁193。

展演成功。

　　Peter Burke 提及，他之所以選用「製作」（fabrication）一詞定其書名，是因為「製作」（fabrication）一詞內含編年順序與排序組織之義，可以傳達出發展、過程的意涵。〔註5〕年譜本身作為一種文類的編年敘事手法，也是一層層地將形象建構與堆疊出來。凌翰（1510～1587）便說，若將其他記述人物之文類如傳、狀、述、表、志或贊比喻成畫作，年譜則是塑像，可以「得其全」且至少能「求其精蘊生氣」之「味道者之一臠」。〔註6〕為了記述齊全，「以為後日墓志之用」，或許是楊繼盛選擇以年譜這個文體書寫的原因之一。〔註7〕另一方面，嘉靖三十年楊繼盛因請罷馬市事被貶到狄道，與兄長決裂，遭遇「宗族賤惡，家業零落」種種困境。〔註8〕他之所以選擇以年譜這種文類，或許也是取自「譜」本身有陳布、排列與紀錄順序之意，比起「傳」等其他文類，更能傳達出楊繼盛在當時因為與原生家族關係斷裂，渴求生命有所依歸的書寫心理動機。楊繼盛這種對自我價值追尋的展演特性，深刻影響他對「忠」的理解以及實踐。這點可從對其心理動機分析的另一個面向，即楊繼盛當時身處的政治文化與社會環境來看。

　　嘉靖中期後的社會風氣轉變、城市活動與出版文化蓬勃發展、文人網絡與名聲製造等等因素與條件，提供了越來越豐富的展演舞台。政治環境上，「大禮議」時破格簡用頻繁而形成的「驟貴」之風，造成朝班脫序，鼓勵小臣出位建白，而建言出名與「爭則名高」現象變得越來越常見。這些社會與政治上的變化，都影響了楊繼盛對於「忠臣楊繼盛」角色扮演的心理動機，以及他對於「忠」的理解以及實踐。然而同時不能忽略的，是「莊敬太子驟逝」、「二王傾軋」、嘉靖皇帝的權術運用、楊繼盛的個人心理變化、楊繼盛的老師徐階剛入閣的敏感時間、甚至是王世貞的個人遭遇等事件變項，在「忠臣楊繼盛印象」的促成中，也多多少少有些作用。

　　明代中後期的「忠文化」裡，對「忠」實踐之戲劇化與市場化，同樣反映在楊繼盛《年譜》書寫上的自我展演與兩份奏疏所營造的「楊繼盛印象」。可以說，楊繼盛對「忠」的理解以及實踐，實際上是明代士人追求自我表現與個

〔註5〕Peter Burke，《製作路易十四》（*The Fabrication of Louis XIV*），頁15。
〔註6〕凌翰，〈楓山章先生年譜序〉，收入黃宗羲，《明文海》卷221，頁27a～29a。
〔註7〕楊繼盛，〈自書年譜〉，手稿，1553～1555。今見：高朝英、張金棟，〈楊繼盛《自書年譜》卷考略（上）〉，《文物春秋》，第2期，頁70。
〔註8〕楊繼盛，李洪程校注，〈請誅賊臣疏〉，《楊椒山集校注》，頁21。

人生命價值的一種體現。當時身後評價未定的政治囚犯楊繼盛，藉由書寫年譜與對外的書信交流等，將監獄內的場景，從具有懲罰性質、封閉的場域，轉化成一公開、可供評論與參與的展演舞台，有意識、有目的地進行自我形象的塑造與操作，成功以「光榮的殉道者」形象流於人世。

嘉靖三十年楊繼盛因〈請罷馬市疏〉貶謫狄道，「因敢言被貶」成了楊繼盛仕途上予人的「第一印象」，而此印象攸關其考評與士人清議。正是因為楊繼盛的「第一印象」，使他初貶狄道時，讓當地官員誤認為他「為剛介性氣之士，或不可相處，各懷疑畏之心」。〔註9〕後來楊繼盛調整形象，變得「平易守禮，可親可愛」，並說「素位而行，君子之常。居官如戲場，時上時下，吾惟守分而已。」這才讓大家逐漸接受他。〔註10〕貶謫不到兩年，政局轉變，楊繼盛藉著「一歲四遷」之勢，再度嘗試展演他的「第一印象」，上〈請誅賊臣疏〉彈劾首輔嚴嵩。在這裡，我們可以把楊繼盛在〈請誅賊臣疏〉嘗試定義的情境，理解成是一「小臣敢言」與「小臣彈劾大臣專政」的印象呈現。

隨著入獄時間越長，審判結果不樂觀，楊繼盛自忖來日不長，其《年譜》後半的內容轉而著重在書寫自己獄中肉體受難等情況。而這些受難書寫與王世貞等文人往來唱和的詩文與記述，漸漸交織並透過文人網絡與其他形式的傳播，將其原先「小臣敢言」與「小臣彈劾大臣專政」的「情境定義」，變成了「忠臣楊繼盛因彈劾奸臣嚴嵩而受害」。更因楊繼盛奏疏中有句「召問二王」，觸及時忌，惹怒皇上，繫獄三年，最終難逃死刑。作為嘉靖朝第一個「因諫言而問斬棄市」的臣子，不僅僅是當時的人，可能連楊繼盛自己，都感到錯愕與驚詫。

楊繼盛和其他人，其實明知「楊繼盛之死活」關鍵不在嚴嵩，而在於「何時回怒兮天王聖明」。〔註11〕謝肇淛（1567～1624）便曾言：

> 世廟末年，雖深居不出，然威福無一不自己出者。分宜父子，怙權行私，而密勿之地，所以交結近侍，窺伺聖意者，無所不至，惴惴不保首領是懼。蓋自夏言、王忬、楊繼盛、張經之死，天下之怒分宜，始不可解，而恩替勢敗，亦自此發端矣。〔註12〕

〔註9〕 楊繼盛，〈自書年譜〉，手稿，1553～1555。今見：高朝英、張金棟，〈楊繼盛《自書年譜》卷考略（上）〉，《文物春秋》，第2期，頁68。

〔註10〕 楊繼盛，〈自書年譜〉，手稿，1553～1555。今見：高朝英、張金棟，〈楊繼盛《自書年譜》卷考略（上）〉，《文物春秋》，第2期，頁68。

〔註11〕 楊繼盛，李洪程校注，〈苦陰雨〉，《楊椒山集校注》，頁148。

〔註12〕 謝肇淛，《五雜俎》卷十五，〈事部三〉，頁1234。

僅從忤逆嚴嵩之人，如徐學詩（1518～1567）、周怡（1505～1569）、沈束（1514～1581）、王宗茂（1511～1562）等至少十人，全都沒有一人在嚴嵩敗後馬上復官，而是及至隆慶皇帝繼位才起用或追贈，便可知大權始終在嘉靖皇帝手上，就連接任首輔的徐階，也不能稍置一詞。

然而當年尹臺以「勿貽主上有殺諫臣名」說服嚴嵩的語境，在「忠臣楊繼盛彈劾奸臣嚴嵩而受害致死」的「情境定義」完成後，已退場不見。隆慶皇帝繼位，追贈「建言諸臣戮死者」時，便已定調「殺諸臣者為奸臣嚴嵩」。這樣做，一方面能使世宗與「殺諫臣」脫鉤；而另一方面，藉由不斷強調「帝無意殺之」，從而維持楊繼盛的「忠」之正當性。〔註13〕

若將第二章視為主角進場，則第三章是劇本營造，而第四章為劇班經營。若無成功的「情境定義」（劇本營造）與劇班經營，則「孤寒進士楊繼盛」這個角色的個體表演，則無法成功傳達出去。以王世貞為首義助楊繼盛的文人們，以「因嚴嵩而受害」作為「總體情境定義」的「劇班」漸漸形成。嚴嵩敗後，那些因嚴嵩下獄、被杖、被除名、被貶、被殺的人，皆被納入「總體劇班印象」，成為站在道德高度上的「君子」與「忠臣」。楊繼盛棄市十年後，隆慶皇帝為楊繼盛平反，連帶當年王世貞等人的義助行為及之後因此貶謫的經歷，也因時局翻轉，變成帶來名氣與道德高度的人生事蹟。「忠臣楊繼盛」之形象，於此大功告成。

整體來說，「楊繼盛形象」大致上可分成「楊繼盛生前」與「穆宗立，卹直諫諸臣，以繼盛為首」兩個階段。「楊繼盛生前」的階段，又可分三個層面：一是楊繼盛藉由〈請罷馬市疏〉與〈請誅賊臣疏〉所展現的姿態，以及試圖製造出的「印象」；二是其「印象」所傳達的訊息，成功被王世貞等人接收，並予以回應與認可，而經由文人網絡互動與傳播形成的「印象」；三則是楊繼盛在其《年譜》所製造出的「楊繼盛印象」。而在「穆宗立，卹直諫諸臣，以繼盛為首」的第二階段，主要就是刪減過的《年譜》版本、王世貞以楊繼盛的《年譜》為基底改寫的〈楊忠愍公行狀〉、其文集中收錄與楊繼盛相關的記述、相傳是王世貞文學圈子所寫的《鳴鳳記》，以及眾多以「死諫忠臣」故事敘事核心的楊繼盛傳記與小說戲曲等不同書寫形式流傳，

〔註13〕 陳鶴，《明紀》（臺北：世界，1962）卷三十四，頁683。又如，范守己說「帝意惜之」，范守己，《皇明肅皇外史》卷三十五，頁227。楊繼盛在《年譜》也自言：「予乃皇上心有之人」，認為世宗並無意殺之，殺他者是嚴嵩。

所呈現出的「楊繼盛印象」。〔註14〕

　　楊繼盛在〈請罷馬市疏〉、〈請誅賊臣疏〉與《年譜》中的自我展演、王世貞等人對其歌頌與標榜、想像著楊繼盛受杖畫面，與獄中「手割腐肉。肉盡，筋掛膜，復手截去」的身體，並為其死大哭的眾多觀眾們，種種圍繞著「楊繼盛印象」而形成的「總體情境定義」，漸漸變得穩定且自然。〔註15〕至此，楊繼盛因為不得不堅持表現出一種他所表白的自我，最後做出了必要的自我犧牲。〔註16〕然也因為「忠臣楊繼盛彈劾奸臣嚴嵩而受害致死」此「情境定義」的實現，完成了「孤寒進士楊繼盛」及「忠臣楊繼盛」這兩個角色的個體表演，成了「世宗皇帝第一忠臣」。〔註17〕可以說，楊繼盛以其「必要的自我犧牲」，成就其舞台上的榮耀。而「奸臣嚴嵩」此一角色，也因「忠臣楊繼盛自我犧牲」

〔註14〕若以「訊息傳播」的角度評估楊繼盛的《年譜》與《鳴鳳記》，或許兩者在草稿階段在楊繼盛生前或者嚴嵩垮台之前，皆已經以抄本形式部分對外流傳。以《年譜》手稿最後一段由他人補寫為例來觀察，可看出《年譜》已不僅僅是楊繼盛之個人書寫，已有他人參與之情況，多少揭示其某程度之公開性。焦循（1763～1820）在《劇說》提到王世貞在《鳴鳳記》「初成時，命優人演之，邀縣令同觀，令變色起謝欲亟去，衿州徐出邸抄示之，曰嵩父子已敗矣。」若以焦循所說的，作為時事劇《鳴鳳記》能在嚴嵩垮台後短時間內便能上台搬演，肯定在那之前此劇早已私下排練並流傳。焦循，《劇說》卷三，頁108，民國誦芬室讀曲叢刊本。又可參考楊爵的〈續處困記〉，原本應該只屬於隱蔽的獄中場域的私密書寫，因為兒子「先年將我〈續處困記〉輕易與人，近日一南士，將此文分作五十五節，每節以詩一首，詠之細書，一本自萬里外與我稍進」，也同樣有生前便在外傳閱的情形。楊爵，《楊爵集》卷5，〈家書第三十則〉，頁199。

〔註15〕張廷玉等奉敕撰，《明史》，收入《二十五史》，卷209，〈楊繼盛列傳〉，頁27a，新編頁碼2283。

〔註16〕高夫曼（Erving Goffman），徐江敏等譯，《日常生活中的自我表演》（*The Presentation of Self in Everyday Life*），頁11。或許我們可以把楊繼盛的「情境定義」當作一種「即興劇」之劇本，隨著越來越多人參與「總體情境定義」的形成，楊繼盛也「不得不堅持表現出一種他所表白的自我」。換言之，在他的「情境定義」中嘗試展現其「不怕死」的形象是肯定的，但是從他《年譜》三年間書寫語氣之變化，例如《年譜》開頭樂觀地說道「大吾宗族，在是子矣」，又在朝審時不斷強調自己「原欲捨身圖死」，皆可觀察出楊繼盛個人內心求死意志之游移。我們也可以從王世貞所寫的〈張宜人請代夫死疏〉以及《鳴鳳記》中刻意安排楊繼盛以更激烈的苦肉計「尸諫」以及其妻殉夫之情節，對比楊繼盛在其〈遺書〉勸諭其妻不可自殺，延續其宗祀命脈這兩種態度比較其「不得不堅持表現出一種他所表白的自我」之複雜性。

〔註17〕溫體仁等撰，《明熹宗實錄》（臺北：中央研究院歷史語言研究所，1964），卷42，「天啟三年十二月丙戌」，頁2216。

此情境定義的實現，於此同時完成。

　　作為首部描寫嚴嵩專權的文學作品，《鳴鳳記》於嘉靖末年嚴嵩垮台時，便已開始流傳與搬演。雖說學界對於《鳴鳳記》的作者是誰仍未定案，然皆同意此劇出自王世貞的文學圈子。另一方面，王世貞的《嘉靖以來內閣首輔傳》花了四千餘字篇幅撰寫嚴嵩，其中細數其罪狀與醜態，內容與《鳴鳳記》中的情節多有雷同。〔註18〕從這點來看，《鳴鳳記》可以說是圍繞「楊繼盛印象」的君子們，以其「總體情境定義」加上戲劇張力而成的作品。李焯然便認為《鳴鳳記》作為文學作品是成功的，但「作為一部描寫歷史過程的歷史劇，它的價值便要重新估定了」。〔註19〕而《明史》中列於「奸臣傳」中的〈嚴嵩列傳〉，其內容也是根據王世貞的《嘉靖以來內閣首輔傳》修改而成。由此，與其說忠臣楊繼盛彈劾奸臣嚴嵩而受害致死是一個歷史事實，倒不如說「忠臣楊繼盛彈劾奸臣嚴嵩而受害致死」，作為一「情境定義」得以實現，而成為一「歷史事實」。

　　楊繼盛的《年譜》中關於其受杖及獄中自我治療的露骨且血腥之書寫，在其形塑印象之元素中是特出且重要的。廷杖雖非濫觴於明代，但卻因為明太祖行杖而成為明代諸帝中用於處罰臣子的「祖制」。〔註20〕明中後期，廷杖之刑常見且漸漸形成一套施打公式，血腥的褌衣受杖行刑畫面成為後人評論明代政治之專制以及黑暗的經常主題之一。然而隨著史書上對於明中葉習見的印象：越來越「黑暗」的政治氛圍、越來越「怠惰」不上朝的失職皇帝、越來越多專擅越權的權臣與權宦的同時，直言受杖而獲得名聲的「忠臣」與「正人」數量也越來越多。《明史》列傳中不乏生平事蹟無所著墨，卻因受杖留名青史者。不只是一般士人以受杖成名，也連帶影響後人對過往重要人物的形象記憶，例如方孝孺。黃宗羲（1610～1695）在《明儒學案》〈師說〉中提到明代後期對於方孝孺（1357～1402）的評價時說道：

　　　……先生稟絕世之資，慨焉以斯文自任。會文明啟運，千載一時。……
　　　既而時命不偶，遂以九死成就一個是，完大卜萬世之責。……考先
　　　生在當時已稱程、朱復出，**後之人反以一死抹過先生一生苦心**，謂

〔註18〕李焯然，〈從〈鳴鳳記〉談到嚴嵩的評價問題〉，收入氏著《明史散論》（臺北：允晨，1991），頁69。

〔註19〕李焯然，〈從〈鳴鳳記〉談到嚴嵩的評價問題〉，收入氏著《明史散論》，頁74。

〔註20〕凌揚藻，〈廷杖〉，《蠡勺編》，收入《叢書集成初編》（北京：中華，1985），卷17，新編頁碼277。轉引自：黃榮郎，〈明代正德及嘉靖朝廷杖之研究〉，頁22。

節義與理學是兩事，出此者入彼，至不得與揚雄、吳草盧論次並稱。
〔註21〕（粗體為筆者所加）

黃宗羲認為方孝孺的學問「在當時已稱程、朱復出」，如果能夠存活下去，繼續發揚其學問，便能「與揚雄、吳草盧論次並稱」，以文名傳頌天下。然而「時命不偶」，於靖難之變時以「死」成就其所相信的「是」。也因為人生發生了如此變故，方孝孺最後並非因其學問，而是「死於節義」這件事蹟留名史冊，被後人所記憶，因此黃宗羲說「後之人反以一死抹過先生一生苦心」。除了方孝孺遇劫而早逝，無從發揚其學問的因素之外，黃宗羲也認為這是因為後世對於方孝孺的「一死」與「誅十族」的歷史記憶過度強調，從而掩蓋了方孝孺在學問上的「一生苦心」。在明中後期的政治思想與社會風氣轉變之下，方孝孺抵死不屈的受難場景被重建、渲染、通俗化，〔註22〕其本身的死亡與環繞其死亡的種種想像，對於當時的人來說，遠比方孝孺本身的學問所造成的影響更大。〔註23〕從方孝孺的例子，可以看到明代中後期的文人對之前政治受難者的記憶重建特點：對其「一死」的關注特寫，相較對於其「一生」的輕描淡寫。士人們熱衷於對於殉死忠臣的受難情境中暴力細節的描寫，其活動與意義已然超出官方的政治宣傳，而蘊含了更複雜的社會文化意義。而另一方面，由此可觀察出，官方對於「忠」之鑑定與論述已失去全然的掌控與威信，士人的書寫從而漸漸開闢出另一詮釋「忠」之話語空間。

三綱五常中，有別於父子兄弟出於血緣的「天合」，一些明人特別崇尚與讚頌非血緣之「人合」下貞女與忠臣的道德實踐。〔註24〕在這些貞女與忠臣敘事中，主體之「情真」以及出於個體之天性而貞、而忠，是其道德實踐論述之

〔註21〕 黃宗羲，《明儒學案》（臺北：世界書局，1961），頁1，〈師說〉，「方正學孝孺」條。

〔註22〕 關於明末清初對於方孝孺的「歷史記憶」通俗化，可參考劉瓊云以「血烈之忠」為題，檢視《千忠錄》中方孝孺之受難與死亡儀式的戲劇情節書寫。劉瓊云，〈清初《千忠錄》裡的身體、聲情與忠臣記憶〉，《戲劇研究》，第17期（臺北，2016.1），頁8～40。

〔註23〕 Peter Ditmanson, "Death in Fidelity: Mid- And Late-Ming Reconstructions of Fang Xiaoru," *Ming Studies*, 2001:1(2001), 114～143；李谷悅，〈方孝孺殉難事蹟的敘事演化與「誅十族」說考〉，《史學月刊》，第五期（河南，2014），頁37～62；何幸真，〈英廟「盛德」：明天順朝君臣對「建文問題」之態度〉，《明代研究》，第十六期（臺北，2011），頁1～28。

〔註24〕 費絲言，《由典範到規範——從明代貞節烈女的辨識與流傳看貞節觀念的嚴格化》，頁305～306。

重點。明清的孝子故事也是如此，例如有關萬里尋親的故事書寫中，其敘事常以孝子為特定視角，父母多半最後才現身，或不在場，或輕描淡寫帶過，並不刻意交代其思念之情或者行動。換句話說，「萬里尋親」是孝子單方向地主動實踐自身的孝思與孝行，其動機是為了滿足自我的人生價值與信念。〔註25〕不管是「孝」、「忠」或「貞」，正是明中葉以降許多士人突破官方的道德論述，嘗試以「情真」、人性情感去理解與詮釋這些理想道德，開拓出另一詮釋空間，於此同時也將這些討論與書寫，帶到形而上道德之外的範疇，進入了大眾文學創作，進入了庶民日常生活，也進入了個人主體性的情感表述。

　　這正是何以楊繼盛在其自我忠臣書寫中，不斷強調其「忠義之心癢於中而不可忍」之原因所在。楊繼盛的種種自我書寫，如其人格養成、其重視師友甚過家人的記述、其受刑時對身體的描述，甚至是對其死後身體的想像，皆在強調其「真」之特質，楊繼盛無一不在刻意自我證成其天性之「忠」。

　　儘管心裡明知觸怒皇帝，卻不影響他對自身「忠」的認可。在楊繼盛與其「劇班」所書寫的「忠臣楊繼盛彈劾奸臣嚴嵩」劇本中，皇帝也是被動的、不在場的，重點在於「忠臣楊繼盛」的形象敘事，以及其實踐其「忠」的決心和受難經驗，而其敘事線有意引導著讀者，去認同這個「忠臣楊繼盛」故事版本。〔註26〕從這點來看，楊繼盛在彈劾嚴嵩下獄後，選擇以自身為記述中心的年譜這種文類，來撰寫其「忠臣劇本」，也是出於同樣的敘事策略。而「皇帝之不在場」，與楊繼盛的「自我忠臣標榜」，其意義並不能單純以「道統」這種論述來涵括解釋；反而更多流露出的訊息顯示楊繼盛這些自我展演的動機，更大程度是出於其個人的生命困境及滿足其個人生命價值追求上的心理需求。

　　有鑑於此，若單純將楊繼盛的《年譜》視作「忠臣義士」故事閱讀的話，則只是對此文本進行極為淺薄的片面解讀，無視其文本生成背景的厚度與時代意義。將已被後人道德化與忠臣化的「楊繼盛」，釋放出一個身處於其「忠文化」時代的「楊繼盛」，並分析其所展演出的「忠」與其意義，及其自言「忠

〔註25〕呂妙芬，《成聖與家庭人倫：宗教對話脈絡下的明清之際儒學》，頁 170～174。

〔註26〕民間小說和戲曲中敷演岳飛和秦檜的故事也多以忠奸對比及「宋高宗之不在場」的敘事模式為主。明代中期後的外患危機下，岳飛的歷史崇拜達到最高峰，敷演岳飛並將宋亡作一因果關係之故事盛行，是否影響到楊繼盛與當時士人對「忠」之表示，也是值得探討的。有關岳飛的歷史地位與其形象形塑之研究，請參見：劉子健，〈岳飛——從史學史和思想史來看〉，收入氏著，《兩宋史研究彙編》（臺北：聯經，1987），頁 185～207。

義之心癢於中而不可忍」所展現出個人生命經驗中自我言詮的能動性，或許才能深入理解其看似不斷自毀的行為之心理動機，從而揭示前人研究中有關楊繼盛成為忠臣之過程中被忽略的建構與操作之性質。〔註27〕

　　從以上對楊繼盛的「忠」之行為分析，皆可發現其「忠」之行為表現雖然形式上未能跨越「忠」之投射對象（即皇帝），然而其行為表現之背後動機以及涉及之範疇，早已溢出道德層面上的「忠」。而其未能跨越之原因，或許不僅僅是因為「忠」本身作為一理想道德或者一意識形態的侷限所致，也關係到「忠」在當時作為一有實質價值的象徵資本，使其「忠」之實踐因身處越來越多重人際關係交織而成的複雜社會環境中，時時游走於物質與精神上的自我追求，而形成了辯證性的曖昧關係。

　　論才能，楊繼盛大半生都在讀書科考，只有短期在南京學詩學樂，沒有著書或自成一思想體系等傑出表現。論事功，他短短四年的仕宦生涯也無突出的表現與建樹，嚴嵩也並非因他彈劾而辭職下台，且其彈劾內容也並非全然實情。然而其成功的自我忠臣書寫與其天性之「忠」的形象營造，恰好迎合了時代需求。對嘉靖皇帝以及整體官僚系統來說，楊繼盛只是眾多官員中一個被處死的小官，且是個無甚政治經驗、黨派背景尚淺的官場新手；但是對那些接受以天性之「忠」形塑出的「忠臣楊繼盛」這角色的一般士人與百姓來說，「忠臣楊繼盛之死」是一齣純真死去的悲劇，在現實生活屢遭挫折的大眾很容易對這樣的角色產生共鳴與投射，而產生深刻感受、記憶與影響。然而如此刻意強調自身強烈的道德情感以及身體上的受苦書寫，用以凸顯與強化自己天性之「真」與「忠」的行為表現，反而折射出對人性之「真」的一特定認識及傾斜，如此除了助長大眾書寫對煽情與暴力的偏好之外，也因為對「真」的不斷強化與加重，反倒進一步激化其「真」與其「展演性」之間形成一悖論關係。

　　楊繼盛去世十二年後，徐階應其子請託撰寫其墓誌銘，文末寫道：

> 然公死七年，先皇帝用御史今中丞鄒君應龍言，罷嵩政，逮世蕃謫
> 戍嶺南。又二年，御史今中丞林君潤發世蕃逆狀，詔棄市，籍其家。
> 則夫所謂患者，果可以計免否也？公死時應尾尚幼，藩參君與其友
> 吳君國倫、徐君中行、宗君臣，倡諸縉紳經紀其後事。兵部主事今
> 中丞王君遴歸公喪，且以女婿其次子。由是諸君者相繼獲罪，而藩

〔註27〕楊繼盛，〈請誅賊臣疏〉，《楊椒山集校注》，頁21。

參家禍尤酷。今十有二年，公既受恩卹於朝，又以御史郝君杰請建
祠保定，賜額曰精忠，諸君亦次第登用，而嵩之黨則盡已斥逐。嗚
呼！後之欲為君子小人者，可以鑒矣！〔註28〕

徐階像是對著觀眾交代「忠臣楊繼盛」此齣戲的後續發展，提及作為主角的楊
繼盛死後七年、九年、十二年的人事變化，從嚴嵩垮台、嚴嵩子嚴世蕃棄市抄
家、到官方建祠賜額；而圍繞著「忠臣楊繼盛印象」且「因嚴嵩而受害」的「劇
班」成員們從「相繼獲罪」，後來也「次第登用」，而劇中的反派則是「盡已斥
逐」。最後徐階也像說書人一樣，進行道德評判，論道：「嗚呼！後之欲為君子
小人者，可以鑒矣！」而徐階這段「忠奸善惡，報應不爽」的記述，也非常投
合深信因果報應說的大眾心理，易被理解與接受。徐階避提當時朝中的角力鬥
爭與矛盾，簡化了楊繼盛上〈請誅賊臣疏〉背後的形象操作及觸犯時忌所招致
的政治風險，更以因果報應說自然化兩造之間話語權的爭奪。以天性之「忠」
形塑出的「忠臣楊繼盛」故事，順利為大眾所認知與流傳。

當表演者與劇班成功定義與促成「情境定義」，進而完成一場成功的表演，
將「情境定義」轉化成「歷史事實」時，留給後代歷史學家的主要工作，是當
時的人如何詮釋發生的事。〔註29〕藉由解構「歷史事實」，解讀其詮釋，才能
不再落入「忠奸之辨」的窠臼。如此一來，在卸下「忠」之神聖光環的楊繼盛
與其「忠臣楊繼盛」角色之間，才能夠釋放出更大的空間，提供更多元的詮釋
可能。

總之，本研究的重點不在證明楊繼盛對嚴嵩作為長年首輔的以丞相自居
之比附與指控是否成立，也不在證實嚴嵩是否侵權之事實，更不是在進行對
於嚴嵩與楊繼盛的正邪比較。本研究著重在呈現楊繼盛成為「忠臣楊繼盛」
的角色扮演上之主動性，關注他採取何種舉動與策略，如何形塑情境，以完成
自己作為一「披膈犯顏」、彈劾大臣的孤寒初仕進士之「死諫忠臣」的角色
扮演。對楊繼盛來說，與證實嚴嵩之惡同等重要的，是標榜自身之「正」。此
時，已無關乎楊繼盛本身到底是怎樣的人，而是他如何達成希望他人看到的
「楊繼盛」。

〔註28〕徐階，〈兵部武選員外郎贈太常少卿諡忠愍楊繼盛墓志銘〉，《楊忠愍集》卷 4，
　　　　收入《景印文淵閣四庫全書》第 1278 冊，頁 692a～694a。
〔註29〕Peter Burke，許綏南譯，《製作路易十四》（*The Fabrication of Louis XIV*），頁
　　　　56。

　　至於「結局」，應留意《年譜》最後 185 字，實為他人補寫。楊繼盛親筆寫下的最後一段話是「其意蓋以予以皇上心有之人，一本奏請，欲使予帶攜（張）經也。聖上一見（張）經名，旨意遂云：『依律處決』」。〔註30〕第四章曾提到張經因為抗倭不力罪名論斬，王世貞在《嘉靖東南平倭通錄》提到嘉靖皇帝曾為此事詢問過嚴嵩和徐階等人。這些大臣們口徑一致地提到受倭亂侵擾的民眾們怨恨「（張）經養寇損威，殃民糜餉」，若不問罪，則民心不服。明代中後期的訊息數量、傳播速度與幅度比以往多、快且廣，其形成之力量也自然不能小覷。正確判斷與理清訊息，才能看清風向，做出準確且適宜的行動。張經低估也錯判了輿論力量，如同楊繼盛始終高估嘉靖皇帝對他的恩情，最終兩人皆難逃一死。

　　然而為何楊繼盛將其《年譜》結局停留在「依律處決」處，留下情節的空白？刑前所寫的〈遺書〉上，他對妻子說：「我打一百四十棍不死，是天保佑我，那時不死，如今起有死的道理。」〔註31〕一邊寫著遺書，又一邊懷著絲絲最終被赦免的期望。然而一說完，又矛盾地回到那個必須堅持「不怕死」的楊繼盛，說道「萬一要死，也是重於泰山了」。在這份遺書中，楊繼盛詳盡地交代兒女婚事、兒子的讀書指導、居家內外管理、養子的財產分配等事宜，可以看到楊繼盛對人世間，尤其是對其家庭人事物的眷戀不捨。也或許是這些眷戀，使他無法下筆交代其死亡；也或許是他自認「予以皇上心有之人」，仍寄託皇帝之聖明會如通俗劇般，於行刑前最後一刻發現這個「一本奏請，欲使予帶攜（張）經」之「奸行」，赦免其死罪；然也或許正是因為面對死亡，準備走下舞台、暫時放下角色扮演的楊繼盛，其內心對於生或死之意志之游移不定，使他決定停筆書寫其《年譜》之結局，為自己留下一個生死未知的人生想像。

〔註30〕高朝英、張金棟，〈楊繼盛《自書年譜》卷考略（下）〉，《文物春秋》，第 4 期（石家莊，2011），頁 56。

〔註31〕楊繼盛，李洪程校注，〈愚夫諭賢妻張貞〉，《楊椒山集校注》，頁 177。

徵引書目

一、史料

1. 王士禎，《池北偶談》，北京：中華書局，1982。

2. 王世貞，《弇州山人四部續稿》，清文淵閣四庫全書本。

3. 王世貞，《弇州四部稿》，明萬曆刻本。

4. 王世貞，《嘉靖以來內閣首輔傳》，收入《明清史料彙編初集》第一冊，臺北：文海，1967。

5. 王世貞，《嘉靖東南平倭通錄》，北京：全國圖書館文獻縮微複製中心，2004。

6. 王昶，《嘉慶直隸太倉州志》，據清嘉慶七年刻本。

7. 王崇炳，《金華徵獻略》，據清雍正十年刻本。

8. 丘濬，林冠群、周濟夫點校，《大學衍義補》，北京：京華出版，1999。

9. 四庫禁燬書叢刊編纂委員會編，《四庫禁燬書叢刊》，北京：北京出版社，2000。

10. 全祖望，朱鑄禹匯校集注，《鮚埼亭集外編》，上海：上海古籍，2000。

11. 朱元璋等撰，《皇明祖訓》，收入《明朝開國文獻》，臺北：臺灣學生書局，1966。

12. 何喬遠，《名山藏》，北京：北京出版社出版，2000。

13. 作者不詳，《鳴鳳記》，收入毛晉，《六十種曲》，北京：文學古籍，1955。

14. 吳國倫，《甗甄洞稿》，臺北：偉文圖書出版社，1976。

15. 李衛等修，《（雍正）畿輔通志》，清文淵閣四庫全書本。

16. 李賢，《天順日錄》，據明嘉靖十二年刻明良集本。

17. 李默，黃養蒙等刪定，《吏部職掌》，臺南：莊嚴文化，1996。

18. 沈德符，《萬曆野獲編》，北京：中華書局，1959。

19. 沈鍊，《青霞集》，臺北：臺灣商務，1983。

20. 谷應泰，《明史紀事本末》，臺北：華世書局，1976。

21. 阮葵生，《茶餘客話》，北京：中華書局，1959。

22. 姚廣孝等撰，《明太祖實錄》，臺北：中央研究院歷史語言研究所，1962。

23. 皇甫汸，《皇甫司勳集》，臺北：臺灣商務，出版時間不詳。

24. 皇侃，《論語集解義疏》，南昌；江西人民，2009。

25. 紀曉嵐，《四庫全書總目提要》，臺北：臺灣商務，1968。

26. 胡廣等，《明實錄》，臺北：中央研究院歷史研究所校勘本，1962。

27. 范守已，《皇明肅皇外史》，臺南：莊嚴文化，1996。

28. 唐順之，《荊川稗編》，據明萬曆九年刻本。

29. 唐順之，馬美信、黃毅點校，《唐順之集》，杭州：浙江古籍，2014。

30. 徐元太，《喻林》，臺北：新興，1972。

31. 徐階，《世經堂集》，臺南：莊嚴文化，1997。

32. 徐學謨，《世廟識餘錄》，臺北：國風，1965。

33. 高華平校釋，《論語》，瀋陽：遼海出版社，2007。

34. 國立中央圖書館編，王德毅增訂，《明人傳記資料索引》，北京：中華書局，1987。

35. 張廷玉等奉敕撰，《明史》，收入《二十五史》。臺北：藝文印書館，出版年不詳，據清乾隆武英殿刊本景印。

36. 張岱，《瑯嬛文集》，北京：故宮，2012。

37. 張萱，《西園聞見錄》，臺北：明文書局，1991。

38. 陳子龍等編，《皇明經世文編》，臺北：國聯，1964。

39. 陳建撰，高汝栻訂，吳楨增刪，《皇明法傳錄嘉隆紀》，上海：上海古籍，1997。

40. 陳洪謨，《繼世紀聞》，臺北：藝文印書館，1966。

41. 陳繼儒，《陳眉公集》，據明萬曆四十三年刻本。

42. 陳鶴，《明紀》，臺北：世界，1962。

43. 黃宗羲，《明文海》，臺北：臺灣商務，出版年不詳，清涵芬樓鈔本。

44. 黃景昉，《國史唯疑》，臺北：正中，1982。

45. 黃道周，《博物典彙》，海口：海南，2001。

46. 焦竑，《玉堂叢語》，北京：中華書局，1981。

47. 焦竑，《國朝獻徵錄》，臺北：學生書局，1965。

48. 賀復徵，《文章辨體彙選》，臺北：臺灣商務，1983。

49. 黃宗羲，《明儒學案》，臺北：世界書局，1961。

50. 黃淳耀，《陶菴全集》，臺北：臺灣商務，出版年不詳。

51. 楊爵，《楊爵集》，西安：西北大學出版社，2015。

52. 楊繼盛，〈自書年譜〉，手稿，1553～1555。今見：高朝英、張金棟，〈楊繼盛《自書年譜》卷考略（上）〉，《文物春秋》，第 2 期（石家莊，2011），頁 61～72。

53. 楊繼盛，《楊忠愍公集》，光緒二十三年刻本。

54. 楊繼盛，《楊忠愍集》，收入《景印文淵閣四庫全書》第 1278 冊，臺北：臺灣商務，1983。

55. 楊繼盛，李洪程校注，《楊椒山集校注》，臺北：蘭臺網路，2015。

56. 劉宗周，《劉宗周全集》，臺北：中央研究院文哲所，1996。

57. 談遷，張宗祥校點，《國榷》，北京：中華書局，1958。

58. 鄭利華，《王世貞年譜》，上海：復旦大學出版社，1993。

59. 謝肇淛，《五雜組》，臺北：新興，1971。

二、今人論著

1. 尤淑君，《名分禮秩與皇權重塑：大禮議與嘉靖政治文化》，臺北：政大歷史系出版，2006。

2. 牛建強，《明代中後期社會變遷研究》，臺北：文津，1997。

3. 安作璋主編，張全景策劃，《中國吏部研究》，北京：黨建讀物，2011。

4. 何炳棣，徐泓譯，《明清社會史論》，臺北：聯經，2013。

5. 吳智和，《明代的儒學教官》，臺北：學生書局，1991。

6. 吳蕙芳，《萬寶全書：明清時期的民間生活實錄》，臺北：國立政治大學歷史學系，2001。

7. 呂妙芬，《成聖與家庭人倫：宗教對話脈絡下的明清之際儒學》，臺北：聯經，2017。

8. 呂妙芬，《孝治天下：《孝經》與近世中國的政治與文化》，臺北：聯經，2011。

9. 李焯然，《明史散論》，臺北；允晨，1991。

10. 林麗月，《明代的國子監生》，臺北：東吳大學，1978。

11. 南懷瑾，《易經繫傳別講》，臺北：南懷瑾文化，2014。

12. 洪早清，《明代閣臣群體研究》，湖北：華中師範大學，2012。

13. 陳寶良，《明代儒學生員與地方社會》，北京：中國社會科學，2005。

14. 陶方宣、桂嚴，《魯迅的朋友圈》，香港：香港中和，2015。

15. 費絲言，《由典範到規範——從明代貞節烈女的辨識與流傳看貞節觀念的嚴格化》，臺北：臺大出版委員會，1998。

16. 廖可斌，《明代文學復古運動研究》，上海：上海古籍，1994。

17. 趙園，《明清之際士大夫研究》，北京：北京大學，1999。

18. 樊樹志，《權與血：明帝國官場政治的權力較量》，中和，時報文化，200。

19. 潘星輝，《明代文官銓選制度研究》，北京：北京大學，2005。

20. 蔡明倫，《明代言官群體研究》，北京：中國社科，2009。

21. 錢茂偉，《國家、科舉與社會——以明代為中心的考察》，北京：北京圖書館，2004。

22. Blumer, Herbert, *Symbolic Interaction: Perspective and Method*, Englewood Cliffs, New Jersey: Prentice-Hall, 1969.

23. Ditmanson, Peter. "Death in Fidelity: Mid- And Late-Ming Reconstructions of Fang Xiaoru ," *Ming Studies*, 2001:1(2001), 114～143.

24. Hammond, Kenneth J.. *Pepper Mountain: The Life, Death and Posthumous Career of Yang Jisheng*. London, New York and Bahrain: The Kegan Paul China Library, 2007.

25. McAdams, Dan P.. *Power, Intimacy, and the Life Story: Personological Inquiries Into identity*, New York : Guilford Press, c1988.

26. Mead, George. *Mind, Self and Society*. Chicago: The University of Chicago Press, 1934.

27. Schneewind, Sarah. *Community Schools and the State in Ming China*, Stanford, CA: Stanford University Press, 2006.

28. 卜正民（Brook, Timothy）、布功（Jerome Bourgon）、布魯（Gregory Blue）

著，張光潤、樂凌、伍潔靜譯，《殺千刀：中西視野下的凌遲處死》（*Death by a Thousand Cuts*），北京：商務印書館有限公司，2013。

29. 大木康，周保雄譯，《明末江南的出版文化》，上海：上海古籍出版社，2014。

30. 林・亨特（Lynn Hunt），鄭明萱、陳瑛譯，《法國大革命時期的家庭羅曼史》（*The Family Romance of the French Revolution*），臺北：麥田，2002。

31. 彼得・柏克（Burke, Peter），許綏南譯，《製作路易十四》（*The Fabrication of Louis XIV*），臺北：麥田，2005 二版。

32. 高夫曼（Goffman, Erving），徐江敏等譯，《日常生活的自我展演》（*The Presentation of Self in Everyday Life*），臺北：桂冠圖書公司，2012。

33. 傅柯（Foucault, Michel），劉北成、楊遠嬰譯，《規訓與懲罰：監獄的誕生》（*Discipline and Punish : the Birth of Prison*），臺北：桂冠圖書公司，2003。

34. 喬治・H・米德（Mead, H., Herbert），趙月瑟譯，《心靈、自我與社會》（*Mind, Self and Society*），上海：上海譯文出版社，1997。

三、論文

1. 尤淑君，〈從楊廷和到嚴嵩：嘉靖朝內閣首輔的權力交替〉，《史粹》，第 10 期（臺北，2016），頁 29～88。

2. 王健，〈十五世紀末江南毀淫祠運動與地方社會〉，《社會科學》，第 5 期（上海，2015），頁 155～164。

3. 王健，〈嘉靖初期毀淫祠與廢佛寺政策的地方實踐——以江南、福建為重點〉，《史林》，第 3 期（上海，2016），頁 94～102。

4. 王樹民，〈鐵肩擔道義　辣手著文章——明代名臣楊繼盛小記〉，《文史知識》，第 3 期（北京，1998），頁 100～102。

5. 王薇，〈從自撰年譜看中國年譜在明代的大發展〉，《遼寧大學學報（哲學社會科學版）》，第 3 期 39 卷（遼寧，2011），頁 68～72。

6. 王鴻泰，〈明清的士人生活與文人文化〉，收入邱仲麟主編，《中國史新論・文化與生活》，臺北：中央研究院，聯經出版，2013，頁 267～316。

7. 王鴻泰，〈明清的資訊傳播、社會想像與公眾社會〉，《明代研究》第 12 期（臺北，2009），頁 41～92。

8. 王鴻泰，〈武功、武學、武藝、武俠：明代士人的習武風尚與異類交游〉，

《中央研究院歷史語言研究所集刊》，第 85 本第 2 份（臺北：2014.6），頁 209～267。

9. 王麗燕，〈歷史忠諫之臣墨本遺存——明代楊繼盛與清代吳可讀〉，《圖書館工作與研究》，第 3 期總第 139 期（天津：2007），頁 57～58。

10. 向靜，〈明嘉靖年間「三途並用」的政治背景〉，《北大史學》，第 12 輯（北京，2007.1），頁 96～104。

11. 何幸真，〈英廟「盛德」：明天順朝君臣對「建文問題」之態度〉，《明代研究》，第十六期（臺北，2011），頁 1～28。

12. 吳智和，〈明代祖制釋義與功能試論〉，《史學集刊》，第 3 期（長春，1991），頁 20～29。

13. 巫仁恕，〈晚明的旅遊活動與消費文化——以江南為討論中心〉，《中央研究院近代史研究所集刊》，第 41 期（臺北，2003），頁 87～143。

14. 李谷悅，〈方孝孺殉難事蹟的敘事演化與「誅十族」說考〉，《史學月刊》，第五期（河南，2014），頁 37～62。

15. 李明，〈明代納妾制度探析〉，《樂山師範學院學報》，第 23 卷第 7 期（四川，2008.7），頁 80～89。

16. 邱仲麟，〈金錢、慾望與世道——方弘靜論嘉萬之間的社會風氣變遷〉，《東吳歷史學報》，第 28 期（臺北，2012.12），頁 45～116。

17. 邵鳳芝、周曉麗，〈慷慨悲歌楊繼盛〉，《安徽文學》，第 2 期（安徽，2008），頁 197～198。

18. 柏樺，〈明代的考語與訪單〉，《西南大學學報（社會科學版）》，第 43 卷第 3 期（重慶，2017.5），頁 144～151。

19. 科大衛（David Faure），〈明嘉靖初年廣東提學魏校毀「淫祠」之前因後果及其對珠江三角洲的影響〉，收入氏著《明清社會和禮儀》，北京：北京師範大學，2016，頁 74～80。

20. 范喜茹，〈家產與兄弟相處——以楊繼盛為例〉，《中國社會歷史評論》，第 17 卷下冊，天津，2016，頁 118～128

21. 徐泓，〈明代的家庭：家庭型態、權力結構與成員間的關係〉，收入王毓銓主編，《明史研究》第四輯，合肥：黃山出版社，1994，頁 179～196。

22. 馬洪芳，〈五十年來楊繼盛研究綜述〉，《高校社科動態》，第 1 期（河北，2018），頁 38～43。

23. 高朝英、張金棟，〈楊繼盛《自書年譜》卷考略（下）〉，《文物春秋》，第 4 期（石家莊，2011），頁 47～58。

24. 張哲郎，〈于謙、海瑞、楊繼盛——明代大臣的氣節〉，《歷史月刊》，第 22 期（臺北，1989），頁 41～45。

25. 張顯清，〈明嘉靖「大禮議」的起因、性質與後果〉，《史學集刊》第 4 期（吉林，1988），頁 7～15。

26. 曹依婷，〈明代廷杖文化的身體暴力與榮譽：以楊繼盛為例〉，《史原》，復刊第七期總 28 期（臺北，2016.9），頁 1～39。

27. 連啟元，〈明代盧柟獄案下的刑案審判與文人網絡〉，《明史研究論叢》第 10 輯，北京：中國社會科學院歷史研究所，2012.3，頁 190～201。

28. 郭厚安，〈也談明代的祖制問題〉，《西北師大學報（社會科學版）》，第 5 期（甘肅，1993），頁 3～10。

29. 郭培貴，〈論明代教官地位的卑下及其影響〉，《明史研究》，第 4 輯（北京，1994），頁 68～77。

30. 閆化川，〈碧霞元君封號問題的新考辨〉，《世界宗教研究》，第 1 期（北京，2007），頁 50～59。

31. 閆興棟，〈歷史書寫與忠臣崇拜：以嘉靖忠臣楊繼盛為個案〉，武漢：華中師範大學碩士論文，2016。

32. 陳秀芬，〈「診斷」徐渭：晚明社會對於狂與病的多元理解〉，《明代研究》，第 27 期（臺北，2016.12），頁 71～121。

33. 陳智超，〈楊繼盛《請誅嚴嵩疏》稿本考〉，《紫禁城》，第 8 期（北京，2007），頁 50～63。

34. 陳熙遠，〈在民間信仰與國家權力交疊的邊緣：以明代南京一座祠祀的禁毀為例證〉，收入在邱澎生、陳熙遠編著，《明清法律運作中的權力與文化》，臺北：聯經，2009，頁 87～143。

35. 彭勇，〈明代皇室冠禮述評〉，《北京聯合大學學報（人文社會科學版）》，第八卷第二期總 28 期（北京，2010.3），頁 31～36。

36. 馮爾康，〈楊繼盛的家庭生活〉，收入氏著，《去古人的庭院散步：古代社會生活圖記》，北京：中華書局，2005。

37. 黃榮郎，〈明代正德及嘉靖朝廷杖之研究〉，桃園：國立中央大學歷史研究所在職專班碩士論文，2010。

38. 楊殿珣，〈中國年譜概說〉，《文獻》，第 2 期（北京，1979），頁 162～186。

39. 廖可斌，〈嚴嵩與嘉靖中後期文壇〉，《文史知識》，第 7 期（北京，1993），頁 11～16。

40. 翟愛玲，〈「大禮議」事件的政治意義與嘉靖前期的政治局勢〉，《史學集刊》，第 4 期（吉林，2013.7），頁 113～121。

41. 劉子健，〈岳飛——從史學史和思想史來看〉，收入氏著，《兩宋史研究彙編》，臺北：聯經，1987，頁 185～207。

42. 劉瓊云，〈天道、治術、商品：《忠經》之出版與明代忠文化〉，《中國文哲研究通訊》，第二十四卷第二期（臺北，2014），頁 73～120。

43. 劉瓊云，〈清初《千忠錄》裡的身體、聲情與忠臣記憶〉，《戲劇研究》，第 17 期（臺北，2016.1），頁 1～40。

44. 劉獻忠，〈嚴嵩研究芻議〉，《新餘高專學報》，第 9 卷第 6 期（江西，2004），頁 4～8。

45. 蔣竹山，〈宋至清代國家與祠神信仰關係研究的回顧與討論〉，《新史學》，第 8 卷第 2 期（臺北，1997），頁 187～220。

46. 錢國蓮、周黎瑩，〈《鳴鳳記》與嚴嵩「奸臣」形象的形成及傳播〉，《浙江工業大學學報（社會科學版）》，第 6 卷第 2 期（浙江，2007），頁 132～137。

47. 濱島敦俊，〈明代中後期江南士大夫的鄉居和城居〉，《明代研究》，第 11 期（臺北：中國明代研究學會，2008），頁 59～94。

48. 魏雋如，〈明初移民保定的小興州人為何稱來自山西或洪洞縣〉，《中國歷史地理論叢》，第 2 期（保定，2000），頁 179～186。

49. Kenneth J. Hammond, "Wang Shizhen as Partisan: The Case of Yang Jisheng", *Ming Studies*, 2006:1, p51～71.

50. Leung, Angela Ki Che. (梁其姿), "Elementary Education in the Lower Yangtze Region in the Seventeenth and Eighteenth Centuries," in Elman, BA, Woodside, A (Eds.), *Education and Society in Late Imperial China*, 1600～1900, Berkeley: University of California Press, 1994, p.381～416.

51. Yang, Jui-sung. (楊瑞松), *Body, Ritual and Identity: A New Interpretation of the Early Qing Confucian Yan Yuan (1635～1704)*, Leiden: Brill, 2016.

附錄　楊繼盛《自書年譜》比較

　　楊繼盛《自書年譜》共 11131 字。前 10945 字，為楊繼盛親自手書；最後
186 字，為他人補寫。此附錄之底本為 2011 年河北省文物保護中心的研究員
高朝英與張金棟整理之〈楊繼盛《自書年譜》卷考略〉，其中糾正一些訛奪字，
誤字、別字則在文後用（ ）標示，脫字用［ ］，衍字用〈 〉；漫漶字則以用□代
之。本附錄將〈楊繼盛《自書年譜》卷考略〉轉換成繁體之外，與 2015 年李
洪程校注的〈自著年譜〉做比較。李洪程校注版本以李卓吾版為定本，參校隆
慶本、四庫本、知服齋本、北京圖書館藏珍本年譜叢刊等。本附錄之並未非著
眼於李洪程校注的版本作細節的逐字比較，目標是在手稿本上以字框標出李
卓吾本以後被刪去的內容。如需比較李卓吾本之後的更動細節，請參考李洪程
校注的〈自著年譜〉。〔註1〕

　　予家原口外小興州人。國初以州常被虜患，遂將民盡徙入內地。遠祖之在
小興州者不可考。祖楊百源徙保定府容城縣，入樂安里籍，居城東北河照村。
世業耕讀，補縣學生員者代不乏人，然止於教官而已。及今則子孫蕃衍至百餘
人，人才以漸而盛。百源生述正，述正生進，進生俊，俊生青，青生富。富生
子三人，長繼昌，即予同母兄；次繼美，予庶兄。父妾陳氏所出；其二即不肖
也。父娶母曹氏，本縣民人曹忠室女，生予於正德十一年丙子歲五月十七日辰
時。父喜而謂曰：「卜者、相者以予有陰德，當生異子。今觀此孩，首、身、
股三停，此必不凡也。改換門閭，大吾宗族，在是子矣。」 父妾陳氏性最妒忌

〔註1〕 楊繼盛，〈自書年譜〉，手稿，1553～1555。今見：高朝英、張金棟，〈楊繼盛
　　　　《自書年譜》卷考略（上）〉，《文物春秋》，第 2 期，頁 62。楊繼盛，李洪程
　　　　校注，〈自著年譜〉，《楊椒山集校注》，頁 154～176。

一聞父言，遂擣衣窗下，杵聲如雷，意欲使生驚風。母性最柔善，通不敢語。後亦無恙。

丁丑年，二歲；戊寅年，三歲；己卯年，四歲。

俱在母乳抱，模樣愈奇異，其頭甚長且圓大，鄰人皆以為壽星頭。

庚辰年，五歲。

父妾專權，父亦被惑，母甚失所，舅曹安白之於官。親戚知父妾之惡，同居必加害於母也，遂共議父與母各居矣。將家產分為三分，父及庶母、庶兄取其二，母及兄與予得其一。

辛巳年，六歲。

嫂惑於庶母之唆，兄惑於嫂氏之言，兄與母又各居矣。將產分為二分，兄取其一，母及予及姐三人得其一。耕種之苦，負戴之勞，母及姐俱身任之矣。時予亦嘗負一小束禾，隨母、姐同行，見者為之歎息流涕。噫！母之柔善可勝言哉！母及予之失所可勝言哉！

嘉靖改元壬午年，七歲。

母得咳嗽勞疾，親戚勸兄與母同居。至七月初六日，母死矣。父及庶母俱逃避，懼予舅告也。至兩月餘，親戚勸講，父與庶母始歸家。時予日夜惟哭泣，日則諸姐引攜，夜則隨兄同寢，其狼狽孤苦良為至極。

癸未年，八歲。

夏即善牧牛，或宿於場園，或宿於瓜鋪，雖家人不之知，久亦不甚尋也。至秋有老儒沈姓諱　不知字號者，在村中設發蒙教。予每竊往觀之，見諸生揖容之美，聞諸生吟誦之聲，心甚愛之。歸而告於兄「欲入學讀書」，兄以「爾年幼」辭。予曰：「年幼能牧牛，乃不能讀書耶？」又告於父，始得入學從師矣。凡所受書四五過即能成誦，從學四五日後即能對句。時有年長而來學者，師出對云：「老學生。」眾不能對。問及予，即應聲云：「小進士。」師喜云：「此兒將來必登黃甲矣。」

甲申年，九歲。

四月，又退學，供牧牛事。

七月間，兄以牧牛失期見責，云：「家事是我二人的，你如何不勤謹，分開各居就餓死你。」蓋亦戲而恐之也。予曰：「便分開何妨！」兄乃分予屋一間，米、豆各數鬥，驢一頭。予曰：「就分不均也，讓的起！」乃早起自作飯食，食畢，則將米、豆上各畫字記之，將門封鎖，乘驢出牧。午間回亦如之。

鄉人俱為之流涕，兄亦佯為不理，視其作為如何。四五日後，兄又喜而語人曰：「我戲而勒他分居，他即能理料家事如此。」於是又合居。

冬十月，農事畢，又上學肄業矣。

乙酉年，十歲。

春秋上學、下學，夏牧牛，俱如昔。

父善對句，每退食及客至，必命對句，每對俱稱善。一日，客至無酒，沽於館。乃出對云：「無酒是窮主」，予即對云：「有兒為名臣。」此客乃父表弟陰陽官辛體元也。客乃歎賞，父由此鍾愛之，而庶母之妒亦不敢肆矣。

丙戌年，十一歲。

春，沈師辭歸家，乃從族伯翔讀。是夏，父恐其誤學，乃脫牧牛事。至七月，父以鄉間聞見不廣，遂囑兄送本縣，從庠生王姓諱允亨讀，方少有進。九月終，父得反胃病，遂召至家，日夜問安、侍養。十月，母始葬。十一月初八日亥時，父病故矣。

時父柩在堂，本縣拘兄作收糧大戶，兄不得往。予遂代應其收納記算，卯酉點查俱不錯不誤。

丁亥年，十二歲。

春、夏、秋，兄與庶母爭家財致訟。〔予〕惟務農事，至秋乃送於定興縣東江村表兄王監生家寄食，從劉先生簡齋學矣。

戊子年，十三歲。

春，劉師辭歸，乃從邸先生諱宸號南台學。後登甲辰進士，複姓趙，任南道御史。一日，師出，予與諸生作佈陣相戰之戲。師偶來，眾皆藏匿，師呼「跪！」出對云：「藏形匿影。」對成者先起。予隨云：「顯姓揚名。」師云：「此絕對也。」自此相愛之甚，始教以作文法矣。

冬十月，師館於別鄉。予遂歸，乃從鄉耆陳師學讀書經。師能記書而不善作文，自此又耽延歲月矣。

己丑年，十四歲。

夏，陳師病故，乃又從農事。冬初，從縣庠生楊諱璲讀。冬至節，以兄與束脩薄，遂逐出，落落無所歸者。一月，乃從陰師學。陰師諱從光號臨池，縣庠生也。予日與乃子陰標號豫庵後登辛丑進士。同筆硯，乃發憤力學，初若漸進矣。

庚寅、辛卯、壬辰年，十五、十六七歲。

　　師遂棄學業，專肆力於置產，講解之功日疏，所同遊者又皆富室子弟，日惟嬉戲。予既鮮師傅之嚴憚，又為諸友分（紛）擾，學業無甚進益，三年之間，止講《論語》二冊。兄促予別學，予以無故，不忍辭去，遂至遷延焉。

　　壬辰年，庶兄故。

　　癸巳年，十八歲。

　　春，府考，候送察院，不中。歸，甚慚憤，乃將《四書》自讀看一過，又別治《禮記經》，亦粗讀看一過。自三月至五月，師雖未解，而《四書》及《禮記》俱粗貫通矣。五月，府考，遂取中。六月，送察院考，乃取中，充縣學生員矣。提學公江寧王石崗，題目：《四書》「使驕、且吝」二句，《禮記》「汗樽、飲」二句，論天地變化草木蕃。同案者十五人，予考一等第四。歸，仍從陰師學。十月初，乃與同庠王諱世雄，號奕山，同約共親鑿於社學，所居房三間，前後無門，又乏炭柴、炕席，嘗起冰霜，而寒苦極矣。時同會者胡默齋九齡、侯中城忠愛、許龍川澄、陰南峰邦彥並豫庵、奕山也。

　　甲午年，十九歲。

　　春、夏，仍同奕山兄讀書社學。秋，本縣貢士李諱學詩號古城，歸，自太學設教寧國寺。李端介有道之士，教人不論貧富，惟因材加厚。予遂從學，復治書經焉。初從之日一見，師便奇之，乃出「然非歟」題命做，蓋寓相傳之意也。予作文甚為師所稱許，由是日日講究不懈矣。

　　是年冬十月，娶胡村張公諱杲次女為妻。先時，鄉人見予學頗進，富室多許妻以女。予曰：「富室之幼女，豈可處於兄嫂之間耶？」張杲者，予兄之叔丈也，家以耕織為業，家不甚富，其行誼為鄉里所重。又聞其女，長而甚賢，竊喜其與嫂既為姊妹，其為姒娣必和，遂娶之。娶之後，而妻之困苦益不可言矣。

　　時居僧人佛永房。予無童僕，僧無徒弟，僧嘗念經於外。予自操井灶之勞，秫杆五根剖開可以熟飯。冬自汲水，手與筒凍住，至房口呵化開，始做飯。夜嘗缺油，每讀書月下。夜無衾，腿肚常凍轉，起而繞室疾走始愈，其苦蓋難言萬一矣。

　　乙未年，二十歲。

　　師教既勤，予資性頗高而用力又銳，一年之間，學業遂成。師亦大肆力於學問，嘗私語於予曰：「我與汝，今日為師徒，後年可為同年矣。」乃於城外築書舍，方期來年謝諸生，與予同務舉子業焉。

丙申年，二十一歲。

新春，師偶得癱瘓病，予日侍湯藥。百里之外請醫，既無腳力，且少盤費，兄又惡幹此事，予惟徒步忍餓潛行而已。然師平日酒量甚大，飲多痰盛，竟不能起。噫！予之心喪，至今耿耿，豈特三年哉。

是夏，與庠友李鶴峰、九臬及奕山會文於寧國寺上房，條約甚密，且相摩為善，情愛綢繆若兄弟。然至五月，聞陰雲樵、養晦等會文於午方村關王廟，予三人步行往赴會焉。此會亦甚嚴密，甚有進益。至七月間，提學湖廣朱公雨崖取歲考，予遂以優等補廩焉。考題目：趙孟之所貴，趙孟能賤之。居寵思危，罔不惟畏弗畏入畏策，平勃羊陸交歡何如。

是秋文會散。陰雲樵會長博學能文，且性甚剛介，予慕其與己同也。予遂自運薪米，往會於渠鄉，即寄食於家，日夜共肄業於野園，甚有裨益，而學大進焉。

丁酉年，二十二歲。

春二月，提學上元謝公與槐取考科舉，內二題偶記不真。題：愈疏、不孝二句，予若、觀大二句。《原十六衛》如何？□進《性理大全》表。方憂其被責，及發落，則居第二，其稱許獎賞反倍於第一者。批語甚長，內有「學力才識過人，其就未可量」之句。郡縣自是有名矣。

秋試落第，兄不令往東中會，乃令在家教其二侄焉。

戊戌年，二十三歲。

以家中常有農事相及，乃引舍侄複居縣寺佛永僧房。時既有舍侄，用度視前少足矣。夏天行瘟疫，主僧病倒，同舍生即亡去。兄遣人促予及舍侄歸，予曰：「如予去，則此僧死在旦夕。」善遣家人回。兄又遣人促曰：「如相染，毋家歸也。」予曰：「平日相與，有病去之，心寧忍乎？如予相染，同死於此亦可也。」於是，止取舍侄歸。予為之親供飲食，遍求醫藥，夜則同寢，二十日而僧大愈。時兄亦染病矣，信到，予即歸，不解衣而事者月餘。兄愈，妻又病，無一人近，予自調養之，數日而愈。是年傳染甚多，予親事三人而不能染，人皆以為有神佑云。

己亥年，二十四歲。

時兄以舍侄常思家，且供給不便，遂令肄業於家。予乃築草園瓢於西園，兄以為不幹正經，不發工修，其砌壘、苫葺之功，俱予與妻共為之興。思及此，其悲傷可勝言哉！

庚子年，二十五歲。

春，提學寧夏黃公南渠考科舉，予居第三。時兄與本村富民訟於府，官受賄，將兄拷打狼狽。予曰：「兄負屈被害如此，尚焉應試為哉！」時各上司因築城之役俱駐於沙河，予即往訴撫、按，俱以事小不允。又訴於兵備道，亦以事小拒，予曰：「詞訟只當論屈之大小，事之大小不必拘也。」遂允之，將事之是非始得明白，而仇家之被刑也，又倍於兄。訟方畢，即赴試，乃中式第二十一名。主考童內方、李方泉，房考莆田林瘦泉諱成立，解元劉一麟也。

冬十二月，長子生。牌坊銀兄俱收去，予赴會試尚窮乏之甚矣。

辛丑年，二十六歲。

會試落第，歸，仍肄業團瓢。

秋，同年孫聯泉諸年兄書約入監。人有告兄者曰：「凡舉人坐監及歷事可三年方畢，須費艮（銀）二百餘兩。」兄曰：「若此，則吾窮矣。弟尚可，吾之子多，將來何以度日乎？」乃決意析居，予決意不肯。至九月間，四姐夫遭不幸事繫獄河間，予往望之。兄乘其不在，乃自析之，且曰：「繼盛已中舉，予為白衣，欲納艮（銀）為官。」乃將糧財之類盡有之，止分谷八石送予房，妻又往食，則斥之。予歸家，見其如此，亦只得各居焉。

是冬，入北監。

壬寅年，二十七〔歲〕。

在監，春季考監元。題目：敬大臣不眩二句，惇宗將禮一卩（節），人主以天下為度論。五月，該撥部歷事。因先有聯泉之約不可背，乃給引回家。

九月，長女生。

冬，徙居於縣。

癸卯年，二十八歲。

春，復居鄉。一日，予置酒請兄之外父及予之外〔父〕，並諸親數人會飲，至半酣間，予起而言曰：「初，兄之與予析居者，以予坐監之費多，敗壞家事也。今予坐監歸，又農事所得反豐於家兄者，今欲與兄復同居，何如？」諸親俱踴躍稱讚，以為田氏復生也，兄亦喜而允之。蓋此意之舉，雖妻亦不知也。時得坐監官盤費艮（銀）二十餘兩，備衣服，供酒食，日以娛兄，兄甚喜。一生得兄之歡心者，止此一年而已。

秋，得會試盤費三十兩，與兄納艮（銀）為散官。予赴會試又窮乏矣。

甲辰年，二十九歲。

落第，兄又不喜。復入監，祭酒徐少湖公也，初課予以文，遂大奇之，曰：「真奇才也。但少欠指引耳。」予遂備束脩授業焉。盤費不足，其飲食之類甚窮乏，狼狽不堪言也。

乙巳年，三十歲。

二月十九日，次子生，乳名解霖。

是年尚在京，從少湖師學。

丙午年，三十一歲。

二月，長子殤。此子方七歲，甚聰敏，且知孝道，若成人然。死之日，予甚哀之。

冬十二月，生一子，得風疾，以予不在家，無人延醫，遂死之。以未及數日，且予未見，故不入排行之列。

是年，尚從少湖師學。

丁未年，三十二歲。

會試中三十八名。主考孫毅齋、張龍湖，房考都給事中莆田鄭于野公也。殿試中二甲第十一名。未開榜先，鄭於野兩次差人報予中一甲者，蓋大學士夏公以予策多傷時語，不敢進呈耳。觀工部政。六月，選南京吏部驗封司主事。七月，歸家。九月，買妾劉氏。閏九月，赴任。十月，到任。考功司郎中鄭公淡泉諱曉時，稱為冰鑒，一見而奇之，退而謂諸僚曰：「此人心志、氣節、事業，將來不可言也。」遂甚相愛，日告之以居官守身之道與夫古今典故焉。

戊申年，三十三歲。

本司正郎史沱村升，予乃署司印。此司專管吏事，其弊端甚多。予乃立為章程，投到則嚴其登籍，先後則示以定序，點查則革其頂替，考選則防其代筆，取撥則革其闒弊，凡以往弊端俱為之一洗，吏無不服，而堂上及諸僚俱稱賞焉。

是年，專肆力於詩文之學。

己酉年，〔三十四歲〕。

二月，妾劉氏死。三月初二日午時三子生，乳名應麟。

是時，關西韓公苑洛為南京兵部尚書。此翁善律呂、皇極、河洛、天文、地里（理）、兵陣之學，而律呂為精。予遂師之，先攻律呂之學，三月而得其數矣，乃告於師曰：「樂學非他學比，不可徒事口說，必自善制器，自善作樂，播之聲音，各相和諧，然後為是。」遂自置斧鋸刀鑽，構桐竹，易絲漆。先自製其管，管和矣，制其琴；琴和矣，制其瑟；瑟和矣，制其簫、笙、塤、箎之

類，無不各和矣。又合諸樂總奏之，如出一律，無不和焉。師甚喜，曰：「我學五十年，止得其數。今賴子制其器，和其音，當代之樂，舍子其誰歟？」一日，師謂予曰：「吾欲汝制十二律之管，每管各備五音七聲，各成一調，何如？」予有難色。師曰：「固知此是難事，古之伶倫無所因而作樂，況今有度數可考乎？子之資性甚高，試精思之，必可能矣。」予退而欲制，漫無可據，苦心思索，廢寢食者三日。忽夜夢大舜坐於堂上，予拜之。案上設金鐘一，舜命予曰：「此黃鐘也，子可擊之。」取椎連擊三。醒而恍若有悟，呼妻燃燈，取竹與鋸鑽，至明而成管六，至巳而十二管成。呈於師，師喜曰：「刻志樂之日，九鶴飛舞於庭，其應乃在子乎？」由是南都有知樂之名。時翰林呂子巾石、福建監生吳憲、江西教官黃積慶俱用心於樂，皆與予相講。然呂巾石知樂之理，而自不解作樂，終涉於渺茫；吳監生粗知樂數，而不足以精微之蘊；黃教官又執於三寸九分之管，為黃鐘迷而不悟。可與言樂者鮮矣。

庚戌年，三十五歲。

春，韓師致政歸，謂予曰：「子之樂已八九分，子之才不止於樂而已也，可旁通濟世之學。〔至於〕樂，俟子退閒時一整頓足矣。」予遂大肆力於天文、地里（理）、太乙、壬奇、兵陣之學，而俱各知其粗。

時本部考功正郎何吉陽諱遷道，學之士也。其講心性之學甚明，予甚慕之。吉陽乃約本部殷子白野、張子龍山、余子九厓、楊子朋石、塗子任齋、劉子蘇涯為五日之會，會則講論終日，予一一力行之。吉陽謂人曰：「椒〔山〕之果誠，可語進道矣。」故予死生利害、義利之關，見之甚明，皆講學之力也。

秋，虜犯京師，南都擬勤王，三日無肯行者。吉陽謂予曰：「諸公欲兄一行，何如？」予曰：「弟雖不才，然君父之難，何敢辭也。」既而虜退，議亦罷。

十月，考滿。本部考語云：「器深而志遠，學懋而守嚴，儒行占其，夙成壯猷，可以大受。」末句蓋謂予粗知兵，欲吏部用之，以治兵事也。

自南之北由山東路，乃特趨曲阜謁孔、顏廟，又枉道登太（泰）山。初至泰安州南，見一男子為天仙玉女所附，閉目披髮，言人之禍福立見，環列而跪者數百人。予乃執而言曰：「男女尚不親受授，況可附於其身耶！此乃淫婦邪妖，非玉女也。」男子即僕倒，環跪者亦隨散矣。初至州城公署，廚僕問：「食素否？」予曰：「何以故？」廚曰：「凡顯官至此，必素食，否則玉女必降以禍。」予曰：「玉女一淫妖耳，焉能降人以禍乎？」須臾，州官稟問曰：「辦何如祭

品？」予曰：「何以故？」官曰：「登山必祭玉女，否則行必不利。」予曰：「此來原為登泰山而來，非為玉女也。何以祭？」遂登至頂，有道士三十余人，奏仙樂，提香爐，迎接至玉女祠，乃設拜席於中，欲贊禮使予拜，予遂叱散。入祠，有差官數十員在內收香錢。予謂玉女曰：「爾為女人，與數十官共處一宇，寧不羞乎？且此山乃東嶽所主，爾何僭居於上乎？妖物即離此處，否則天必誅之。」時人皆畏之如雷霆，不敢分毫私語，聞予言皆大懼。予至公署，遂書於壁云：「太（泰）山五嶽之尊，而主之者東嶽之神也。玉女乃竊其柄而專之，使天下之登太（泰）山者知有玉女，而不知有嶽神，神其有餘愧矣。幽明一理，女不言外。玉女雖神，亦女耳，何為居其上而享其祀，女其有餘責矣。以王綱律之，一失委靡，一失僭竊，上帝不罪，何也？」予於是甚疑之，噫！此或起於唐武則天時，後世遂因之而不變乎？不能不有望於負道學之統者。又題絕句云：「志欲小天下，特來登太（泰）山。仰觀絕頂上，猶見白雲還。」末序云：「予讀孟子書，以為天下惟太（泰）山為高也。今陟其頂而觀之，則知所謂高者，特高於地耳。而山之上，其高固無窮也。予於是而悟學之無止法矣。」餘有詩文數首，不及記。

十一月歸至家。先時，兄與叔大不相和。予至家，兄不欲其往拜，予曰：「父已死，唯一叔耳，三年之別，如何不見！」在南京時，與叔做送終衣一套，兄不欲其典（與），予曰：「特為叔做，人皆知之。叔來日不多，如何不與！」叔穿衣同孀造予家，拜謝兄若陪（賠）禮之狀，兄還半禮，且責怪之聲不絕。予在旁痛慘交集，如醉如癡，乃謂兄曰：「恐外人恥笑。」叔歸，病臥數日死。家貧不能備棺，予竊為之買棺而葬之。是止知敬叔之禮，乃昧違兄之罪。兄之恨已入骨髓矣，又且望予官歸厚利。予在南銓曹，俸祿不能給衣食，何以有餘資，由而兄之怒不可解矣。

辛亥年，三十六歲。

正月，為次男聘李鶴峰兄第五女。先是，有媒舉與顯宦為親者，予私為厚者曰：「彼富而我貧，門戶不相對，素不甚相厚，心志不相孚，遂不敢許。」鶴峰者，幼年同窗，且剛直慷慨，心志與己同，遂結親焉。

二月，買妾槐氏。遂赴京考滿，投文日即升兵部車駕司員外。予雖不才，然素妄以天下事為己任。況此時虜患最急，又官居兵部，志欲身親兵事，掃除胡虜。豈意一入部之後，見其上下所行，俱支吾常套，不得著實幹事。時有開馬市之議，予曰：「馬市一開，天下事尚可為哉？」即欲疏陳其不可。然方議，

遣予行，遂不敢。乃草《開市稿》，候命下即上，大意云：「馬市決不可開，然既已遣臣，臣言其不可，是避難也。謹條陳開市五事：一欲俺答愛子入質；二欲盡還擄去人口；三欲別部落入寇，俱在俺答承管；四欲平其馬價，分為三等；五欲整兵，以備戰和並用。」適一同僚見之，乃報堂上趙守樸知之。守樸曰：「若此疏〔上〕，則馬市決不可開矣。」乃別遣張主政。才行，予遂上《阻馬市之疏》，皇上連三閱，乃曰：「繼盛之言是也。」乃下閣臣票。閣臣聞上意，旨票語甚溫。而咸甯侯仇鸞有揭帖進，皇上乃下八臣會議。八臣者：大學士嚴嵩、李本，禮部尚書徐師階，兵部尚書趙錦，侍郎張時徹、聶豹，成國公朱希忠並仇鸞也。此時鸞之寵勢甚盛，而諸老亦無有實心幹天下之事者，皆欲苟安目前，共以為馬市必可開。會議本上，遂下予錦衣獄，拶一拶，敲一百敲，夾一夾。後命下，遂降予陝西臨洮府狄道縣典史。

時予下獄，人有促兄赴京看者，兄曰：「待打死後，車載來家看罷。」人勸兄送盤費者，兄曰：「人家做官掙錢，他做官惹禍，便餓死從他。」噫！平昔無情，猶望患難；患難若此，其狠何如耶。

予往臨洮約五千里，顧（雇）車及盤費約得銀五六十兩，已既（一概）無處。時人見其降官，又不肯借貸，而兄通視若秦越，至此而困心衡慮極矣。計正無出時，一舍親至，予告之以故，舍親〔曰〕：「終不然不赴讁所乎？公之家產有分也，可將地一頃當典與富家，回家看令兄如何處？」予遂從之，是雖迫於甚不得已而用權，然律之以道，不可謂之不得罪於兄也。歸家，兄視之如草介（芥），惡之若寇仇，日伴亂罵，予遂避居於辛莊寺。時舍親以銀地言兄，遂有分居之議矣。時地三頃，予止分前典地，餘俱為兄有，而各撿財產亦盡有焉。兄猶索前典地銀，予曰：「若此，則弟同妻子俱乞食之臨洮矣。」兄恨入骨髓。臨行之日，人有告予「兄欲打死者」，予曰：「豈有此理！」及出門時，兄果率三任趕予奔趨於房上，兄及任磚石如雨，予自房跳下奔逃矣。二子在屋內炕上，兄從窗內打數磚，俱不中，二子幸無恙。兄知予逃，乃率三任將車上行李用刀斫碎，複乘馬提刀趕予，幸馬蹶而止。家庭之變極矣，予所遭之窮何如哉！

路中顛連險阻，冒死者數，俱獲免。六月十八日至狄道。未到狄道之時，其上司、僚友俱以予為剛介性氣之士，或不可相處，各懷疑畏之心。然予處上司、僚友，一入（如），＜者祭＞初選之典史。數日後，各喜而相謂予曰：「初以為先生難處，不意今乃平易守禮，可親可愛如此」。予乃曰：「素位而行，君子

之常。居官如戲場，時上時下，吾惟守分而已。」自是相與甚密。

先是謫官多靜坐，不理縣事。縣尹平定州李魚泉亦相愛，不忍以瑣事相干。予乃請曰：「日食俸，通不管事，甚是不安。凡有事可以代勞者，望不吝差委。」於是始付以事，予亦盡心為之，凡事俱處停當。各上司因之，亦以難事相委矣。

居月餘，府縣學生員從學者五十人，日相講論，甚有趣味。將門生贄禮並己俸資買東山超然台。此台相傳以為老子飛升之所，蓋過函關西來，所傳或不謬云。乃於上蓋書院一區，前三間為揖見之所，中五間為講堂。又後高處蓋殿三間為道統祠，上九位為伏羲、神農、黃帝、堯、舜、禹、湯、文、武；前側左為周公，右為孔子；兩壁側則顏、曾、思、孟，漢董仲舒，隋王通，唐韓愈，宋周、程、張、朱，元許衡、劉靜修，明薛文清也。

狄道之多西番回子，俱習番經，通不讀儒書。予乃聘教讀二人，於員（圓）通寺設館，募番、漢童生讀書者百餘人。至三月後，各生俱知揖讓、敬長上，出入循禮，其資質可進者三十餘人。其各父兄亦因而知道禮，棄番教，舉忺忺（忻忻）然，相謂曰：「楊公來何遲也。」

又此處先山木去城近，柴甚賤；邇來則去城幾二百里，柴漸貴，而民病之。城西七十裡有煤山一區。先是，開者屢為生番所阻，官府不能制，蓋番民利於賣木，煤開則失利。生番素服予者，予往即開之，百姓便焉。

城西一帶俱園圃，種蔬菜。先年借洮水灌溉，甚有大利。歲久淤塞，園圃漸廢。予乃募各園戶疏通之，而水利之盛倍於昔時。

狄道應徵糧草舊無官冊，惟書手有簿，相傳作弊甚大。富者買減而貧者反增，富者納輕而貧者反重。予乃拘集書手在於一所，先算各戶之總數，次算一縣之總數，比原額反多三十石，蓋往時之飛詭俱查出，而飛灑則不能去，是以多也。將應徵輕重分為三等，而各戶之輕重均平，無窺（規）避於其間者。

民間之地有糧重者，白以與人，亦不敢受。予乃白之於府，將前所餘糧用輕價買地二千畝，地價則賣予所乘之馬及所得俸艮（銀）並妻首飾也。諸生分種一千畝，有井田之餘意。其一千畝則佃種於人，將所收子粒則擇諸生中之老成者四人收掌。諸生之冠、婚、喪、祭，則量貧富補助，余則候荒年各生分用也。故此一事，百姓之糧草既均，而諸生養生之需亦足矣。

俗好禮佛近僧，雖士夫不免。予一禁之，舊習遂革。初時有稱不便者，後來始知惡僧而崇正矣。

邊方愚民惟以織褐為生，上司差來丞差書〔吏〕，或減價和買，或以雜物

易換，雖部按撫巡亦多若此。然一褐之不得其價，則一家之不得其養，故有號泣於道者，有求死於河者。予遂出告示，禁約公差人員買褐，蓋陰寓各上司之發價府縣買褐也。無何，巡按差人買褐，予乃拘其差人，收其牌票，欲為之申請，而府掌印官相講乃已。此聲一聞，再無一上司來買褐，百姓所得之利，視昔年加倍。故此一舉，亦知非明哲之為，蓋欲為百姓興〔利〕除害，故雖叢怨冒罪，亦有所不暇顧云。

邊方之民久被殘虐，易於感化，故予在任則謳歌滿道，去任則哭泣，而送於百里之外者千餘人，孔子所謂「蠻貊之邦興（行）者」，信其然歟？

壬子年，三十七歲。

四月，得升山東諸城知縣報。五月十一日得憑，離狄道，七月十二日到諸城任。諸城濱海，民多強悍，俗尚誇詐。予治事不數日而豪強斂手，盜賊屏跡，民皆守法，吏不敢奸。八月初一日，南京戶部雲南〔司〕主事之升報至矣。其興學校、開荒田、修武備、立保甲、繕城池、均田糧、平徭役數事，平日之欲為而不得者，方欲鋪張，九月十七日憑至，俱徒成中止焉。

十月初六日離諸城，二十〔日〕到南京，二十二日到任，即有北刑部湖廣司員外之報。十一月初四日憑至，初八日離南京，十六日邸（抵）淮安，又有調兵部武選之報矣。先是得刑部報，即圖歸家，以敕命事焚黃祭先父母，即告病不出。及得兵部報，則翻然而思曰：一歲四遷其官，朝廷之恩厚矣，尚何以有身為哉！遂思所以報國之道。舟中秉燭靜坐至四鼓，妻問其故，予曰：「荷國厚恩，欲思捨身圖報，無下手得力處。」妻曰：「奸臣嚴閣老在位，豈容直臣報國耶？當此之時，只不做官可也。」予聞其言，乃知所以報國之本。又思起南都「日食之變」之議，遂欲因元旦日食之變奏劾大學士嚴嵩。<一□日食>。奏稿成，恐過家則人事纏繞，或不能元旦邸（抵）京，乃由別路於十二月十六日到京，十八日到任。

癸丑年，三十八歲。

元旦謄真本。初二日賫至端門，方欲進，聞拿內靈台官，知本意不合，即趨出。逐日怏怏，故有做稿，齋戒沐浴三日，至十八〔日〕本上，二十日拿送鎮撫司打問，先拶到手拶，木繩俱斷。予曰：「鬼神在上，尚用刑哉！」乃<先>敲一百敲，問所以主使之人。予曰：「當此時之臣，奸邪太半，皆嵩心腹，此事固不可與之議。且盡忠在己，豈必待人主使，如有人敢主使，則彼當自為之矣，又何必使人為哉。」乃夾一夾，將脛骨又夾出，問所以引用二王之故。予

曰：「奸臣之誤國，雖能欺皇上，必不能欺二王。蓋二王年幼，且未冊封，奸賊必不堤防避忌，譬如人家有家人作弊者，家長雖不知，而家長之子未必不知也。滿朝皆嵩之奸黨，孰敢言彼之過。皇上常不與二王相見，此奸賊所以敢放肆無忌，然止能瞞皇上一人，二王固知之真矣。至親莫若父子，皇上若問二王，必肯言彼之過也。」問官云：「若此，豈敢回本。」乃又敲五十二敲，又夾一夾棍。其問答之辭甚多，予始終不屈，乃打四十棍，重刑具送監。至二十二日晚旨下，錦衣衛打一百棍，四棍一換，送刑部從重議罪。乃比擬詐傳親王令旨，律問擬絞罪監候。其錦衣衛之打、刑部之監、棒瘡之發，人共知之，故不必細書。

　　予在監中，死生未保，故將半生逐年行事直書，付男應解、應麟收藏，以為後日墓誌之用。凡此皆據枷床書也。癸丑年春，椒山子書。

　　方予未上本之前，司中日相與議論者汪子少泉、名宗伊，湖廣人。周子松崖、名晃，四川人。王子繼津。名遴，霸州人，後結親，乃三子外父。少泉則與謀議稿「冒功」一節，乃其所見；松崖則與知，而不見其稿；繼津則知其欲為，而不知為何事。正月十八日上本，十九日入部，到司交牙牌，辭僚友，眾方知予有此舉，各疾仇遠避。而一二知己，如王西石之詰、張弘齋重，雖有眷戀之意，而尚有畏縮之狀。獨繼津則肝膽相許，若親兄弟然。予觀其義氣激發，情愛懇至，遂托云：「予二子一女，一子已聘有妻，一子尚未有，一女尚未許人。長而娶嫁，皆兄之事也。」繼津遂面許云：「此盡在弟，而一小女正與三令郎年歲相當。」遂許焉。自予入獄，鎮撫、刑部之保護，皆繼津兄也。予嘗云：「予之豪傑意氣不見對手，乃於繼津見之，其慶幸可勝言哉！」

　　正月二十二酉時，打之命下。先時，王西石送蚺膽一塊，生收在袖。此時，校尉苗管事送酒一壺，云：「可以此吃蚺蛇膽。」予曰：「椒山自有膽，何必蚺蛇哉！」止飲酒一茶杯。彼又云：「莫怕。」予曰：「豈有怕打楊椒山者。」遂談笑赴堂受打。未打之先，心已有定主，打之時，乃兩眼觀心，舌拄上齶，牙齒緊對，意不散亂，口不呻吟，蓋一呼叫則氣亂，氣亂則血入心，必死。方打四五棍時，心受疼不過，若忙亂者，遂一覺照，自思此心亂矣。於是提起念頭，視己身若外物者。打至五六十，忽覺若有人以衣覆之者，遂不覺甚痛，謂之神助，或其然歟？打畢，校尉即推入包袱，抬出至門外，則家人以門扇抬之至法司門口。巡風官乃同年江西李天榮者，遂去門扇，藥餌諸物盡皆阻住。予兩腿腫粗，相摩若一，不能前後；腫硬若木，不能屈伸。止手扶兩人，用力努掙，

足不覆地而行入獄。提牢則浙江奸黨劉槚也。舊規：官繫獄，則有官監。劉槚乃即下予於民監。自入監後，棒瘡既上沖，又為強走所努動，方依牆而立，忽兩耳響一聲，則不能聽人言，兩目則黑暗不能見物。予心自覺曰：「此乃死矣。」遂昏不省人事，身不覺搭倒於地，若睡熟然。二更死過，至三更始甦，噫！忽然而死，忽然而甦，如睡又醒，則人之生死亦甚易事也。兩腿腫脹，沖心不能忍，又無藥可用，又無刀針可刺，正無計間，司獄陝西涇陽劉時守送茶一鍾，予飲之，心稍定。因茶思起「人以瓦尖打寒」事，遂將鍾打碎，取瓦之尖而銳者，將竹箸破開，夾瓦尖在內，用線拴緊，以尖放瘡上，用鼓錘打箸入肉五六分，為此事獄吏山東黃縣孫儒、犯人浮梁何成也。遂血出兩腿。打有五六十孔，流血初噴丈餘，後則順腿流於地，一時約十數碗。自出血後，心稍清矣。予恐睡倒則血必奔心，自打後出衛入刑部，三日夜挺身端〔坐〕，頭未至地，以故不能傷生云。藥餌既不能，予潛使人在監買黃蠟、香油，自熬膏藥貼之。至二十六日則右腿已潰，則將皮割去，內肉當流於地，如稀糊。止顯一坑，五寸長、三寸闊、一寸五分深，手摩至骨。時有京師秀才侯晃送藥敷之，又內侍趙用送藥敷之。劉價（槚）禁繫甚嚴，內外不通，外面人傳已死四日矣，家人甚忙亂。至二十七日，張弘齋重差人入視，知予不死，家人尚不信。予托獄吏新城縣盧世經稍（捎）出牛骨簪一根為信，此簪乃妻常帶者，又左手寫出帖去，家人始知予不死矣。

二十八日，旨意下，問予比擬詐傳親王令旨，律絞。方敕下刑部擬罪時，山東〔司〕郎中同年史觀吾名朝賓，福建人。欲從輕議，而尚書何鰲乃嵩之門生，侍郎王學益乃嵩子兒女親家，聽嵩主使，遂擬此罪。命下，史觀吾降官矣。

二十八〔日〕，刑帖到司。獄司即下老監，日夜籠柙，日與眾囚為伍，死屍在側，備極苦楚。

二月初七八，右腿已長肉，左腿皮未割去，遂潰腫如小甕，毒氣上攻，口舌生瘡，不能飲食，勢已危矣。夜夢三金衣人，領一青衣童子，小盒內捧藥一丸，遂以湯親灌入，覺則口舌不痛，可吃飲食。又想赴（起）以磁瓦尖打之，連數十下，不見膿血。予曰：「此瘡潰已深，非瓦尖所能到也。」遂以小刀，先用針線將腿皮穿透提起，乃將刀刺入約一寸深，周圍割一孔如錢大，膿血流出，方予割肉時，獄卒持燈手顫至將墜地，乃曰：關公割骨療毒猶藉於人，不似老爺自割者。當時約四五碗，其內毒始脫矣。日每以布數十片拭膿，每布約二尺，每日此布輪用，膿可濕兩次，每日則膿可流二三碗矣。自初瘡至愈，膿

豈止六七〔十〕碗而已哉。

十六日，右腿垂筋二條，如簪粗，一頭已斷，一頭尚在腿上，予亦割之。

二十八日，提牢官丘洲峰名秉文，福建人。乃獨仗公義，遷予於監東獄卒小房，幸脫籠柙矣。

是月，皇上以予奏嵩孫鵠及效忠冒濫軍功，敕兵部查勘，時尚書則江西聶豹，郎中則即周松崖也。時松崖初畏嵩威，司稿呈堂，已云「查明無礙」。時協司郎中汪少泉、主事王繼津向松崖云：「兄平生以豪傑自負，今日所為乃如此。且異日事發，則吾輩之罪大。」松崖乃具本上奏，旨拿送鎮撫司問。問官以周先有稿呈堂，如何又反復，遂本奏松崖，問以為民。先是皇上奉祈在大閣殿候祭，乃以指於卓（桌）上畫「冒功」二字，賊嵩聞之已膽寒矣。若尚書非聶豹及松崖不先有堂稿，則事可濟矣。乃竟如是，良可恨哉！

先予被杖系獄四五日，刑部上病本，皇上見本云：「打壞了！打壞了！可差御醫去看。」賊嵩惶懼，乃賄司禮太監，回云：「聞已愈矣。」遂中止。以後<則>嵩則每為浸潤之言，借譖左右，皇上則少變初意矣。

四月間，瘡將愈，但右腿以斷筋，短一二寸，且不能伸。夜夢一人入視，手握予小便，若診脈然，乃云：「無妨。」又口吹腿膝彎三口。予問「是何人差來的？」云：「是王爺差來的。」醒後則右腿與左腿短不多矣。

四月二十二〔日〕，方起床，拄杖行。蓋自被杖至起行四個月日也。

九月朝審。予帶長板、手扭、腳鐐出門，觀者如堵，爭欲一見顏色，至擁塞不能行。入朝，坐西廊下，內臣圍予，觀者以千數，有饋飲食者，有送銀錢者，予俱卻不受。內臣益鼓舞稱讚，而罵嚴嵩老賊者以萬數。審時，為首執筆者則吏部左侍郎王用賓也。予辦（辯）云：「我原欲捨身圖死，固不必辦，但壞祖宗律法。且我乃兵部官，不是王府官，何為詐傳親王令旨，本內並無指有二王一句言語在上，況我奏本自下而上，非自上傳下，何謂之傳？以人命換官做，四端已盡絕矣。」眾審官皆張目語塞，然畏賊嵩之勢，乃判以「比律情真」責請，題奉欽依著照舊監候處決。

甲寅年，三十九歲。

夏間獄疫大作，日與病者為伍。四月二十六日，遂染瘟疾。時刑部醫官羅廷瑞，江西人，進予發汗藥二服、下藥二服。予病中欠主張，俱依彼服，遂昏不醒（省）人事。提牢官又江西曹天祐，此官乃人家奴僕，讀書中進士後方出姓，無恥小人，又斷絕醫藥如初獄然，人皆以予必死。幸五月提牢官乃浙江應

養虛，諱明德，海寧人。乃親檢湯藥，視飲食。十四日方出汗。噫！若使命不在，則死之久矣。是月二十六日，養虛乃說堂出予老監，遷於外庫，居處則甚便。方養虛遷予時，庸軟輩皆憚以重禍，彼乃毅然為之，其人品之高可知矣。

九月朝審，乃福建李默為首也。默原賊嵩門下心腹人，以形貌與嵩相似，故嵩認為乾兒子。乃判情審（真）奏請。予云：「予死不足惜，但恐壞祖宗之法律、朝廷之紀綱。今判以情真，所謂不執法律，聽從上司主使之條，有日翻轉，奸黨之罪定不容逃，及起之，李默之名節掃地矣。」默亦羞慚不能言，題奉欽依又如前監候。

是冬，巡撫艾居麓、名希淳，陝西人。管馬禦史徐紳、南直隸建德人。知府趙忻陝西人。共處置銀二百餘兩，為予買地三頃，從此則家業漸立矣。

乙卯年，四十歲。

夏四月，乃進定禮，始用媒妁，與繼津結親。

九月朝審，時相知皆以書勸予「不必多說話」者。予審時，止盡忠報國，其責在我，生死之責不在我，望列位扶持朝廷紀綱。李默又判「情真奏請」。蓋此時有張經者，福建〔人〕，先任南直隸總督，因倭寇失事，聖上先已告廟，打科官必欲殺之。經用厚賄買浼審官及嵩，傳聞共費銀二萬，眾奸黨欲為彼出脫，遂判與予同本奏請，其意蓋以予乃皇上心有之人，一本奏請，欲使予帶攜經也。聖上一見經名，旨意遂云：「依律處決。」

平昔予同志輩若王繼津、徐望湖、王鳳洲、楊朋石、楊毅齋、冀全山、孫聯泉、應養虛、楊北渠、呂文川、李默齋、李鶴峰諸公，為予奔走救解。賊嵩見公論不容，欲上本救之，猶豫未定，方卜於神。適賊心腹大理少卿胡植、太僕少卿鄢懋卿在旁曰：「此何用卜，繼盛負海內重望，徐階得意門生，階一日當國，繼盛出而佐之，我輩無遺類矣，所謂養虎自遺患也。」賊子世蕃、賊婿袁應樞率賊諸孫復跪而泣曰：「老爺如救楊，某則舉家皆為繼盛魚肉矣。」賊即變色，乃不言卜與本事。時國子司業王材亦在坐，爭之曰：「繼盛之死不足惜也。然關係國家甚大，老先生還當為天下後世慮。」然竟不可，回報至餘，即令人具後事。書遺言二卷，一付繼津，一付二子。

謝　辭

「終於可以打開門走出去了。」

　　這句話說的不只是這段閉關埋頭苦拚論文的日子終於結束，也包括了我離職返回校園進修的日子，也終於告一段落，算是成功落幕了。

　　我對楊繼盛這個明代士人的興趣，其實跟我離職之後回學校讀書所遭遇的心路轉折很有關係。在最初研究方向的思考上，我對於他為何選在「一歲四遷」的時候彈劾嚴嵩這點非常著迷。我著迷的點，不在我後續研究中所提到的政治、社會環境或者是他的家庭狀況等等因素，而在於：楊繼盛對於想要「成為一個理想人物」的那股衝勁。而他這股衝勁，從我的眼中看來，似乎使他慢慢走向自我毀滅。

　　回學校前的工作環境其實很快樂，讓我能夠自由釋放自我。然而或許是因為處在那份樂觀前進的氛圍中，也同時鼓勵並刺激著我，認為自己也應該要把握時間完成自己的夢想。

　　其實「完成碩士論文」不是什麼大夢想。拿到碩士學位，其實也不是我當初的夢想。我離職返回校園的初衷，是因為我很想好好寫一個有厚度的東西來證明自己。或許，這也像是楊繼盛內心的那股衝勁吧。

　　跟多數莽撞往前衝的人一樣，憑著一股衝勁，但是對自己的能力認識不清，中間遭遇到大大小小的阻礙與跌倒在所難免。這段讀碩班寫論文的日子裡，我跌跌撞撞，題目換過一個又一個，然而又一再不切實際地自我幻想：只要讓我想到一個好題目，我就可以寫出一個完美作品。

　　我現在終於可以說出「終於可以打開門走出去了」這句話，要感謝楊瑞松

老師給我的自由與包容。在我論文中有關「楊繼盛」形象建構的論述，可看出源自長時間跟楊瑞松老師學習與薰陶而有所啟迪。感謝陳秀芬老師對我不嫌棄也不放棄，總是關心我的寫作進度，給予我最需要的鞭策與提醒。謝謝劉瓊云老師大方分享她的研究，鼓勵我與啟發我去思考更多有關於楊繼盛的「忠」之面向。

感謝助教們在我這段日子總是熱心協助各種學校行政業務。感謝我的父母親與家人總是適時給我許多物質和精神上的幫助，讓我在外求學無後顧之憂。

寫論文的日子，孤獨與沮喪相伴是家常便飯。還好在這條漫漫地道中，有J一路陪著我，鼓勵我堅持向前走，和我一起對著楊繼盛又哭又笑，彷彿是自己的題目一樣關心與在乎，在這條追求與滿足內心衝勁的路上，溫柔與適當地把我輕推向一個更好的心理狀態，而不至於自我毀滅。

打開門之後，還有別的路要走。至少在這次完成「研究生」這個角色的舞台上，謝謝有你們。